Den Lebenden zur Mahnung

Arnold Vogt

Den Lebenden zur Mahnung

Denkmäler und Gedenkstätten

Zur Traditionspflege und historischen Identität
vom 19. Jahrhundert bis zur Gegenwart

Lutherisches Verlagshaus

Die Deutsche Bibliothek - CIP-Einheitsaufnahme

Vogt, Arnold: Den Lebenden zur Mahnung: Denkmäler und Gedenkstätten. Zur Traditionspflege und historischen Identität vom 19. Jahrhundert bis zur Gegenwart / Arnold Vogt. - Hannover: Luth. Verl.-Haus, 1993
ISBN 3-7859-0667-6

Gesamtherstellung: Th. Schäfer Druckerei GmbH, Hannover
ISBN 3-7859-0667-6

Inhalt

8

Vorworte

Mit dieser Veröffentlichung setzt das Evangelische Kirchenamt für die Bundeswehr die Reihe der Publikationen fort, die dazu beitragen sollen, durch den Blick in die eigene Geschichte den Blick in die Gegenwart und Zukunft zu schärfen. Das Thema "Kriegerdenkmäler" gehört zu den schwierigsten Themen unserer Geschichte. Das weiß jeder Militärpfarrer, jeder Soldat, jeder Bürger, der am Volkstrauertag an Feierstunden zum Gedenken der Kriegstoten teilgenommen hat, vielleicht sogar eine Rede halten mußte. Den richtigen Ton zu treffen zwischen der Trauer der Betroffenen und der geschichtlichen Wahrheit, dem individuellen und dem nationalen Leid, dem, was die Teilnehmer hören wollen und dem, was gesagt werden muß, ist ein schwieriges Unterfangen. Die Evangelische Militärseelsorge hat sich mit diesem Thema immer wieder befaßt und befassen müssen. Um so dankbarer bin ich, daß mit dieser Arbeit von Professor Dr. Arnold Vogt, Leipzig, eine Publikation vorgelegt werden kann, die nicht nur die geschichtlichen Zusammenhänge verdeutlicht, sondern Maßstäbe liefert für ein begründetes Urteil über diesen Themenkomplex aus heutiger Sicht und für verantwortliches Reden an den Gräbern derer, die die Opfer der Kriege sind.

Peter H. Blaschke   **Bonn, Mai 1993**

Dieses Buch beruht auf Thesen, die ich erstmals bei einem Symposion der Werner-Reimers-Stiftung im Februar 1980 in Bad Homburg über politische Ikonologie vorgetragen habe, später auch in Kolloquien zur Interdisziplinären Forschung in Bielefeld bei Prof. Dr. Reinhart Koselleck und in Münster bei Prof. Dr. Werner Hahlweg (†) und Prof. Dr. Heinz Gollwitzer. Weitere Anregungen verdanke ich den Kunsthistorikern Dr. Martin Bach (Lippstadt/Essen) und Dr. Meinhold Lurz (Heidelberg), Josef Klem und Klaus Kösters von der Landesbildstelle Westfalen (Referat Museumspädagogik), Prof. Dr. Karl Hüser (Paderborn) zur Gedenkstättenarbeit, schließlich den gemeinsamen Lehrveranstaltungen an der Universität Münster mit Prof. Dr. Anneliese Mannzmann und Prof. Dr. Dieter Metzler. Hilfreich waren mir auch zahlreiche Einzelhinweise und Informationen, die in den Anmerkungen erwähnt sind. Mein besonderer Dank gilt aber auch dem Evangelischen Kirchenamt für die Bundeswehr, vor allem Herrn Peter H. Blaschke, für die Veröffentlichung.

Arnold Vogt   **Leipzig, Mai 1993**

1. Einleitung

In beinahe allen Gemeinden des mitteleuropäischen Raumes sind heute Kriegerdenkmäler oder Mahnmäler zu sehen. Sie fallen im Unterschied zu anderen Kunstobjekten in vierfacher Hinsicht auf:

1. durch ihren durchweg vorteilhaften, publikumswirksamen Aufstellungsort, z.B. in oder bei einer Kirche, auf dem Markt, an einer Hauptstraße, im Park oder auf dem Friedhof;
2. durch die jeweilige Mitwirkung namhafter Repräsentanten aus Staat, Behörden, Kirchen, Verbänden und aus anderen Einrichtungen bei ihrer Errichtung, Konzipierung und Gestaltung;
3. durch ihre Vielzahl; denn allein etwa im Gebiet der alten Bundesländer wird ihre Zahl auf ca. 100.000 geschätzt, eine Zahl, die eher unterschätzt als überschätzt ist;
4. durch ihre Symbolik mit existentiellen gesellschaftlich-politischen "Aussagen" über Krieg und Frieden, Gewalt und Tod, Individuum und Gesellschaft.

Die Symbolik der Denkmäler als Identitätsstiftung der Überlebenden und als Spiegel des Geschichtsbewußtseins

So gesehen, markieren die Denkmäler einen Kernbereich historischer Identität, denn es geht um Leben und Tod, um Grundlagen individueller und national-kollektiver Existenz, soweit sie bedroht waren oder sind. Dies betrifft im wesentlichen die großen Auseinandersetzungen und Katastrophen, bei denen große Zahlen von Toten und Vermißten zu beklagen waren aus Krieg, Vertreibung, Verfolgung, Vernichtung u.a. Dieses Leid wurde bzw. wird zumeist unter ausdrücklicher Berufung auf (vermeintlich?) national-kollektive Interessen und Beweggründe propagiert und gerechtfertigt. Solche Sinnstiftungen und Identitätsangebote enthalten "Aussagen" sowohl im Rückblick auf das Vergangene, doch ebenso im prospektiven Anspruch. Er schließt zugleich politische und ideologische Zukunftserwartungen ein, die beim öffentlichen, nationalen Totengedächtnis zur Sprache kommen. Dazu leisten Denkmäler und Gedenkstätten sowie sinnverwandte Bedeutungsträger - Gedenkmünzen (Orden, Medaillen), -blätter, -bücher, -schriften, -tafeln, -gebäude, -feiern - einen wichtigen, normativen Beitrag, unterstützt durch Predigten, Weiheansprachen, einschlägige gesetzliche Bestimmungen. Unter den zahlreichen Objekten zeichnen sich Kriegerdenkmäler, Mahnmäler und Gedenkstätten wesentlich durch ihre künstlerisch architektonische Form aus, ferner durch ihre Widmung zur "Ehrung" der Kriegstoten sowie der "Opfer" gewalttätiger Handlungen.[1]

Mit ihrem Symbolcharakter, der aufwendigen, attraktiven Erscheinung inmitten bevorzugter Landschafts- oder Stadtbildgestaltung spiegeln sie das öffentlich vorherrschende Geschichtsbewußtsein. So wollen Denkmäler ein maßgebender Wegweiser sein bei der Suche nach historischer und politischer Identität, nach Trost und nach Sinn für Leid und Tod von Gemeinde- und Familienangehörigen. Das monumentale Totengedenken verknüpft individuelle, persönliche Betroffenheit mit kollektiv-nationalen, gesamtgesellschaftlichen Belangen. Dabei erfährt die historische Erinnerung an Tote oft eine ideale, heroische Färbung, die beabsichtigt ist, um den Überlebenden Beispiel, Vorbild und Ansporn zu geben zu einem bestimmten Verhalten, auch zur Nachahmung der Toten, zur Verantwortung oder Verpflichtung für das, wofür die Toten ihr Leben bzw. ihre Existenz (angeblich) verloren haben.

Methoden moderner Denkmalsbetrachtung und -dokumentation

Der intentionale Charakter verweist zugleich auf einen umfassenden "erzieherischen" Anspruch. So verwundert es nicht, wenn Gedenkstätten bzw. Denkmäler an Schulen in verschiedenen Unterrichtsfächern verwandt, in Schulbüchern ausführlich dargestellt und in der Erwachsenenbildung untersucht werden (vgl. Museumsausstellungen, kriegskritische Projekte, Führungen, Rundfunksendungen, Bürgerinitiativen).[2] Darüber hinaus bilden sie ein wichtiges Instrument öffentlicher Propaganda, indem sie die Erinnerung an frühere Interessenkonflikte und Gewalttaten an einen ideologischen Kontext binden.[3] - Außer "pädagogischen" Aufgaben und der Propaganda sind memorative, religiöse Aspekte des Totengedächtnisses zu erwähnen, weil sich Gedenkstätten auch als Ersatzobjekt für unbekannte oder anderswo gelegene Grabstätten auszeichnen.[4] Dazu sind Anfragen an die volkskundliche Forschung des Totenbrauchtums zu richten, ferner Fragen an religiöse, kirchlich-theologische und liturgische Traditionen des Begräbnisses und der Denkmalsweihe, nicht zuletzt auch das kirchliche Gefallenengedächtnis in der Militärseelsorge.[5] Wer schließlich nach Entstehung und Gestaltung einer Gedenkstätte fragt, ist auf historisch-wissenschaftliche, sozial- und ideologie-kritische Recherchen verwiesen (vgl. das weite Feld der Stiftungsinitiativen, der Einweihungsfeierlichkeiten, der jährlichen Gedächtnisfeiern)[6]. Demgegenüber gilt die äußere Gestaltung primär als Gegenstand der Kunstgeschichte. Neuere Untersuchungen liegen aus der Friedens- und Konfliktforschung vor.

Die moderne interdisziplinäre und interinstitutionelle Betrachtung von Kriegerdenkmälern und Mahnmälern setzte sich schrittweise in Forschungen seit den sechziger und siebziger Jahren durch. Wichtige Anstöße erfuhr die moderne Forschung aus den Anforderungen internationaler Beziehungen, den Neuerungen des "Denkmalschutzes" sowie aus dem innenpolitischen Bewußtseinswandel.[7] Bahnbrechend wirkte Reinhart Koselleck 1976/9 mit umfassend neuen, grundlegenden Forschungsansätzen über "die Herausforderung der Mahnmäler und Kriegerdenkmäler als Identitätsstiftungen der Überlebenden".[8] Er akzentuierte vor allem den ideologischen Charakter der Denkmäler gegenüber künstlerischen, religiösen und volkskundlichen Voraussetzungen des Phänomens. Seine "... Analyse brachte weltweit die Erforschung von Kriegerdenkmälern in Gang",[9] so zum Beispiel am Bielefelder Zentrum für Interdisziplinäre Forschung. Unter den beteiligten Institutionen war auch die Kasseler "Arbeitsgemeinschaft Friedhof und Denkmal e.V.", die zu Forschungszwecken eigens ein Zentralinstitut und außerdem ein Museum für Sepulkralkultur unterhält.

Auf der Grundlage der jüngeren Forschungs- und Ausstellungsvorhaben wurde erstmals eine ganzheitliche, wissenschaftlich-methodisch gesicherte Gesamtbetrachtung der Gedenkstätten möglich. Diese neue Basis förderte zugleich einen Dialog über Grenzen hinweg - zur Verständigung über nationale, ideologisch-politische, religiös-konfessionelle oder sonstige "Grenzen". Erstmals wurde ein Instrumentarium geschaffen, um Strukturen, Interessen und Beziehungen, die dem offiziellen Totengedächtnis zugrundeliegen, in ihren vielfältigen Chancen und Problemen offenzulegen.

Denkmalskunst im Grenzbereich verschiedener Aspekte[10]

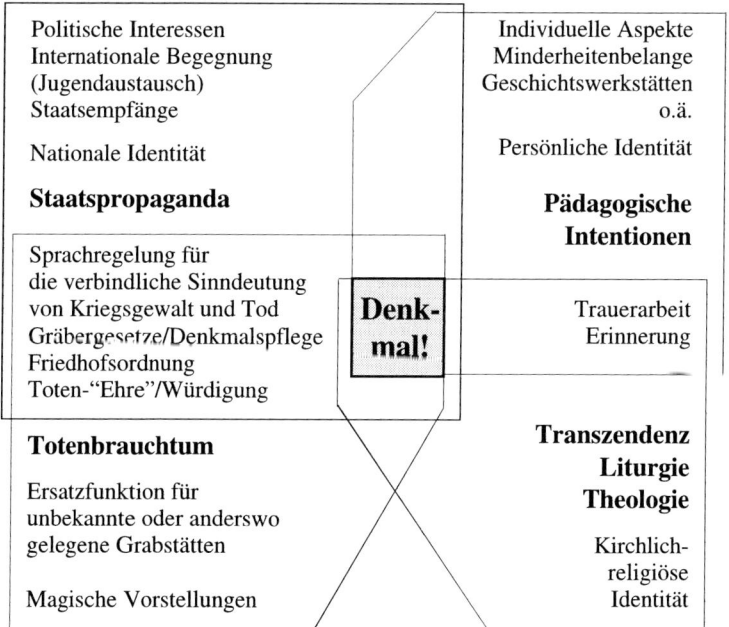

Politische Interessen
Internationale Begegnung
(Jugendaustausch)
Staatsempfänge

Nationale Identität

Staatspropaganda

Sprachregelung für
die verbindliche Sinndeutung
von Kriegsgewalt und Tod
Gräbergesetze/Denkmalspflege
Friedhofsordnung
Toten-"Ehre"/Würdigung

Totenbrauchtum

Ersatzfunktion für
unbekannte oder anderswo
gelegene Grabstätten

Magische Vorstellungen

Individuelle Aspekte
Minderheitenbelange
Geschichtswerkstätten
o.ä.

Persönliche Identität

**Pädagogische
Intentionen**

Trauerarbeit
Erinnerung

**Transzendenz
Liturgie
Theologie**

Kirchlich-
religiöse
Identität

**Denk-
mal!**

13

"Aussage" / Identität
eines Kriegerdenkmals
oder Mahnmals

abzuleiten aus:

1. Inschrift (Bezeichnung der Toten als "Söhne",
"Kameraden", "Bürger", "Opfer" o.ä. und Widmung),
2. Künstlerisch-architektonischer Form
und **3. Aufstellungsort**
(in- und außerhalb von Kirchen und anderen öffentlichen Gebäuden
oder im Ensemble anderer Denkmäler oder Gebäude)

Zur Erschließung des Symbolcharakters der Denkmäler im Grenzbereich historisch-politischer, sozial- und kulturgeschichtlicher Aspekte wurden unterschiedliche Methoden verwandt, zum Beispiel die Frage nach dem "Sitz im Leben" der Denkmäler, Ikonographie und Ikonologie[11]. Für die präzise Erschließung der Denkmäler, ihres Wesens und ihrer Kernaussage wurde die thematische Wechselbeziehung von künstlerischem Motiv, Inschrift und Aufstellungsort zugrundegelegt.[11] Die "Aussagen" sollten im Kontext aufschlußreicher Dokumente beurteilt werden: Reden, Gesetzes-, Verwaltungsvorschriften, offizielle Empfehlungen oder alternative Denkmalspläne, amtliche Verlautbarungen zur (nicht) gewünschten Rezeption, Festprotokolle, Bestattungssitten, Lieder, Gebete, Predigten und Entgegnungen, Soldatenbriefe, weitere sinnverwandte Objekte (Baudenkmäler, Gedenkliteratur, Orden, Fahnen, Uniformen etc.). Soweit sie die "Aussagen" eines Denkmals betreffen, ist dessen ganzheitliche Bewertung und Gewichtung im Spektrum der entscheidenden gesellschaftlich-politischen Interessen und der je nach Standort unterschiedlichen Perspektiven möglich. Vor diesem Hintergrund erweisen sich die Denkmäler erneut als wichtige Zeugen des bei ihrer Errichtung vorherrschenden Geschichtsbewußtseins, als Spiegel gesellschaftlich-politischer, kirchlich-religiöser und militärischer Wertvorstellungen.
Freilich unterliegen sie auch einem Funktionswandel. Denkmäler werden vergessen, ergänzt oder als anstößig verworfen und zerstört.[12] Auch in diesem Konfliktpotential spiegeln sich Staat und Gesellschaft. Immer wieder werden Denkmäler und Initiativen für neue Entwürfe am Anspruch aktueller politischer, auch fachwissenschaftlicher Kontroversen gemessen. Von besonderem Interesse erscheinen dabei grundlegende Fragen nach dem Stellenwert der Kriegerdenkmäler und Mahnmäler: Sind sie einer rationalen, histo-

risch-kritischen und politischen Kultur verpflichtet? Sollen sie eher "die Besinnung auf die gemeinsame Geschichte" bewirken: "... zur Stärkung von Identität ... als konsensförderndes Gemeinsamkeitsgefühl und -bewußtsein ..., das die Legitimität und die Handlungsfähigkeit (Zukunftsfähigkeit) von Gesellschaften stärkt?"[13]

Im folgenden werden Kriegerdenkmäler und Mahnmäler als erkenntniskritische "Quellen" zur Bewertung und Sinnstiftung von Gewalt und Tod, Krieg und Frieden, Bürger und Gesellschaft untersucht. Sie sollen in ihrer Kontinuität und in ihrem Wandel dargelegt werden: anhand der wechselnden "Ehr-" und "Opfer-"vorstellungen, der Devisen und Totenbezeichnung der Inschriften, anhand der Aufstellungsorte, der künstlerisch-architektonischen Ausdrucksformen und Typen, der Stifter(gruppen) und deren Gegner. Besondere Beachtung verlangen Kontinuitäten und Brüche der Entwicklung, die im Rahmen der äußeren militärisch-politischen Anlässe der Denkmalserrichtung zu betrachten sind:

- Anfänge, Befreiungskriege und Revolutionskämpfe (1793/1813/15 - 1850),
- national-deutsche "Einigungskriege" (1864/66/70/71),
- koloniale Kämpfe, wissenschaftliche Expeditionen und Jubiläen der Wilhelminischen Zeit (1888 - 1914),
- Erster Weltkrieg (1914 - 1918),
- Kriegsgedenken und "Ehrung" im Weimarer Reich (1918 - 1933),
- Nationalsozialismus und Zweiter Weltkrieg (1933/39/45),
- alliierte Besatzung und bundesdeutscher Neubeginn (1945-1961),
- Impulse moderner Denkmalsentwicklung (seit den sechziger Jahren).

Die von Fall zu Fall wachsenden Verlustzahlen setzten äußere Maßstäbe für die Denkmalsentwicklung - im Ersten Weltkrieg zum Beispiel "noch" zehn Millionen, im Zweiten Weltkrieg bereits 55 Millionen! Die grundlegenden Entwicklungslinien sollen an einzelnen modellhaften oder besonders markanten Denkmälern aus Kirchen oder Militär verdeutlicht werden. Auf Grund der für deutsche Verhältnisse so charakteristischen Brechung in regionalen, konfessionell-religiösen, ländlichen und urbanen Unterschieden empfiehlt sich zugleich eine ergänzende Betrachtung entsprechender vergleichbarer Stiftungen. Dazu sollen einige aufschlußreiche Beispiele aus der westfälischen Region vorgestellt werden, da sie dank einer fast "lückenlosen" Forschungsdichte zu den verschiedenen Konfessionen, zu ländlichen und städtisch(-industrialisiert)en Bereichen bereits erschlossen worden ist.[14]

2. Die Anfänge der Krieger-"Ehrung"

Die Anfänge des modernen, nationalen Gedenkens reichen zurück in die Antikenrezeption des 18. Jahrhunderts, überdeutlich sichtbar in der Errichtung von Herrscherdenkmälern, die der monarchischen Staatspropaganda, der Verherrlichung von Herrschertugenden verpflichtet waren. Die Antikenrezeption spiegelte sich auch im "Vaterlands"-Kult dieser Zeit, der im republikanischen bzw. revolutionären Frankreich den Charakter einer außerkirchlichen oder kirchenkritischen Ersatzreligion erlangte.[15] Der Einfluß dieser Entwicklung war im deutschen Bürgertum so stark, daß in Preußen, teils auch in anderen deutschen Staaten, eine Gegenpropaganda erforderlich schien. Zu den frühen Maßnahmen preußischer, promonarchischer Gegenpropaganda gehörte die Errichtung eines Kriegerdenkmals 1793 in Frankfurt.

Das Denkmal wurde von König Friedrich Wilhelm II. von Preußen gestiftet, nach Entwürfen von Heinrich Christoph Jussow (Ausführung: J. C. Ruhl, Enthüllung: 1793): ein Kubus mit vier Inschrifttafeln auf einem Basaltfelsen, darauf ein Schild mit Löwenhaut, Herkules-Keule, Helm und Schild. Die Inschriften enthielten die Namen der Gefallenen in der Reihenfolge des militärischen Dienstranges - vom Oberst bis zum einfachen Soldaten, mit Datum und Widmung: "MDCCLXXXXII den 2ten Dec. ... Den edlen Hessen, Die im Kampf Für's Vaterland Hier siegend Fielen." "Es starben den Tod der Helden ...", Stifter- und sonstige Angaben.[16]

Das neuartige "Kriegerdenkmal"[17] hatte modellhafte Bedeutung, denn die Denkmalswürde und die damit verbundene öffentliche Anerkennung und "Ehrung" galt zum ersten Mal einfachen, bürgerlichen Soldaten. Was also bislang dem Herrscherhaus, dem Adel oder dem Offziercorps vorbehalten war, wurde erstmals nunmehr auch einfachen Soldaten zuteil: die namentliche Auszeichnung als "Helden", ihre Umwerbung und ausdrückliche "Ehrung", ferner Hinweise auf die Versorgung der Hinterbliebenen. Auf diese Weise verknüpfte das Frankfurter Denkmal ein revolutionäres Prinzip, die Gleichstellung von Bürgertum, Adel und Offiziersstand, mit vaterländischen und monarchischen Werten. - Bemerkenswert ist allerdings auch die Diskrepanz von Anspruch und Wirklichkeit, denn so sehr die Gefallenen in Frankfurt gelobt und hervorgehoben wurden, so bedeutungslos war ihr Tod am 2. Dezember 1792 gegen die französischen Besatzungstruppen aus militärgeschichtlicher Sicht. Wer das historische Geschehen, das zum Gefallenentod führte, vor Ort eruiert, wird ein Scharmützel feststellen, in dem der Tod dieser Soldaten nach militärischen Gesichtspunkten sinnlos war.

Vordergründig knüpfte diese moderne Denkmalspropaganda an die Betroffenheit von Überlebenden an, indem sie die Namen der Toten erwähnte, die Hintergründe ihres Todes, aber persönliche Verhältnisse, Motive - ihre Ei-

1. Kriegerdenkmal in Frankfurt/Main 1793

gengeschichtlichkeit - ausblendete oder einfach ignorierte: Stattdessen zielten die Denkmalsaussagen ausschließlich auf populäre bürgerlich-nationale und kollektiv-militärische Wertvorstellungen: "König und Vaterland", für die die Gefallenen nun quasi als Blutzeugen erschienen. Das steinerne Material des Frankfurter Denkmals und seine künstlerische Gestaltung gewährleisteten eine dauerhafte Wirkung über den Augenblick der Errichtung hinaus. Die Gefallenen erschienen dabei als Vorbild für die Überlebenden - der militärischen Sinnlosigkeit ihres Todes zum Trotz.

Die Diskrepanz von Anspruch und Wirklichkeit erfuhr einen Sinn in der promonarchischen Propaganda und verdient besondere Aufmerksamkeit bei den folgenden Denkmalsobjekten. Für eine vergleichende, diachrone Betrachtung der weiteren Gedenkstätten-Gestaltung und deren Identitäts-Angeboten empfehlen sich zwei zentrale Fragen:

1. nach den bürgerlich-zivilen und den militärischen Ehr- und Wertvorstellungen im nationalen Kontext - zwischen militärischem Gefolgschaftsdenken und konstitutionellen oder gar parlamentarischen Vorstellungen,
2. nach Inhalten und Profilen individueller Belange und von Minderheiten religiöser, soziokultureller, regionaler oder anderer Art gegenüber den militärisch-kollektiven, nationalen Forderungen.

3. Von den Befreiungskriegen zu den Revolutions-kämpfen 1813/5 - 1850

Infolge der Französischen Revolution und der napoleonischen Kriege entstanden auch in deutschen Staaten neuartige Volksheere. So wurde in Preußen zum Beispiel die Allgemeine Wehrpflicht eingeführt, die dem gemeinen, "bürgerlichen" Soldaten eine neue Wertschätzung bescherte. Er wurde erstmals zum Adressaten öffentlicher Kriegsansprachen, von Predigten, der sich neuentwickelnden Ordens- und Denkmalspropaganda.[18] Fortan galt er nicht mehr als bloßes Befehlsobjekt für Offiziere, Staats- und Kirchenbeamte, sondern als Subjekt des Geschehens. Er wurde umworben, indem ihm für Königstreue, Patriotismus, insbesondere für Tapferkeit vor dem Feind, eine Ordensauszeichnung, die Aussicht auf eine spätere Zivilanstellung in Staatsdiensten und im Falle des Kriegertodes eine Denkmalserrichtung in der Kirchengemeinde sowie die Hinterbliebenenversorgung zugesichert wurden. Diese Maßnahmen leiteten die moderne Denkmals- und Ordensentwicklung ein.

Was in Frankfurt zunächst nur in einem Denkmal verwirklicht wurde, erfuhr in Preußen ein Jahrzehnt später eine Generalisierung. In allen Gemeinden sollten nun Gefallene wieder namentlich als Ordens- und "Ehren"-Träger ausgewiesen und als Vorbild hervorgehoben werden.

Stiftung des Eisernen Kreuzes 1813

Die ursprüngliche Konzeption preußischer Kriegerdenkmäler war als "Zusatz" oder Ergänzung einer Ordensstiftung, des Eisernen Kreuzes, gedacht, so daß Orden und Denkmal als zwei Seiten ein und derselben "Medaille", das heißt als gleichrangige Bestandteile in einem Vermittlungszusammenhang zu verstehen und zu betrachten sind. Außerdem gab das Eiserne Kreuz formbildende und prägende Impulse für die äußere Denkmalsgestaltung und die Identität des preußisch(deutsch)en Militärs bis zur Gegenwart.

Urkunde über die Stiftung des Eisernen Kreuzes vom 10ten März 1813
Wir Friedrich Wilhelm, von Gottes Gnaden König von Preußen etc.

In der jetzigen, großen Katastrophe, von welcher für das Vaterland Alles abhängt, verdient der kräftige Sinn, der die Nation so hoch erhebt, durch ganz eigenthümliche Monumente geehrt und verewigt zu werden. Daß die Standhaftigkeit, mit welcher das Volk die unwiderstehlichen Uebel einer

18

eisernen Zeit ertrug, nicht zur Kleinmüthigkeit herabsank, bewährt der hohe Muth, welcher jetzt jede Brust belebt und welcher, nur auf Religion und auf treue Anhänglichkeit an König und Vaterland sich stützend, ausharren konnte.

Wir haben daher beschlossen, das Verdienst, welches in dem jetzt ausbrechenden Kriege, entweder im wirklichen Kampf mit dem Feinde oder außerdem im Felde oder daheim, jedoch in Beziehung auf diesen großen Kampf um Freiheit und Selbständigkeit, erworben wird, besonders auszuzeichnen und diese eigenthümliche Auszeichnung nach diesem Kriege nicht weiter zu verleihen.

Dem gemäß verordnen Wir wie folgt:

1. Die nur für diesen Krieg bestehende Auszeichnung des Verdienstes Unserer Unterthanen um das Vaterland ist

das eiserne Kreuz

von zwei Klassen und einem Großkeuz.

2. Beide Klassen haben ein ganz gleiches in Silber gefaßtes schwarzes Kreuz von Gußeisen, die Vorderseite ohne Inschrift, die Kehrseite zuoberst Unsern Namenszug F. W. mit der Krone, in der Mitte drei Eichenblätter und unten die Jahreszahl 1813. und beide Klassen werden an einem schwarzen Bande mit weißer Einfassung, wenn das Verdienst im Kampf mit dem Feinde erworben ist, und an einem weißen Bande mit schwarzer Einfassung, wenn dies nicht der Fall ist, im Knopfloch getragen; die erste Klasse hat neben dieser Dekoration noch ein Kreuz von schwarzem Bande mit weißer Einfassung auf der linken Brust; und das Großkreuz, noch einmal so groß als das der beiden Klassen, wird an dem schwarzen Bande mit weißer Einfassung um den Hals getragen.

3. Die Militair-Ehrenzeichen erster und zweiter Klasse werden während der Dauer dieses Krieges nicht ausgegeben; auch wird die Ertheilung des rothen Adlerordens zweiter und dritter Klasse, so wie des Ordens pour le mérite, bis auf einige einzelne Fälle, in der Regel suspendirt. Das eiserne Kreuz ersetzt diese Orden und Ehrenzeichen und wird durchgängig von Höheren und Geringeren auf gleiche Weise in den angeordneten zwei Klassen getragen. Der Orden pour le mérite wird in außerordentlichen Fällen mit drei goldenen Eichenblättern am Ringe ertheilt.

4. Die zweite Klasse des eisernen Kreuzes soll durchgängig zuerst verliehen werden; die erste kann nicht anders erfolgen, als wenn die zweite schon erworben war.

5. Daraus folgt, daß auch diejenigen, welche Orden oder Ehrenzeichen schon besitzen, und sich in diesem Kriege auszeichnen, zunächst nur das eiserne Kreuz zweiter Klasse erhalten können.

6. Das Großkreuz kann ausschließlich nur für eine gewonnene entscheidende Schlacht, nach welcher der Feind seine Position verlassen muß, desgleichen für die Wegnahme einer bedeutenden Festung oder für die

anhaltende Vertheidigung einer Festung, die nicht in feindliche Hände fällt, der Kommandirende erhalten.

7. Die jetzt schon vorhandenen Orden und Ehrenzeichen werden mit dem eisernen Kreuz zusammen getragen.

8. Alle Vorzüge, die bisher mit dem Besitz des Ehrenzeichens erster und zweiter Klasse verbunden waren, gehen auf das eiserne Kreuz über. Der Soldat, der jetzt schon das Ehrenzeichen zweiter Klasse besitzt, kann bei anderweitiger Auszeichnung nur zuerst das eiserne Kreuz der zweiten Klasse erhalten; jedoch erhält er mit demselben zugleich die mit dem Besitz des Ehrenzeichens erster Klasse verbundene monatliche Zulage, die aber fernerhin nicht weiter vermehrt werden kann.

9. In Rücksicht der Art des verwürkten Verlustes dieser Auszeichnung hat es bei den in Ansehung Unserer übrigen Orden und Ehrenzeichen gegebenen Vorschriften sein Bewenden.

Urkundlich unter Unserer Allerhöchsteigenhändigen Unterschrift und beigedruckten Königlichen Insiegel.

Gegeben Breslau, den 10ten März 1813.

(L. S.) Friedrich Wilhelm

(Ausgegeben zu Berlin den 26sten März 1813.)[19]

Im ersten Teil der Urkunde (Zeile 1-19) wird der Anlaß der Stiftung erwähnt, die Existenzbedrohung hervorgehoben: "In der jetzigen großen Katastrophe, von welcher für das Vaterland Alles abhängt ..." (Zeile 2 f.). Mit diesen Worten wies der König auf die Staatskrise hin, in der sich Preußen seit dem Jahre 1807 befand. Damals hatte es im Krieg gegen das napoleonische Frankreich eine vernichtende Niederlage erlitten und mußte in den anschließenden Verhandlungen in Tilsit (Ostpreußen) einen demütigenden "Frieden" hinnehmen. Weil ein besserer "auswärtiger" Schutz preußischer Interessen nicht zu erwarten war, richtete sich der hilfesuchende Blick auch nach "innen". Dazu waren aber erhebliche Widerstände zu überwinden, um in der preußischen Bevölkerung mehr Rückhalt für das Königshaus zu finden - den Ideen der französischen Revolution, den napoleonischen Neuerungen und ihren Sympathien im preußischen Bürgertum zum Trotz. Unmittelbar nach der militärischen Niederlage entsprach die erste Reaktion der staatlich-militärischen Autoritäten noch dem vorherrschenden obrigkeitlichen Denken. Es verlangte vom Bürger das passive Abwarten, Hinnehmen oder Unterstützen der offiziellen "nöthigen Anstalten zur Erhaltung der öffentlichen Ruhe, Sicherheit und Ordnung ..." (Allgemeines Landrecht). Dies sollte sich ändern durch eine Reihe von "Reformen" - Aufhebung der Erbuntertänigkeit der Bauern, neue Städteordnung, Gewerbefreiheit, Reorganisation der Staatsbehörden und die Heeresreform, für die sich der Staatsminister Reichsfreiherr Friedrich Karl vom Stein besonders engagierte. Steins Anliegen, die Erneuerung der monarchischen Staatsidee, getragen von einer patriotisch-verantwortungs- und selbstbewußten Staatsbürgerschaft, beeinflußte den "Reform"-Geist im preußischen Militär, wo er u.a. in der "Ehr"-Zuweisung für die nationalen Belange und in der Ordensstiftung des "Eisernen Kreuzes" zum Ausdruck kam. Die Reformer erzielten wichtige Teilerfolge. "Das unmittelbare Ergebnis ihrer Anstrengungen spiegelt sich in dem erfolgreichen Krieg von 1813/14 gegen Napoleon und in der allgemeinen Begeisterung, mit der das preußische Volk daran teilnahm."[20]

Die Wirkung der militärischen Ausrüstung, insbesondere des Ordens, der mit Stiftung des "Eisernen Kreuzes" erstmals nach dem Vorbild der napoleonischen "Ehrenlegion" auch für "gemeine" Soldaten erhältlich war, war innerhalb der vorindustriellen Gesellschaft Preußens kaum zu überschätzen. Für die ländliche und ebenso die bürgerliche Bevölkerung war schon die reguläre Uniform als Dienstkleidung aus festem und buntem Tuch eine attraktive Seltenheit. Die militärische Uniform war für den bäuerlichen Landbewohner in der Regel der einzige Anzug, den er im Laufe seines Lebens erstand. So verwundert es nicht, daß das Militär nach zeitgenössischem Verständnis auch als eine erzieherische, kulturelle Institution angesehen wurde und die Uniformierung/Einkleidung als pädagogischer, ritueller Akt galt.[21] Die bunte Uniform, der das national-"vaterländische" Prestige des Kampfes gegen Napoleon zusätzlich zu Gute kam, war für das öffentliche Geltungsstreben und Ausdrucksverhalten noch ohne Konkurrenz, die allmählich erst im Zuge der Industrialisierung und Technisierung entstand, "... der Glanz des reich verchromten ... Wagens ersetzt dem modernen Mann das, was er an Staat in seiner Kleidung eingebüßt hat"[21]. Die Prestige-Wirkung der Uniform und ihr attraktiver Glanz - im wörtlichen und übertragenen Sinn - fanden im Orden ihre demonstrative inhaltliche wie äußerlich-dekorative Zuspitzung.

Die Inhalte und Werte, auf die der König das öffentliche Bewußtsein mit der Stiftung des "Eisernen Kreuzes" hinlenken wollte, benannte er konkret in den Ordensstatuten: "... der kräftige Sinn, der die Nation so hoch erhebt ..." (Zeile 3). Dies differenzierte er im folgenden in einem national-religiösen, monarchischen Tugendkatalog als "... Standhaftigkeit, mit welcher das Volk die unwiderstehlichen Uebel einer eisernen Zeit ertrug, nicht zur Kleinmüthigkeit herabsank, ... der hohe Muth, welcher jetzt jede Brust belebt und welcher, nur auf Religion und auf treue Anhänglichkeit an König und Vaterland sich stützend, ausharren konnte" (Zeilen 5-9). König und Vaterland wurden als untrennbare Sinneinheit deklariert. Der preußische König forderte persönliche Gefolgschaft gleichermaßen wie "Religion".

Das nationale Wertgefüge war primär der Person des Königs verpflichtet und der "Religion" zur Seite gestellt, so daß der Bürger vor allem als "Unterthan" hinsichtlich seiner militärischen, persönlichen Pflichten angesprochen wurde. "Bürgerliche", politische Rechte wurden nicht erwähnt. Auch der Hinweis auf "... diesen großen Kampf um Freiheit und Selbständigkeit" läßt die Frage offen, ob bürgerlich-politische, konstitutionelle Hoff-

nungen oder lediglich die militärische Befreiung von napoleonischer Fremdherrschaft gemeint waren (Zeile 13 f.). Die Hoffnungen des Bürgertums sollten so in eine "religiöse", monarchische Richtung gelenkt werden "... durch ganz eigenthümliche Monumente geehrt und verewigt" werden (Zeile 4). Der allgemeine Begriff: "Monument" diente nach zeitgenössischem Verständnis eher als Synonym für Denkmal, entsprach hier aber der Intention der neuen besonderen oder "eigenthümlichen Auszeichnung" des Eisernen Kreuzes (Zeile 4, 14 f). Orden und Denkmal hatten offensichtlich wesentliche "monumentale" Merkmale gemeinsam. Gleich einem "Eigenthum" sollten sie einer bestimmten, königstreuen, bedingungslosen Einsatzbereitschaft vorbehalten sein, durch den Anspruch zeitloser Gültigkeit zusätzlich verstärkt, d.h. "verewigt" (Zeile 4). Es handelte sich um einen "Verdienst"-Orden (Zeile 10). Seine Verleihung war an ein bestimmtes "Verdienst" im "wirklichen", direkten oder mittelbaren "Kampf mit dem Feind", den unter napoleonischer Führung streitenden Truppen, gebunden (Zeilen 10-13). Gestaltung und Verleihung des Ordens, die im zweiten Teil der Urkunde (Abs. 1-9) beschrieben wurden, folgten ebenso den eingangs erwähnten innerpreußischen Absichten. Die Form des Eisernen Kreuzes wurde im Rohentwurf vom König geschaffen und von Karl Friedrich von Schinkel ausgeführt.[22] Sie knüpfte an die volkstümliche Tradition des Deutschen Ordens an und übernahm dessen heraldische Farben: Weiß (Silber) und Schwarz (Gußeisen: Abs. 2). Die zeitgenössische Begeisterung für den Ordensstaat als national-"deutschem" Kulturträger wurde für die preußische Staatspropaganda genutzt. Der "revolutionären" Stimmung im preußischen Bürgertum kam das Gleichheitsprinzip der Ordensstatuten entgegen, da nun ein Orden für alle Stände gestiftet wurde. Außerdem sollte das Eiserne Kreuz unabhängig von der militärischen oder ständischen Stellung "... durchgängig von Höheren und Geringeren auf gleiche Weise getragen" werden (Abs. 3). Es wurde als "... Auszeichnung des Verdienstes ... um das Vaterland ...", besonders für den "Verdienst im Kampf mit dem Feind" verliehen (Abs. 1 f.) - zunächst in der 2. Klasse, verbunden mit einer monatlichen Sold-Zulage (Abs. 8), später - bei wiederholten "Verdiensten" - in der 1. Klasse. Für die bloße Teilnahme an einem Gefecht wurden später auch "Denkmünzen" ausgegeben.[23] Das "Großkreuz" wurde für herausragende Leistungen "Kommandierender" vorbehalten (Abs. 6).[24] Dem exklusiven Rang, der den bedeutenden militärstrategischen Erfolgen in der Form des "Großkreuzes" zugestanden war, entsprach zugleich die Einzigartigkeit der Ordensstiftung überhaupt: "... nur für diesen Krieg ..." und unter Ausschluß herkömmlicher Orden und Ehrenzeichen. Nur der "Orden pour le mérite" wurde "in außerordentlichen Fällen" beibehalten (Abs. 3).
Rückblickend ist ein vordergründiges Entgegenkommen gegenüber dem revolutionären Gleichheitsprinzip festzustellen, das jedoch auf die militärischen Dienstpflichten unter dem König reduziert worden war. Der König war und blieb die entscheidende und maßgebende Autorität "von Gottes Gnaden", d.h. dem menschlichen, gar bürgerlichen Zugriff entzogen und

unerreichbar. Zwar erschienen der König und das "Vaterland" anfangs noch gleichgeordnet (Zeile 8). Aber der "Vaterland"-Begriff wurde in den Ordensstatuten nicht konkretisiert und erwies sich als zweifellos attraktive, national-ideologische, jedoch nebulöse Größe, während der König als Ordensstifter und als einzige Bezugsgröße nationaler "vaterländischer" Pflichten, als Spitze militärischer Befehl-Gehorsam-Strukturen ausgewiesen wurde. Auch die Exklusivität des "Großkreuzes" unterstrich das Gewicht der militärischen Autorität mit dem König an der Spitze, dem der Bürger als "Untertan" unterzuordnen war.

Kriegergedenktafeln in Kirchen als "Zusatz" des Eisernen Kreuzes seit 1813

Verordnung über die Stiftung eines bleibenden Denkmals für die, so im Kampfe für Unabhängigkeit und Vaterland blieben. Vom 5ten Mai 1813.

Wir Friedrich Wilhelm, von Gottes Gnaden König von Preußen u. u.

Unsere Urkunde über die Stiftung des Ordens vom eisernen Kreuze bestimmt die Belohnung für ausgezeichnetes Verdienst in dem gegenwärtigen entscheidenden Kampfe für Ehre und Unabhängigkeit. Um aber auch das Andenken derjenigen Helden zu ehren, und der Nachwelt zu überliefern, denen der Orden nicht mehr zu Theil werden kann, weil sie für das Vaterland fielen, finden Wir Uns veranlaßt, als Zusatz zu der Urkunde vom 10ten März d. J. zu verordnen, wie folgt:

§ 1. Jeder Krieger, der den Tod für das Vaterland in Ausübung einer Heldenthat findet, die ihm nach dem einstimmigen Zeugniß seiner Vorgesetzten und Kameraden den Orden des eisernen Kreuzes erworben haben würde, soll durch ein, auf Kosten des Staats in der Regimentskirche zu errichtendes Denkmal auch nach seinem Tode geehrt werden.

§ 2. Es soll zu dem Ende in jeder Regimentskirche eine einfache Tafel, oben mit dem Kreuze des Ordens in vergrößertem Maaßstabe verziert, auf Kosten des Staats errichtet werden. Sie soll die Aufschrift enthalten: Die gefallenen Helden ehrt dankbar König und Vaterland. Es starben den Heldentod aus dem ... Regiment,
und unter derselben die Namen der Gebliebenen, mit Bezeichnung des Ortes und des Tages, die Zeugen ihres ruhmlichen Muths waren.

§ 3. Außerdem soll für alle, die auf dem Bette der Ehre starben, in jeder Kirche eine Tafel auf Kosten der Gemeinden errichtet werden, mit der Aufschrift: Aus diesem Kirchspiele starben für König und Vaterland:
Unter dieser Aufschrift werden die Namen aller zu dem Kirchspiele gehörig gewesenen Gefallenen eingeschrieben. Oben an die, welche, das eiserne Kreuz erhalten oder desselben würdig gewesen wären.

§ 4. Zu ihrem Andenken wird nach geendigtem Feldzuge eine kirchliche Todtenfeier gehalten. Bei derselben werden die Namen der Gebliebenen von dem Prediger genannt, und es wird alles Merkwürdige und Lobliche aus ihrem Leben und über ihren Tod der Gemeinde zur Nacheiferung mitgetheilt.

§ 5. Nach dem Gottesdienste dieser Todtenfeier legen der Prediger und die Gemeindevorsteher öffentlich Rechenschaft ab von dem, was für die etwa hinterlassenen Witwen und Waisen der Gebliebenen geschehen ist, und verabreden das, was zu ihrer Unterhaltung oder Erziehung ferner geschehen muß, damit, wenn die Gemeinden dazu unvermögend sind, der Staat die nöthigen Kosten übernehme.

§ 6. Der Prediger und die Vorsteher reichen ihre Vorschläge darüber dem Magistrate der Stadt oder dem Landrathe des Kreises ein, welcher die dazu nöthigen Anordnungen treffen und die Genehmigung der höhern Behörden sogleich nachsuchen muß.

Die kommandirenden Generale müssen die erforderlichen Nachrichten den Regierungspräsidenten der Provinzen mittheilen, und diese haben für die Ausführung der vorstehenden Bestimmungen Sorge zu tragen und die etwa noch nöthigen besonderen Anweisungen von Unserm Staatskanzler einzuholen. Gegeben Dresden, den 5ten Mai 1813.

Friedrich Wilhelm.

Hardenberg.[25]

Mit der Allerhöchsten Stiftung vom 5. Mai 1813 wurde in Preußen die moderne Kriegerdenkmalsentwicklung eingeleitet. Die preußischen Bestimmungen gelangten zu maßgebendem, stilbildendem Einfluß bis in die jüngsten Nachkriegsjahrzehnte ab 1945.

Auffällig ist der einleitende Teil der Urkunde (Zeile 5-10), in dem die Verordnung des Königs ausdrücklich als "Zusatz" oder Ergänzung seiner Ordensstiftung des "Eisernen Kreuzes" vom 10. März 1813 deklariert wurde (Zeile 9). Aus diesem Grunde galten die Motive und Intentionen, die dem Eisernen Kreuz zugrunde lagen, gleichermaßen auch für die neuen Maßnahmen: das Gleichheitsprinzip, die Auszeichnung und "Ehrung" oder "Belohnung" königstreuen und zugleich "vaterländischen" Verhaltens sowie für besondere Leistungen im bevorstehenden Krieg, deren Betonung als zeitlosgültig, überlieferungswürdig, lobenswert und vorbildlich (Zeile 7 f.). Ähnlich wie die Ordensträger des Eisernen Kreuzes das Prestige königstreuen, "christlichen" Patriotismus vor aller Augen demonstrierten, sollten auch die Gefallenen als Multiplikatoren dieser Gesinnung fungieren. Dazu war den Soldaten, die "in Ausübung einer Heldenthat", d.h. in ordens- oder auszeichnungswürdigem Kampfe starben, künftig ebenso ein "Denkmal" in Kirchen zu errichten in der Form eines Epitaphs bzw. einer Gedenktafel (§1).

24

Die Stiftung unterschied deutlich zwischen militärischem und bürgerlich-zivilem Lebensbereich[26], indem sie zum Beispiel die Kirchengemeinden nach Militär- und ziviler Zugehörigkeit trennte. So bedurfte die Anbringung der Gedenktafel in "Regiments"-Garnisonkirchen und zivilen Gemeinde-"Kirchen" jeweils eigener Gesetze und Verwaltungsvorschriften: Die Stiftung verlangte unterschiedliche Inschriften, indem Heldentum und Dankbarkeit exklusiv den gefallenen Ordensträgern eines Regiments vorbehalten waren, ergänzt durch detaillierte Angaben zu ihrem Tode (§ 2). In Garnisonkirchen erschienen "König und Vaterland" ausdrücklich als Stifter der Gedenktafeln. Die vergleichsweise bescheidene, einzeilige Inschrift in bürgerlich-zivilen Kirchen enthielt keine Stifterangabe und war auch in den übrigen Aussagen sehr distanziert und knapp gehalten (§ 3). In der folgenden Namensliste war eine gewisse Rangfolge vorgesehen, die die Ordensträger an die Spitze stellte. Insgesamt sicherten die Bestimmungen über die Gedenktafeln eine latente Privilegierung des Militärs, dem "König und Vaterland" anscheinend als Stifter enger verbunden waren als der bürgerlich-zivilen "Gemeinde", was ebenso in der wortreichen Anerkennung sowie in der Finanzierung (§§ 2 f.) zum Ausdruck kam.

Ausführliche Bestimmungen betrafen die feierliche Anbringung oder Aufstellung der Gedenktafel (§§ 4-6). Sie war im Rahmen einer "kirchlichen Todtenfeier" vorgesehen (§ 4). Anlog einer Leichenpredigt sollten "... die Namen der Gebliebenen ... und ... alles Merkwürdige und Löbliche aus ihrem Leben und über ihren Tod der Gemeinde zur Nacheiferung mitgetheilt" werden (§ 4). Auf diese Weise konnte der Gefallenentod zu Propagandazwecken, als Ansporn zur Nachahmung genutzt werden. Auch die "öffentliche Rechenschaft" über die Hinterbliebenenversorgung (einschließlich verwaltungsorganisatorischer Regelungen) war gelegentlich dieser Kirchenfeier vorgeschrieben und diente der Selbstdarstellung des Staates (§ 5).

Diese eigentümliche Verknüpfung sehr verschiedenartiger Bestimmungen - von staatlichen Anweisungen und Vorschriften über Regimentsbefehle, kirchlich-theologische und liturgische Ordnungen - charakterisiert die Stiftungsverordnung als ein vorkonstitutionelles Dokument. Es belegt die noch ungebrochene absolutistische Autorität und die Machtvollkommenheit des Königs als Souverän, als Inhaber der Legislativ- und Exekutivgewalt, als oberster Kriegsherr und oberster Landesbischof (Summepiskopus). Der König war eben der Machthaber und Repräsentant des Staatsganzen einschließlich der "vaterländischen" Belange. - Nach den Wünschen des Königs sollte die Gedenktafel zur "Nacheiferung" der Toten anregen (§ 4) und deshalb auch deren "Andenken" bekräftigen (Zeile 8, § 4). Die Aufstellung der Tafeln im Rahmen einer Totenfeier nahm die spätere Entwicklung der Denkmalsweihe vorweg und knüpfte an das zivile Totenbrauchtum an.[27] Die Verwendung der Helden-, Ruhmes- und Ehrentitel zeichnete die Gedenktafel zugleich als Denkmal im klassischen Sinn aus.

Die Realisierung der preußischen Gedenktafelstiftung wurde in der Mehrzahl in zivilen Kirchen nachgewiesen und überliefert. Dort waren erstaun-

2. *Gedenktafel*
Marienkirche
Lippstadt

licherweise überwiegend militärische Gestaltungsmerkmale verwirklicht worden, die eigentlich den Garnisonkirchengemeinden vorbehalten waren, aber anscheinend auch in bürgerlichen Kreisen favorisiert wurden. Dies zeigt ein Beispiel in der evangelischen Marienkirche in Lippstadt: oben das Eiserne Kreuz, darunter die Auflistung der Namen mit einer besonderen Widmungsinschrift: "Aus Lippstadt starben für König und Vaterland"[28]. Solch "militärische" Gestaltung, die unter den zivilen Kirchengemeinden der verschiedenen Konfessionen kein Einzelfall war, bezeugte den wachsenden Einfluß militärischer und nationaler Vorstellungen.

War diese Entwicklung ein Ausdruck des neuen kirchlich-zivilen oder bürgerlichen Selbstbewußtseins, oder deutete sie die Dominanz des königlichen Willens an? Wer übte den vorherrschenden Einfluß aus: Bürgertum, König oder die Armee? - Diese Frage berührte die öffentliche, verbindliche Sprachregelung historischer und national-"vaterländischer" Identität. Dazu bot das zeitgenössische Verständnis der neuen Denkmäler wichtige Antworten: zum Beispiel offizielle Äußerungen des Königs (auch der späteren

Nachfolger als Staatsoberhaupt bzw. Regierender: Kaiser, Kanzler und Präsident), Stellungnahmen von bürgerlicher Seite, von Kirchen einschließlich der jüdischen Gemeinden, von Kommunalbehörden, Verbänden und anderen Gremien, schließlich militärische Erklärungen. Dabei blieb der grundlegende Unterschied von Militär und zivilem Bereich von maßgebender Bedeutung, verankert im preußischen Allgemeinen Landrecht, später auch in Verfassung und öffentlichem Leben.[29] Ein übergreifendes, gemeinsames Band bildeten die national-"vaterländischen" Wertvorstellungen, die im kirchlich religiösen Gemeindeleben und im offiziellen Totengedächtnis eine monarchische Färbung erhielten. Nach ähnlichem Muster gab es auch andere, gleichgerichtete Maßnahmen, zum Beispiel Denkmalsstiftungen auf den früheren Kampfstätten der Befreiungskriege und Feldgottesdienste in Berlin, die in enger Anlehnung an französisch-republikanische Vorbilder gestaltet wurden. In deren Umfeld entwickelte sich sogar ein neuer Denkmalstyp: das Nationaldenkmal (auf dem Kreuzberg bei Berlin).[30]

Die neue, offizielle Denkmalspropaganda war nicht auf Preußen beschränkt, ebenso nicht auf die evangelische Konfession. Es gab ähnliche Initiativen in Bayern und Hessen.[31] Aufschlußreich war das Echo in mancher katholischen und jüdischen Gemeinde, zum Beispiel in Liesborn[32] und in Bielefeld[33]. Diese Resonanz spiegelte die vielfältigen bürgerlichen, insbesondere auch die jüdischen Hoffnungen: Unter dem Einfluß der Aufklärung, der Französischen Revolution und der Preußischen Reform war den jüdischen Bewohnern erstmals die Gleichberechtigung in staatsbürgerlicher Hinsicht zugestanden worden. 1813/14 waren sie sogar erstmals zum "ehrenvollen" Militärdienst einberufen worden, gleichberechtigt mit den anderen Bürgern. Im Februar 1813 hatte König Friedrich Wilhelm III. dann allen Freiwilligen, das heißt auch den jüdischen (!), die bevorzugte Zivilanstellung, die Invalidenzulage für Kriegsverwundete und - im Todesfall - die Hinterbliebenenversorgung versprochen. Das königliche Versprechen wurde dann aber nur teilweise erfüllt bzw. gebrochen: Jüdische Bürger wurden in Preußen sogar vom Militärdienst wieder ausgeschlossen. Sie waren öffentlichen Verleumdungen ausgesetzt - zum Beispiel in regierungsinternen Denkschriften, die die militärische Tauglichkeit, die "vaterländische" Zuverlässigkeit und "Moralität" von Juden bezweifelten. In der militärdienstlichen Praxis verloren die ursprünglichen "Reform"-Ideen an Einfluß: Anstatt der umfassenden, ursprünglichen Konzeption der Ordens- und Denkmalspropaganda - für "alle" Kriegsteilnehmer - wurden jüdische Bürger mehr und mehr ausgegrenzt. Anstatt der "Reform" der Judenemanzipation mit der einheitlichen Staatsbürgerschaft erneuerte die "restaurative" Politik die Doktrin des exklusiv "christlichen Staates".[34]

Die preußische Regierungspolitik war nach den Befreiungskriegen vor allem der "Restauration" jener Kräfte verpflichtet, die in der großen Staatskrise während der napoleonischen Wirren und der "Reform"-Zeit bedroht schienen. Der neue Kurs widersprach den bürgerlich-liberalen Hoffnungen auf königliche Zusagen. So blieb das "Verfassungsversprechen" des Königs zunächst unerfüllt. Erst nach jahrelangen beharrlichen, publizistischen Initiativen der "Verfassungsbewegung" kamen Neuverhandlungen zustande. Das Ergebnis, das "Allgemeine Gesetz wegen Anordnung der Provinzialstände" und die entsprechenden Gesetze für einzelne Provinzen schuf das neue System der Provinzialverfassung, das aber weit hinter den bürgerlichen Forderungen zurückblieb und einseitig großagrarische, aristokratische Kreise bevorzugte: unregelmäßige Einberufung der Landtage durch den König anstatt im jährlichen Turnus, keine freie Wahl des Landtagsmarschalls, Petitionsrecht ohne Weisungsbefugnis an Staatsbehörden, Zusammensetzung des Landtages gemäß Wahlen unter den genannten Provinzialständen: unmittelbare Reichsstände, Ritterschaft, die "zur Vertretung des bürgerlichen Gewerbes geeigneten Städte" und Großgrundbesitzer als Vertreter der Landgemeinden. Der ständisch unterschiedlich qualifizierte Grundbesitz in der Provinzialverfassung widersprach den Regeln der freien Wirtschaft, der liberalen Wirtschaftspolitik der Regierung, und folgte primär "restaurativen" Interessen. Die je nach Provinz sehr unterschiedliche Einberufung der Landtage behinderte eine gesamtstaatliche Orientierung, förderte aber andererseits eine provinzielle, regionale Zergliederung. Ein gesamtpreußischer Versuch, der "Vereinigte Landtag" in Berlin, kam erst 1847 zustande.

"Das gesamte Ständesystem aus dem Jahre 1823 trug von seiner ersten bis zu seiner letzten Bestimmung den "Stempel der Angst" und bekräftigte indirekt die Vorherrschaft von Beamtenstand und Militär als einzigen gesamtstaatlichen (Berufs-)Ständen."[35] Freilich provozierten die Landtagsverhandlungen trotz der sehr geringen Rechte und der vielfältigen Behinderungen eine "selbständige politische Entwicklung" der "Stände" - durch Anträge, Vorstellungen und Beschwerden zu Regierungsvorlagen. Aus eigener Initiative engagierte sich zum Beispiel der Provinziallandtag in Münster in öffentlichen Fragen, darunter später auch mit eigenen ehrgeizigen provinzialen Denkmalsprojekten.

Kirchenbau im Dienst national-religiöser Denkmalspropaganda?

Die Stiftung des Eisernen Kreuzes und der Kriegergedenktafeln waren Teil einer umfassenden staatsideologischen Kampagne. Ziele und Ausmaß dieser Anstrengungen zeigten die aufschlußreichen Pläne für einen preußischen Nationaldom: Seinen Entwurf für eine fünfschiffige Basilika mit mittlerem Westturm und einer Kuppel über dem Chor erläuterte Karl Friedrich Schinkel in einer Kabinettsvorlage an den preußischen König: "Wenn Gott den Völkern neues Leben einhauchte, gegen den Untergang sich zu erheben, wenn er sie stark machte, die Freiheit zu erkämpfen, und wenn so ein großer Akt der Weltgeschichte geschlossen ward, dann ist hiernach das Edelste, was der Mensch beginnen kann, das Andenken einer solchen Zeit in religiösem Sinn recht fest zu halten und würdig zu ehren, und dazu ist nur ein Medium - die schöne Kunst ... Ein Denkmal dieser Art muß groß und würdig sein, denn die Ehre der ganzen Nation bei der Nachwelt hängt daran."[36] Für

3. *Preußischer Nationaldom, Entwurf von K.F. Schinkel*

die Innengestaltung sah Schinkel die Grablege preußischer Könige und eine Reihe von Bauplastiken vor "... aus der Geschichte des Vaterlandes ... Es sitzen zu Roß unter Baldachinen ... rings um den Dom nach der Reihe die Durchlauchtigsten Herren des preußischen Hauses. In den großen Gliederungen der Portale und an anderen Orten finden die Bildsäulen der Helden und Staatsmänner älterer und neuerer Zeit unter Baldachinen ihren Platz und bilden zugleich in der großen und weiten Ausdehnung der Architektur wohltätige Ruhepunkte ... Über dem Hauptportal ist die Weihe und Verewigung des Eisernen Kreuzes angebracht, über den Seitenportalen das Wappen des preußischen Hofes ... Im Hauptschiffe finden ausgezeichnete Religiosen, Gelehrte und Künstler einen Platz ... und so findet auf diese Weise in den Monumenten, was mehr nach außen unmittelbar gewirkt, am äußeren Dom, was unmittelbar auf's Innere gewirkt, im inneren Dom seinen Platz."[37]
Schinkels Anliegen war offenbar eine monumentale Verherrlichung der Befreiungskriege im Rahmen eines königstreuen, national-religiösen Wertgefüges. Dazu empfahl er einen abgelegenen Standort des "Domes" - auf dem Leipziger Platz am Stadtrand Berlins, um das Bauwerk aus dem alltäglichen Treiben zu erheben. Es sollte nur nach längerer, stimmungsvoller Wegestrecke in "einer Art Wallfahrt" erreichbar sein.[37] Der Dom galt ihm als adäquater Ausdruck und "Andenken" der denkwürdigen Ereignisse, als ein "unmittelbar bildendes und im volkshistorischen Sinn begründetes Monument", das der nationalen Eigenart entsprach.[37] Aus diesem Grund entschied er sich auch für den neugotischen Stil, den er als vorzüglich national-deutsche Kunst ansah und der nach zeitgenössischer Sicht musterhaft erkennbar

war am Kölner Dom. Der Schinkelsche "... Nationaldom sollte ein modernes Gegenstück zum Kölner Dom abgeben, der mit den Rheinlanden durch den Sieg gerade preußisch geworden war; außerdem ein adäquates Pendant in der Hauptstadt und ein protestantisches Gegenstück zum katholischen Vorbild. Als das Domprojekt aus Sparsamkeitsgründen des Königs scheiterte, setzte Schinkel seine Gotik-Ambitionen am Original in Köln fort".[38] Auch andere Pläne Schinkels für einen Nationaldom ließen sich nicht realisieren. "Übrig blieb im sparsamen Preußen von diesem romantischen Kathedraltraum die architektonische Schwundstufe des Nationaldenkmals auf dem Berliner Kreuzberg ... eine gotische Kirchturmspitze ..."[39]

Erfolgreicher waren Schinkels Bemühungen zur Wiederherstellung, bzw. Vollendung des Kölner Doms, der von zeitgenössischen Stimmen - von deutschen Fürsten und Königen über Bürgerschaften bis hin zum fortschrittlichen und oppositionellen Bürgertum - als Symbol nationaler Einheit oder gar als Nationaldenkmal betrachtet wurde. Freilich wechselten die Befürworter der Wiederaufbauidee und ihre Motive in den folgenden Jahrzehnten mehrfach von Grund auf. In der Bevölkerung fanden Spendenaufrufe nur geringe Resonanz. Und in katholischen Kreisen löste das Dombauprojekt sehr unterschiedliche Reaktionen aus - einerseits Hoffnungen auf eine katholische Erneuerung gegen den Geist von Aufklärung und Revolution und andererseits den Argwohn gegen liberale nationalistische Tendenzen oder gar gegen einen politischen Katholizismus (vgl. u.a. die Polemik von Annette von Droste-Hülshoff). Für das preußische Königshaus, das den Bauplänen seit den vierziger Jahren zum Durchbruch verhalf, waren katholisch-kirchliche Belange allerdings eher von beiläufigem Interesse. Ausschlaggebend waren romantische Vorstellungen eines "deutschen Mittelalters" mit der vermeintlich harmonischen Gemeinschaft von Monarch und Volk. Deren Wiederbelebung oder Aktualisierung sollte den bürgerlich-revolutionären Elementen in der deutschen Nationalbewegung und deren großdeutsch(-österreichisch)er Tendenz ein monarchisches, preußisch-kleindeutsches Gegengewicht entgegensetzen. Dem Vermittlungszusammenhang solcher Absichten waren ebenso die offiziöse Kriegerdenkmalspropaganda sowie andere neugotische Kirchenbauprojekte verpflichtet (vgl. u.a. Vollendung der evangelischen Wieskirche in Soest).

Das Nationaldenkmal auf dem Kreuzberg in Berlin 1821

Objektskizze: Monumentale, gußeiserne Anlage mit kreuzförmigem Grundriß und einer Gesamthöhe von 18 Metern, zwölf Wandflächen in der unteren Sockelzone - davon eine mit der Inschrift: "Der König dem Volke, das auf seinen Ruf hochherzig Gut und Blut dem Vaterlande darbrachte - den Gefallenen zum Gedächtnis, den Lebenden zur Anerkennung, den künftigen Geschlechtern zur Nacheiferung". Auf den zwölf Flächen der nächsten Zone die Namen und Daten von Schlachten, die von Figuren über ihnen - auf einem

4. Nationaldenkmal auf dem Kreuzberg Berlin 1821

mit dem Eisernen Kreuz verzierten Postament stehende Allegorien - verkör-
pert wurden, die zwölf antikisierenden Schlachtgenien mit Physiognomien
zeitgenössischer Mitglieder des preußischen Königshauses, der Zarin Alex-
andra Feodorowna (geb. preuß. Prinzessin), der Feldherren Yorck, Bülow
und Blücher, Aufstellung der Figuren in Nischen, die seitlich von Diensten
mit Filialen und nach oben durch Dreipässe und Wimperge begrenzt wurden,
darüber die Spitze des Turmkörpers, abgeschlossen nach mehrfacher Ver-
jüngung und reichem Filialschmuck von einer Kreuzblume und dem Eisernen
Kreuz.

Das Kunstwerk entstand als Resultat vielfacher Bemühungen Schinkels um
eine nationale Gedächtnisstätte und stellte einen neuen Denkmalstyp dar:
das Nationaldenkmal. Wie Kriegerdenkmäler bzw. -gedenktafeln thematisierte das Nationaldenkmal das Kriegsgeschehen als national-"vaterländische" Angelegenheit, propagierte soldatischen Kampfeseinsatz und Gefallenentod mittels Inschrift und Eisernem Kreuz als vaterländische "Ehren"-
Pflicht (vgl. auch die Symbolik des Eisengusses), als nachahmenswert und
vorbildlich. Doch im Unterschied zu Kriegerdenkmälern verzichtete es auf
die namentliche Erwähnung von Gefallenen und hob so einen kollektiven
Charakter hervor. Der König erschien hier - gemäß Inschrift - als Repräsentant des Staatsganzen, als Anwalt der vaterländischen Sache und dominie-
rende Kraft: seinem "Ruf" war die denkwürdige Motivation für den vaterländischen Einsatz des "Volkes" angeblich zu verdanken. Auf diese Weise

wurden der eigenständige, bürgerliche Anteil an der Krisenbewältigung der Befreiungskriege zurückgestellt und das politische Potential der nationalen Bewegung in monarchische Bahnen gelenkt. Nach Thomas Nipperdey konnte "die preußische Nation ... in dem Denkmal, dem steinernen Dank des Königs an das Volk, nur einen mehr als dürftigen Ersatz für die ausgebliebene Verfassung sehen und sich damit nicht begnügen".[40] Auch der Aufstellungsort, eine ca. 40 m hohe Sanddüne inmitten eines unbebauten, vorwiegend zu Manövern und Exerzierübungen genutzten Geländes, rückte das Prestige der Denkmalsehre in die Nähe des Militärs. Das Figurenprogramm bekräftigte die monarchischen, militärkonformen Inhalte, die besonders deutlich auch bei den Feierlichkeiten zur Grundsteinlegung 1819 und bei der Einweihung 1821 hervortraten - in Anwesenheit des preußischen Königshauses, des russischen Zaren, der Staatsregierung, dominierender militärischer Präsenz hoher Befehlshaber und aufmarschierter Truppen.[41] Damals erhielt der Tempelhofer Berg den neuen Namen "Kreuzberg".

Die feierliche, öffentliche Errichtung des Kreuzberg-Monuments bildete einen ersten Höhepunkt obrigkeitlicher Denkmalspropaganda, wie sie in den Stiftungen der Jahre 1793 und 1813 eingeleitet worden war. Mit den allegorischen Figuren als Verkörperung der Schlachten gegen Napoleon knüpfte es an Kriegerdenkmäler an, die auf den Schlachtfeldern preußischer Truppen - in Großgörschen, Culm, Haynau, Großbeeren, Katzbach, Dennewitz und Belle-Alliance - 1817/18 errichtet worden waren: ebenso gotische Spitzsäulen mit der gleichen Widmungsinschrift wie auf den für Regimentskirchen verordneten Gedenktafeln.[42] Aus dieser Sicht zeigte sich das Kreuzberg-Denkmal einmal mehr in seiner militärkonformen Symbolik als Synthese oder Zusammenfassung der Denkmäler auf den Schlachtfeldern, deren Gestalt es mit der prestigeträchtigen Errichtung in der Hauptstadt Berlin zu allgemeiner, maßgebender Bedeutung erhob. In seinen Entwürfen hatte Schinkel wichtige Anregungen vom Kölner Dom, teils auch vom Wiener Stephansdom erhalten. So mochte das Kreuzberg-Denkmal auch an ein Sakramentshäuschen oder an einen Tabernakelpfeiler erinnern, so daß der Weihecharakter eine zusätzliche Stütze erhielt. Die Neugotik ermöglichte zugleich eine deutliche, stilistische Abgrenzung zu bayerisch-klassizistischen Alternativen, z.B. dem 1817/18 ausdrücklich als "Nationaldenkmal" erklärten Obelisken auf dem Münchener Karolinenplatz für die bayerischen Gefallenen. Schinkels Werk verhalf der Neugotik zu einem wirkungsvollen Prestigegewinn. Das Kreuzberg-Monument erfuhr im Unterschied zum Münchener Karolinenplatz keine angemessene städtebauliche Berücksichtigung. Die Wiederholung der gotisierenden Spitzsäule auf dem Berliner Kreuzberg hatte aber einige Nachbildungen zur Folge - in Westfalen zum Beispiel in Minden 1859 zum hundertjährigen Jubiläum des "7jährigen Krieges", aber auch in späteren Kriegerdenkmälern. Nur kurze Zeit nach den Einweihungsfeierlichkeiten in Berlin setzte Ernst von Bandel bei Detmold neue Akzente für den Charakter eines Nationaldenkmals durch dessen Bindung an den Germanenkult.

Ein Denkmal für Deserteure in Cottbus (Preuß. Sachsen), eine bürgerliche Alternative zur offiziellen Denkmals-"Ehre" 1845/50

Ein Beispiel unzweifelhafter bürgerlicher Opposition entstand in Cottbus. Dort waren westfälische Deserteure der napoleonischen Armee 1813 erschossen worden. Eine würdevolle Bestattung wurde ihnen nur dank privater Initiative zuteil, die über Jahrzehnte sogar eine Grabpflege ermöglichte. Noch 1845 waren die Erinnerung an die standrechtliche Erschießung der Deserteure und die Empörung darüber so lebendig, daß ihnen im Zuge des

5. Deserteur-Denkmal, Cottbus 1845

wachsenden bürgerlichen Bewußtseins ein Grabmal errichtet wurde. Die Gestaltung, insbesondere die Inschrift unterschied sich deutlich von der offiziellen Denkmalspropaganda (vgl. das christliche Kreuz im Gegensatz zum Eisernen Kreuz und den insgesamt sepulkralen Charakter). Es handelte sich um ein gußeisernes Grabkreuz auf Granitsockel. Die Inschriften lauteten: "Liebe zum Vaterland war ihr Tod / Gesetzt von Bewohnern der Stadt Kottbus und Umgebung 1845" (Rückseite des Kreuzes) - "Und schmücken Euch / auch keine / Ruhmeshallen / Für Deutschlands / Freiheit / seid auch ihr / gefallen ..." (Rückseite des Sockels), "Ruhestätte der unter französischer Herrschaft am 16.7.1813 erschossenen Krieger aus Westfalen" (Vorderseite des Kreuzes; Namen der Krieger vermutlich auf der Vorderseite des Sockels).[43] Mit der imposanten Gesamthöhe von 3,8 Metern, dem christlichen Kreuz und der klassizistischen Gestaltung folgte es traditionellen Grabmalsformen, obwohl der Aufstellungsort, die Grab- oder Hinrichtungsstätte, außerhalb von Friedhöfen gelegen war. Bereits 1819 hatte ein Veteran mit der Grabpflege begonnen, bis 1845 einige Bürger das aufwendige Grabmal errichteten. Es war ausschließlich bürgerlich-nationalen Idealen verpflichtet: dem "Vaterland" und "Deutschlands Freiheit" (Inschrift) und verzichtete auf jegliche Anlehnung an die staatsoffizielle, preußisch-monarchische Denkmalspropaganda. In zweifacher Hinsicht setzte es sich sogar über militärethische Grundsätze hinweg: in der dezidierten Abgrenzung von offizieller "Ehrung" oder "Ruhmeshalle" (Inschrift) und im öffentlich-positiven Gedächtnis für Soldaten, die sich der Desertion, das heißt: eines Religionsfrevels oder Sakrilegs durch Bruch des Fahneneides schuldig gemacht hatten! Aus diesem Grunde stellt es eines der wenigen Denkmale dar, die den primär bürgerlich motivierten Widerstand gegen die napoleonische Herrschaft würdigten und dabei mit der vorherrschenden monarchischen Propaganda konkurrierten in einer Art bürgerlicher Gegendarstellung zur staatsoffiziellen, promonarchischen Denkmalspropaganda.

Nur wenige Jahre später, 1848, brachen die Revolutionskämpfe in Deutschland aus, in deren Verlauf der König von Preußen sogar selbst zu Verneigung und "Ehr"-Erbietung vor den Gefallenen der bürgerlichen Seite gezwungen war. Doch dies blieb nur eine Episode in der weiteren Entwicklung; denn langfristig wurden das öffentliche Gedächtnis, die Trauer und die Anerkennung nur den Gefallenen der Armee zuteil. Den gefallenen Revolutionären und standrechtlich erschossenen "Aufständischen" der Jahre 1848/49 blieb eine amtliche, öffentliche "Ehrung" durch Denkmäler, teils sogar auch ein privates, ordentliches Begräbnis verwehrt - im Unterschied zu den gefallenen königstreuen Soldaten. Ihnen wurden eigens vom König gestiftete Denkmäler errichtet. Die Überlebenden, soweit sie unter der Fahne des Königs gekämpft oder als Militärbeamte gedient hatten, erhielten eine besondere öffentliche Auszeichnung: eine ordensähnliche Denkmünze, die in ehrenvoller Verbindung mit dem Hausorden der Hohenzollern am 23. August 1851 und am 2. März 1852 gestiftet worden war. Von neuem zeigte sich die Bedeutung von Orden und Denkmälern als Mittel der Staatspropaganda, so daß den Anhängern der Revolution nur ein Ausweichen auf Ersatzobjekte möglich war, um Freiheitskämpfer zu ehren (vgl. Schiller-Denkmäler). Erst in der Weimarer Zeit und nach dem Zweiten Weltkrieg wurden die gefallenen Revolutionäre mit Kriegshelden gleichgestellt und später mit Opfern nationalsozialistischer Konzentrationslager verglichen.[44]

Die Armee blieb die entscheidende Stütze der königlichen Macht und der ihr verbündeten gesellschaftlich-politischen Kräfte, so daß der König die Kaiserkrone und die Pläne der Frankfurter Nationalversammlung für ein national-deutsches Reich ablehnen und eine Verfassung oktroyieren konnte. Zwar erfüllte sie manche bürgerlichen Forderungen, u.a. die Wahl einer Volksvertretung, die Gleichberechtigung auch der Juden im Staatsbürgerrecht. Aber die Armee blieb von solchen Neuerungen ausgeschlossen. Sie wurde nicht auf die Verfassung vereidigt und unterstand allein dem Oberbefehl des Königs. Die Armee privilegierte die christlichen Kirchen, vor allem die evangelische Konfession, sie favorisierte das Konzept des "christlichen Staates" in einem Ausmaß, das am Beispiel der jüdischen Soldaten deutlich wurde. Juden, soweit sie einberufen wurden, waren aus wichtigen Positionen, zum Beispiel der Offizierslaufbahn, ausgeschlossen. Juden blieben Befehlsempfänger unter mehrheitlich andersgläubigen "christlichen" Militärpersonen, einem ideologisch-christlich und monarchisch bestimmten Staats-/Militärwesen und einer konfessionell-christlichen Obrigkeit "von Gottes Gnaden".

4. Die deutsche "Einigung" 1864 / 1866 / 1870/71
Das Deutsche Reich - ein "christlicher Staat"?

Die bürgerlich-demokratischen, liberalen Hoffnungen setzten sich im Militär mit seinen primär monarchisch orientierten, traditionsbehafteten und exklusiv "christlichen" Machtstrukturen nicht durch. Bereits 1862 entzündete sich an der konstitutionellen Kontrolle des Militärs ein Verfassungskonflikt zwischen dem preußischen Abgeordnetenhaus und der preußischen Staatsregierung. Das Abgeordnetenhaus, das die Kontrolle auch über das Militär beanspruchte, konnte sie aber nicht durchsetzen und verzichtete darauf endgültig im Zuge der nationalen "Einigungs"-Politik durch die Kriege von 1864, 1866 und 1870/71 (vgl. Indemnitätsgesetz von 1869).

Ergebnisse der nationalen Einigungskriege waren die Gründung des Norddeutschen Bundes 1866 und dessen Erweiterung 1871 zum "Deutschen Reich", das heißt: zum preußisch-kleindeutschen Nationalstaat. Diese Veränderungen wurden als tiefgreifender Wandel der europäischen Staatenordnung empfunden, zugleich als Verwirklichung bürgerlicher nationaler Wünsche und Hoffnungen. Die Popularität dieser Entwicklung spiegelte sich in der Ordenserneuerung des Eisernen Kreuzes 1870 wider, ebenso in einer Welle neuer Denkmalserrichtungen durch militärische und bürgerliche Initiativen. Es dominierten militärkonforme und promonarchische Vorstellungen - überdeutlich in der Bezeichnung der Gefallenen: als "Söhne" oder "Kameraden", anstatt als Bürger, wie es der Verfassungswortlaut nahelegte; denn sie hatten den Tod in Ausübung einer verfassungsmäßigen Pflicht, nämlich der Allgemeinen Wehrpflicht, erlitten. Die Bezeichnung als "Söhne" oder "Kameraden" beruhte dagegen auf einer gefühlsbetonten patriarchalischen, autoritär-monarchischen und militärkonformen Orientierung. Die früheren Stiftungen aus dem Jahre 1813 wurden 1870/73 "erneuert" oder offiziell von der Regierung erwünscht. Erstmals wurden Gräber für einfache Soldaten angelegt, und sie erfuhren zudem den Schutz gesetzlicher, völkerrechtlicher Bestimmungen. Eine Vielzahl neuer Denkmalserrichtungen war nicht mehr auf den kirchlichen Bereich (Kircheninneres, Friedhof) beschränkt. Zu den schlichten Gedenktafeln traten zunehmend wirkungsvollere "Ehrungen" des gemeinen Soldaten in vollplastischer Figur und anderen aufwendigen Formen. Anfangs waren sie vorwiegend bei militärischen Stiftungen auf den früheren Schlachtfeldern, zum Beispiel in Schleswig-Holstein, Böhmen und in Süddeutschland, zu sehen, später auch an Garnisonsorten.[45] Mehr und mehr wurden sie auch als kommunal-bürgerliche Aufgabe begriffen. Es entstanden neue Typen: Kaiserstandbilder; Bismarck-Türme und andere sogenannte Individualdenkmäler.[46] Unter den neuen Denkmälern überwogen nicht mehr, wie bisher, die Kriegergedenktafeln des Königs, sondern bürgerliche Stiftungen durch einen Ausschuß oder einen örtlichen Kriegerverein.

Kriegergedenktafel in Detmold 1866

Zur Erinnerung an drei Gefallene aus dem Fürstentum Lippe wurde in der Detmolder Hofkirche (heute: Evangelisch-reformierte Erlöserkirche) ein Epitaph aus gelbem Sandstein in ovaler Form angebracht - mit ordensgeschmücktem Eichenkranz, bekrönt durch lippische Rosen und darüber die lippische Fürstenkrone.[47] Vielleicht standen die erwähnten preußischen Kriegergedenktafeln Pate? Eigenständig waren aber die außerordentlich prachtvolle und ovale Gestaltung, die Materialwahl (Sandstein) und die Betonung der lippischen Staatssymbolik. Das Beispiel verdeutlicht eine regionale kleinstaatliche Position im übergreifenden nationalen Sinngefüge. Die Anbringung neben der Kanzel unterstrich eine pädagogische Intention der Stiftung.

6. Kriegergedenktafel in der Hofkirche zu Detmold 1866

Kriegerdenkmal - Trauernde Germania - in Bad Kissingen (Bayern) 1868
Offizier-Denkmalsstiftung im Dienst nationaler Trauer?

Das Denkmal wurde für Gefallene des preußisch-deutsch-österreichischen Krieges geschaffen in Bad Kissingen (Bayern) auf einem Kirchhof, der zugleich Schauplatz schwieriger Kämpfe gewesen war. Am 10. Juli 1866 hatten sich dort 300 Bayern verschanzt, waren dann aber nach heftiger, blutiger Verteidigung der preußischen Belagerung unterlegen. Die Gefallenen wurden auf dem Kirchhof bestattet und wenig später stifteten preußisch-westfälische Offiziere die Errichtung eines Denkmals, das dem Gefallenengedächtnis deutliche nationale Akzente gab (Enthüllung 1868).

Nach zeitgenössischem Empfinden waren die verlustreichen Kämpfe als "Bruderkrieg" zu beklagen, weil sie dem Gebot nationaler deutscher Interessen widersprachen. Aus dieser Sicht schuf der Bildhauer Michael Arnold aus Kissingen ein Denkmal: eine sitzende trauernde Germania in antikischem Gewand in eineinhalbfacher Lebensgröße aus weißem Marmor, mit abgegürtetem Schwert in der Linken und einem Palmzweig in der Rechten (Höhe der Figur: 2,2 Meter) - auf einem schwarzen Marmorsockel (Gesamthöhe: 4,08 Meter).[48] Der Sockel trug die Widmungsinschrift: "Zur Erinnerung an die am 10. Juli 1866 Gefallenen", darunter die Namen der preußischen und bayerischen Offiziere, durch einen Strich voneinander getrennt, und auf der linken Seitenfläche des Sockels die Namen der einfachen Soldaten. Die Germania-Figur thematisierte die Tragödie von Bad Kissingen aus nationaler Perspektive. Mit dem abgegürteten Schwert wurde auf das Ende der Kämpfe verwiesen, mit dem Palmzweig auf den Trost des himmlischen Friedens für die Gefallenen.[49] Die sitzende, sich stützende Haltung der Germania verriet Melancholie und Trauer über den Gefallenentod im "Bruderkrieg". Weitere Stiftungen einer "Trauernden Germania" folgten für das Gefallenengedächtnis bis zu den siebziger Jahren auch andernorts.[50]

7. Kriegerdenkmal,
Bad Kissingen 1868

Kriegerdenkmal - Schlafender Löwe - in Dortmund 1869
Eine frühe städtisch-bürgerliche Stiftung

Auf Initiative eines Bürgerkomitees gab die Stadt Dortmund ein Denkmal zur Erinnerung an zehn Gefallene der Stadt in Auftrag, das nach Entwürfen des Bildhauers Melchior Anton zur Straten ausgeführt wurde: ein lebensgroßer Löwe in bronziertem Eisenguß auf einem grau-rosa farbenem Granitsockel mit rund ausgebuchteten Schmalseiten, darauf vorn ein Erinnerungskreuz mit der Jahreszahl 1866, auf den Längsflächen verschiedene Inschriften - 1) "Es starben den Heldentod / fuer / Koenig und Vaterland / 1866 / ..." mit zehn Namen, 2) "Ihren / tapferen / Soehnen / die / Stadt / Dortmund"; und vorn 3) "Preussens siegreichem Heere - Gott war mit uns - Ihm sei die Ehre" in fortlaufender Zeile um die königlichen Initialen "R(ex) W(ilhelmus)".[51]

Einen ehrgeizigen Anspruch demonstrierte das Denkmal in seiner Größe (vgl. die Maße: 2,5 x 2,4 x 2,1 Meter) und vor allem in der Motivwahl. Wichtige Anregungen gab sicher das Löwendenkmal von Christian Daniel Rauch für General Gerhard von Scharnhorst. Im deutschsprachigen Raum gab es damals nur wenige vergleichbare Löwendenkmäler, zwei auf den böhmischen Schlachtfeldern bei Chlum und Parschnitz, außerdem in Münster (für General Heinrich Wilhelm von Horn, ehemals Kommandierender General des VII. Armeekorps, das auch für Dortmund zuständig war). In Dortmund wurde die prestigeträchtige Löwen-Allegorie aber nicht für ranghohe Befehlsträger, sondern für einfache Soldaten als Bürger der Stadt verwandt,

*8. Kriegerdenkmal,
Dortmund 1869*

die 1866 bei Königgrätz gefallen waren. Der schlafende Löwe verdeutlichte den aktuellen Zustand als krafterfüllte, geordnete Friedenszeit, zugleich die Tugenden der Soldaten: Kampfbereitschaft, Ehre, Tapferkeit und Todesmut. So gesehen war die Dortmunder Bürgerstiftung einer militärkonformen, monarchischen Sinngebung verpflichtet. Dies verkörperte auch das Material, aus dem der Löwe gegossen war. Es stammte aus der eroberten, französischen Geschützbronze, die König Wilhelm unter dem 20. September 1866 für das öffentliche Gefallenengedächtnis bestimmt hatte. So bestand eine fundamentale Übereinstimmung mit dem königlichen Wohlwollen, die zugleich in Motiv und Inschriften zum Ausdruck kam. Bemerkenswert war auch der Aufstellungsort: am Königswall beim Bahnhof. (1910 mußte das Denkmal dem "Freistuhl" weichen und erhielt einen neuen Platz am Westentor. 1952 wurde es in den Westpark versetzt.) Außerkirchliche Standorte waren bisher fast ausschließlich von militärischen Stiftern gewählt worden. - Eine Ausnahme bildete lediglich die Adler-Siegesäule der Mindener Bezirksregierung, die sie 1868 den Gefallenen ihres Bereiches gewidmet hatte. Das Dortmunder Löwen-Denkmal gehörte zu den frühesten städtisch-bürgerlichen Stiftungen und regte ähnliche Vorhaben in der Umgebung an, zum Beispiel 1873/4 in Wambel und in Garenfeld.

Erneuerung des Eisernen Kreuzes 1870

Während der Kriegshandlungen 1864 und 1866 waren Kriegsgedenkmünzen und andere traditionelle Orden verliehen worden. Herausragende Bedeutung blieb aber dem Eisernen Kreuz vorbehalten - als erneuerte Ordensstiftung sowie als "christliches" Identitätssymbol auf Fahnen, Staatsemblemen, in der Kirchengestaltung (vgl. Gedenktafeln, Historienbilder, Altartücher etc.). Auch die neue, deutsche Reichskriegsflagge "... verband das alte deutsche Kreuz auf Weiß des Deutschen Ordens und das Eiserne Kreuz, ... seit 1813 die hauptsächlichste Kriegsauszeichnung"[52]. Das Kreuzemblem wurde zur aktuellen national-"christlichen" Identifikation genutzt - beim Gottesdienst der verschiedenen Konfessionen, in der Gestaltung von Kriegerdenkmälern und in der Erneuerung der Ordensstiftung.

Urkunde über die Erneuerung des eisernen Kreuzes. Vom 19. Juli 1870.

Wir Wilhelm, von Gottes Gnaden König von Preußen u.u.

Angesichts der ernsten Lage des Vaterlandes und in dankbarer Erinnerung an die Heldenthaten unserer Vorfahren in den großen Jahren der Befreiungskriege, wollen Wir das von Unserem in Gott ruhenden Vater gestiftete Ordenszeichen des eisernen Kreuzes in seiner ganzen Bedeutung wieder aufleben lassen. Das eiserne Kreuz soll, ohne Unterschied des Ranges oder Standes, verliehen werden als eine Belohnung für das

Verdienst, welches entweder im wirklichen Kampfe mit dem Feinde, oder daheim, in Beziehung auf diesen Kampf für die Ehre und Selbständigkeit des theuren Vaterlandes, erworben wird.

Demgemäß verordnen Wir, was folgt:

1) Die für diesen Krieg wieder ins Leben gerufene Auszeichnung des eisernen Kreuzes soll, wie früher, aus zwei Klassen und einem Großkreuz bestehen. Die Ordenszeichen, sowie das Band bleiben unverändert, nur ist auf der glatten Vorderseite das W mit der Krone und darunter die Jahreszahl 1870. anzubringen.

2) Die zweite Klasse wird an einem schwarzen Bande mit weißer Einfassung, wenn das Verdienst im Kampf mit dem Feinde erworben ist, und an einem weißen Bande mit schwarzer Einfassung, wenn dies nicht der Fall ist, im Knopfloch, die erste Klasse auf der linken Brust und das Großkreuz, noch einmal so groß als das der beiden Klassen, um den Hals getragen.

3) Die zweite Klasse des eisernen Kreuzes soll zuerst verliehen werden; die erste Klasse kann nicht anders erfolgen, als wenn die zweite schon erworben war, und wird neben der letzteren getragen.

4) Das Großkreuz kann ausschließlich nur für eine gewonnene entscheidende Schlacht, nach welcher der Feind seine Position verlassen mußte, desgleichen für die Wegnahme einer bedeutenden Festung oder für die anhaltende Vertheidigung einer Festung, die nicht in feindliche Hände fällt, der Kommandirende erhalten.

5) Alle Vorzüge, die bisher mit dem Besitz des Militair-Ehrenzeichens erster und zweiter Klasse verbunden waren, gehen, vorbehaltlich der verfassungsmäßigen Regelung einer Ehrenzulage, auf das eiserne Kreuz erster und zweiter Klasse über.

Urkundlich unter Unserer Höchsteigenhändigen Unterschrift und beigedrucktem Königlichen Insiegel.

Gegeben Berlin, den 19. Juli 1870.

(L. S.) Wilhelm.

Gr. v. Bismarck-Schönhausen. v. Roon. Gr. v. Itzenplitz. v. Mühler. v. Selchow. Gr. zu Eulenburg. Leonhardt. Camphausen.[53]

Die Erneuerungsurkunde König Wilhelms I. wurde wieder in der preußischen "Gesetzsammlung" publiziert und nahm auf die frühere Stiftung vom 10. März 1813 Bezug.[53]

1) Einleitend folgte der König dem vorherrschenden zeitgenössischem Empfinden, indem er eine Parallelität in der nationalen "vaterländischen" Bedrohung im Kampf gegen Kaiser Napoleon I. (1813) und gegen Napoleon III. (1870) hervorhob (Zeile 4, 10). Anscheinend selbstverständlich wurde ein dynastisches oder königstreues Identifikationsmuster vorausgesetzt "... in dankbarer Erinnerung an die Heldenthaten unserer Vorfahren ...", sinnge-

mäß auch an "... das von Unserem in Gott ruhenden Vater (Friedrich Wilhelm III.) gestiftete Ordenszeichen ..." (Zeile 5 ff.).

Durch die ausschließliche Betonung des persönlich-dynastischen oder genealogischen Bezugssystems wurden die für die Kriegsführung entscheidenden verfassungsrechtlichen Voraussetzungen konstitutioneller Geldbewilligung und staatsbürgerlicher Militär-Dienstverpflichtung einfach ausgeblendet. Hier wirkte sich der Umstand aus, daß die national-deutsche Einigung nicht von unten her, vom "Volk", gegen die alten Mächte, sondern vielmehr von oben her gegen die Demokratie geschaffen worden war. Die deutschen Monarchen beanspruchten für sich das Verdienst um die sogenannte Reichsgründung, die erst durch die Kriegserfolge unter ihrer Regierung möglich geworden sei. Mit dieser exklusiven Tendenz ist auch die Behauptung zu verstehen, die Ordensstiftung von 1813 in ihrer "... ganzen Bedeutung wieder aufleben (zu) lassen" (Zeile 6 f.). In diesen Worten äußerte sich eine zutiefst statische und apolitische Auffassung, daß sich in den innerpreußischen Verhältnissen (zumindest im Militär) seit 1813 angeblich nichts verändert habe. Entsprechend dem militärisch-zivilen Gegensatz wurden grundlegende Neuerungen "außerhalb" des Militärs - in der bürgerlich-zivilen Welt zum Beispiel die Verfassung, ihre Institutionen und die Ansätze einer demokratisch konstitutionellen Legitimation - ignoriert. In diesem Sinn war auch die Hervorhebung des "Gottesgnadentums" des Königs (Zeile 2, 4) oder des "Christentums" intendiert, die eben für das Militär überhaupt erwähnenswert und zugleich wichtiger waren als die Volksvertretungen oder andere bürgerlich-zivile Autoritäten. Davon waren das Militär und der national-"vaterländische" Orden in "seiner ganzen Bedeutung" (Zeile 6 f.) abzugrenzen und als rein innermilitärische Angelegenheit zu behaupten. Nur in dieser Beschränkung war die "Erneuerung" zu verstehen, so daß "vaterländisch"-zivile Aspekte nicht beachtet wurden. - Eine geringe Änderung erhielt die Vorderseite des Ordenskreuzes: den Anfangsbuchstaben des königlichen Namens "Wilhelm", die Königskrone und die Jahreszahl 1870 (Zeile 16 f.), die die persönliche, monarchische Gefolgschaft und die Einmaligkeit der Auszeichnung demonstrierten. Unverkennbar war wieder die Absicht, das national-revolutionäre Gleichheitsprinzip - "ohne Unterschied des Ranges oder Standes" (Zeile 7) - in promonarchische, exklusiv militärische Bahnen zu lenken und die Soldaten zu todesmutigem, königstreuem Einsatz anzuspornen - zu neuen "Heldenthaten" und einem weiteren "großen" Jahr (Zeile 3).

Militärgottesdienst und Kaiserproklamation 1871 in Versailles
Legende vom Fürstenbund zur nationalen Einigung

Anläßlich seines 80. Geburtstages erhielt Kaiser Wilhelm I. ein Geschenk der deutschen Bundesfürsten und freien Städte, ein Gemälde von Anton von Werner: die "Kaiserproklamation"[54]. Es spiegelte den vorherrschenden Tenor offizieller Bild- und Denkmalspropaganda sowie die offizielle Lesart der sogenannten "Reichsgründung" wider.

Das Gemälde zeigt zwei Personengruppen vor der glänzenden Kulisse des Spiegelsaales in Versailles: links deutsche Monarchen auf dreistufiger Erhöhung, allen voran König Wilhelm I. von Preußen, hinter ihm der preußische Kronprinz und mit erhobener Rechten Großherzog Friedrich I. von Baden, rechts (auch im Hintergrund) eine Offiziersgruppe mit erhobenem Säbel, davon abgehoben Generalstabschef Helmuth Graf von Moltke und - im Bildzentrum, in auffällig weißer Generaluniform, die er in Wirklichkeit gar nicht getragen hat, Reichskanzler Otto von Bismarck. Die Regimentsfahnen - links im Hintergrund - sind der Bildmitte zugeneigt. - Das Gemälde verdeutlicht zeitgenössische, grundlegende Orientierungsmuster der weiteren Kriegerdenkmalsentwicklung - einerseits die Hervorhebung von Monarchie und Militär als den entscheidenden Trägern des Geschehens und andererseits König/Kaiser Wilhelm und Reichskanzler Bismarck als Hauptpersonen. Dargestellt wurde der Augenblick des sogenannten "Reichsgründungsaktes", als König Wilhelm von Großherzog Friedrich von Baden zum "Kaiser" ausgerufen wurde. Diese Kaiserproklamation erfolgte unter Ausschluß der Volksvertretung im Rahmen einer militärischen Ordensfeier und im Anschluß an einen Gottesdienst, den der evangelische Militäroberpfarrer des Gardekorps hielt, Hofprediger Bernhard Rogge. Die bewußt evangelische und militärische Gestaltung fand ihre vordergründige Berechtigung darin, daß die Kaiserproklamation am 18. Januar stattfand, dem Krönungstag des preußischen Königshauses Hohenzollern. Sie demonstrierte den Anspruch des Militärs auf das maßgebliche und entscheidende Verdienst an der natio-

9. Kaiserproklamation Versailles 1871

nalen Einigung, sowie den Führungsanspruch Preußens als protestantischer Vormacht gegenüber den "katholischen" Rivalen Frankreich und Österreich (-Ungarn). Sie betonte zugleich eine christliche Rechtfertigung der Vorgänge (vgl. die Anweisung König Wilhelms I. für Rogges Predigt: "... ich habe es ja nicht gemacht, sondern Gott hat es so gefügt."[54]) Das Gemälde wies auf den feierlichen, glanzvollen Charakter der Kaiserproklamation und auf die Harmonie von Monarchie und Militär hin, die ebenso die neue Staatssymbolik prägte und bei anderen Kriegerdenkmälern dieser Zeit einen ähnlichen bildhaften Ausdruck fand (vgl. Reliefs der Berliner Siegessäule). Dank der harmonisierenden, "einfach" strukturierten Bildinhalte bot das Gemälde attraktive Identifikationsmuster und erzielte eine hohe populäre Ausstrahlung.

Die Darstellung des äußerlichen, feierlichen Glanzes hatte ähnliche Aufgaben der Propaganda wie die zeitgenössischen Kriegerdenkmäler: die Bekräftigung nationaler Empfindungen in einem monarchisch-militärkonformen Sinnzusammenhang unter Ausblendung divergierender Spannungen und Probleme. Die Diskrepanz von Bildpropaganda einerseits und andererseits den Auseinandersetzungen "hinter den Kulissen" geht aus Berichten von Augenzeugen hervor, die hier einer aufschlußreichen Zusammenstellung von Hans Joachim Schoeps entnommen sind:

"Wir besitzen aus der Feder des Kronprinzen eine Schilderung der Schwierigkeiten und der inneren Exaltation, in der sich der König am Vortage der Kaiserkrönung befand, die fast den Gefühlen eines ungerecht zum Tode Verurteilten nahekam: "Je deutlicher sich nun aber die Konsequenzen von 'Kaiser und Reich' im Lauf der Verhandlungen zeigten, desto aufgebrachter wurde der König ... Nun es soweit gekommen wäre, müßte er zwar dieses Kreuz tragen, doch wolle er dafür auch der alleinige sein, weshalb er es sich verbäte, daß man von ihm erwarte, der preußischen Armee eine gleiche Zumutung wie seiner eigenen Person zu machen; er wolle daher nichts von einem 'Kaiserlichen Heere' hören, weil er wenigstens unsere Armee vor dergleichen bewahren möchte und nicht dulden könnte, daß die Truppen gar 'deutsche' Namen und Bezeichnungen sich gefallen lassen müßten. Die Marine möge 'die Kaiserliche' genannt werden. Ferner sagte er in äußerster Aufregung, er könne uns gar nicht schildern, in welcher verzweifelten Stimmung er sich befände, da er morgen von dem alten Preußen, an welchem er allein festhielte und fernerhin auch festhalten wollte, Abschied nehmen müßte. Hier unterbrachen Schluchzen und Weinen seine Worte. Nun redete ich ihm allen Ernstes gut zu, indem ich auf unsere Hausgeschichte hinwies und kurz schilderte, wie aus dem Burggrafentum die Kurwürde und aus dieser die Krone entstanden sei, wobei die Fürsten doch auch jedesmal genötigt gewesen wären, zu der bis dahin lieb gewordenen Stellung eine neue hinzuzufügen, ohne dadurch Land oder Haus zu schädigen. Wenn König Friedrich I. seinerzeit auch nur ein Scheinkönigtum 'in' Preußen geschaffen habe, so weise doch die preußische Geschichte deutlich genug nach, was aus diesem ursprünglichen Scheinkönigtum geworden sei: so mächtig sei es geworden, daß gegenwärtig die alte deutsche Kaiserwürde auf uns übergehe. Der König wies diese doch unleugbaren historischen Tatsachen förmlich zurück und rief in wallender Aufregung aus: 'Mein Sohn ist mit ganzer Seele bei dem neuen Stande der Dinge, während ich mir nicht ein Haar breit daraus mache und nur zu Preußen halte.' Ich machte ihn noch aufmerksam, daß er sowohl wie seine Nachkommen berufen seien, das gegenwärtig hergestellte Reich zur Wirklichkeit und Wahrheit zu machen - aber vergebens! Im höchsten Zorn sprang der König schließlich auf, brach die Verhandlungen ab und erklärte, von der zu morgen angesetzten Feier nichts mehr hören zu wollen."

Ohne daß am Vortag eine Klärung erreicht worden wäre, kam nun der 18. Januar heran, belastet auch noch dadurch, daß die Kammer der Reichsräte in Bayern ihre Zustimmung noch nicht erteilt hatte. Es wurde kein fröhliches Fest, wie das die Geschichtslegende will und Anton von Werner darstellt. Wilhelms I. Gesicht war kreidig weiß; der fast Vierundsiebzigjährige war nach einer schlaflos verbrachten Nacht zum Umfallen müde. An Bismarck, der ja doch der eigentliche Reichsgründer war, sah er konsequent vorbei und sprach den ganzen Tag hindurch kein Wort mit ihm. Robert von Keudell berichtet auch über Bismarcks 'ungewöhnlich bleiches Aussehen', das durch den tiefblauen Uniformrock der Magdeburger Kürassiere noch gesteigert schien. Viele Offiziere hatten verlegene, wenn nicht gar verbissene Gesichter; im Generalstab war von einem 'Mummenschanz' die Rede gewesen. Die Feierstunde der Reichsgründung in der Mittagszeit im Spiegelsaal des Versailler Lustschlosses wurde eine schlichte Feier im preußischen Militärstil. Aber sie enthielt doch auch manche Peinlichkeit, beginnend mit einem 'einfachen Gebet' des Hofpredigers Bernhard Rogge - übrigens ein Schwager von Roon -, das praktisch aber eine Strafrede auf Ludwig XIV. wurde und Bismarck in helle Wut versetzte, der drei Tage später seiner Frau schrieb, er hätte 'mehrmals das dringende Bedürfnis (gehabt), eine Bombe zu sein und zu platzen, daß der ganze Bau in Trümmer gegangen wäre. Am Abend des gleichen Tages ließ er im Gespräch die leicht zynische Äußerung fallen, daß diese Kämpfe um die Titulatur 'Deutscher Kaiser', 'Kaiser von Deutschland', 'Kaiser der Deutschen' zu sehr an seinen Nerven zerrten und letzten Endes ihm persönlich gleichgültig wären. Die Äußerung erfolgte im schönsten Küchenlatein: 'Nescio quid mihi magis farcimentum esset' (Ich weiß nicht, was mir mehr Wurst wäre).

Die jungen Offiziere, die der Szene beiwohnten, wie zum Beispiel der dreiundzwanzigjährige Paul von Hindenburg und von Beneckendorff kannten weder Bismarcks Gedanken, noch verstanden sie, daß ihr König das Gefühl hatte, an diesem Tage des Glanzes das Erbe seines Vaters und seines Bruders zu verspielen und das historische Preußen der Schimäre 'Deutsches Reich' zu opfern und damit zu beerdigen. Wilhelm I. glaubte, sein Kanzler habe ihn verraten und der eigene Sohn verstünde ihn nicht mehr. Im Grunde hatte nur der Großherzog von Baden, des Königs Schwiegersohn, der schon zu Neujahr beim Versailler Fürstendiner den Toast auf 'König Wilhelm den Siegreichen' ausgebracht hatte, die Szene gerettet, indem er nämlich durch sein 'Hoch auf Kaiser Wilhelm' die dem König so leidige Titelfrage in diesem kritischen Moment umging. In der Schilderung des Kronprinzen, 'der die tieferen Beweggründe seines Vaters nicht durchschaute', wird nicht recht klar, ob er zu naiv war, um die unterschwelligen Peinlichkeiten zu bemerken, oder ob er in seinem schwärmerischen 'Kaiserwahn' die Vorgänge romantisiert hat. Nicht geleugnet sei, daß die Gefühle des Kronprinzen in diesem Augenblick mit denen der Nation zusammenfielen."[55]

Die christlichen Embleme des Deutschen Reiches

Im Zuge des Deutsch-Französischen Krieges erfuhr das preußisch-norddeutsche Staatswesen eine Erweiterung, außerdem eine neue Staatssymbolik: Kaiser- und Reichstitel, "deutsche" Embleme mit Reichsadler und Reichskrone. Sie propagierten die neuen Machtverhältnisse als Erfüllung der populären, bürgerlich-nationalen Wunschvorstellungen, so, als ob das neue "Deutsche Reich" mit dem früheren "Heiligen Römischen Reich Deutscher Nation" identisch sei. In diesem Sinne suggerierten Embleme und Reichspropaganda eine Jahrtausende alte Übereinstimmung mit dem "deutschen" Mittelalter, so zum Beispiel beim sogenannten "Reichsgründungsakt" am 18. Januar 1871 in Versailles: Als Wilhelm I. in seiner "Proklamation an das deutsche Volk" von der Erneuerung der "seit mehr denn 60 Jahren ruhenden Deutschen Kaiserwürde" sprach, glaubten viele Zeitgenossen mit nationaler Begeisterung und romantischer Verklärung, das 1806 in seiner Existenz erloschene "Heilige Römische Reich Deutscher Nation" sei neu errichtet worden.[55] Der spätere Kaiser Friedrich III. beabsichtigte zeitweilig sogar, sich in die Reihe mittelalterlicher "deutscher" Kaiser als vierter seines Namens einordnen zu lassen. In Wirklichkeit war das Deutsche Reich aber nur der Rechtsnachfolger des "Norddeutschen Bundes", so daß im staatsrechtlichen Sinne auch keine "Reichsgründung" stattgefunden hatte. Im Text der

*10. Mittelalterliche
deutsche Reichskrone*

schon seit dem 1. Januar 1871 (d.h. vor der Kaiserproklamation) gültigen Verfassung hieß der neue Staat noch "Deutscher Bund" und dem König von Preußen war das einfache "Bundespräsidium" zugewiesen. Dieser im Vergleich zu den volkstümlichen, nationalen Hoffnungen nüchterne Sachverhalt wurde verhüllt mit den symbolträchtigen Titeln "Kaiser" und "Reich". Sie fungierten als bloße Staffage und als Amtstitel, die zugleich manche Unzulänglichkeit verdecken sollten. Das neue Kaisertum hatte - im Gegensatz zum alten, universalen "Reich" (vor 1806) - nationalen Charakter. Es übte auf das nationale, deutsche Empfinden eine bedeutende Faszination aus, obwohl es nur ca. 70% des deutschen Sprachraumes erfaßte und mehr als 5% der Reichsbevölkerung fremden Nationalitäten angehörten.
"Die Frage nach Wesen und Inhalt der Neuschöpfung des 18. Januar ... hat sich zuerst in der Heraldik und Emblematik gestellt."[56] Die in Wien aufbewahrten alten Reichskleinodien konnten nicht einfach als Staatssymbole übernommen werden. Dies lehnte Wilhelm I. schon wegen ihres römisch-katholischen Charakters ab; denn er blieb "... als König von Preußen sowie als Deutscher Kaiser immer der Primas des Protestantismus in Deutschland" und mußte darauf Rücksicht nehmen.[57]
Die neue Reichskrone, die durch allerhöchsten Erlaß am 15. Oktober 1871 bestimmt wurde, war zwar der alten nachempfunden, wies jedoch mit dem einköpfigen, gekrönten Reichsadler und dem einfachen, christlichen Kreuz deutliche Unterschiede auf.[58] Adler und Kreuz betonten die Funktion nationaler und christlich-religiöser Bedeutungsinhalte für die ideologische Legitimation der neuen staats- und machtpolitischen Verhältnisse.
Der christlich-evangelische Charakter der Reichsgründung und der neuen Reichssymbolik stand in eigenartigem Mißverhältnis zur Reichsverfassung. Anstatt eines christlich-konfessionellen Bekenntnisses verlangte sie hinsichtlich der "staatsbürgerlichen Rechte" eine religionspolitische Neutralität. Ohnehin gab es in den zivilen, evangelischen Landeskirchen "... für eine protestantische Herrscherweihe kein eigenes Ritual ..."[59] Außerdem war "... die Zeit der Herrscherweihe bewußtseinsmäßig überhaupt vorüber ..."[59] Es verwundert daher nicht, daß die Entwürfe der neuen Reichskrone niemals

11. Neudeutsche Reichskrone

ausgeführt wurden. Sie existierte in Wirklichkeit nur in der reichsoffiziellen Emblematik auf dem Papier, auf Historiengemälden, in patriotischen Publikationen und auf (Krieger-) Denkmälern. Sie suggerierten die angebliche Ausführung der Herstellungspläne, den illusionären Glanz vermeintlicher Krönungsfeierlichkeiten und bekräftigen so die christlich-ideologischen Implikationen des Reichskronensymbols anstatt der bürgerlichen, verfassungsrechtlichen Grundsätze religionspolitischer Neutralität. Mittelbar wurden dabei autoritäre, militärkonforme Strukturen in öffentlichem Bewußtsein und Mentalität verstärkt, weil die christlichen Motive der Reichskrone den konservativen Vorstellungen eines "christlichen Staates" nahestanden, die besonders im preußischen Militär verbreitet waren und latent antijüdische Akzente enthielten. Dazu hatte sich Bismarck früher schon ausdrücklich bekannt, "... die Realisierung der christlichen Lehre sei der Zweck des Staates ...", als er das Gottesgnadentum der christlichen Monarchien und den Ausschluß von Juden von öffentlichen Ämtern eines "christlichen Staates" 1847 vor dem "Vereinigten Landtag" verteidigte.[60]

Dauerndes Ruherecht für Kriegergrabstätten und ihre öffentliche Pflege

Eine neue Dimension des öffentlichen Kriegs- und Gefallenengedächtnisses

Der Glanz des preußisch-deutschen Aufstiegs und des national-deutschen Kaisertums korrespondierte auch mit einer Neubewertung des Soldaten-Leichnams. Bislang waren die Leichen zumeist sich selbst überlassen worden, wo sie geplündert und von Tieren zerrissen wurden. Mit landesherrlicher und behördenoffizieller Aufmerksamkeit waren einfache Soldaten aus früheren Kriegen bisher nur in Ausnahmen bedacht worden. Durch die moderne Kriegsführung mit massenhaften Verlusten wurden eine hygienisch-medizinische Vorsorge und eine ordnungsgemäße Bestattung unumgänglich. Anfangs bemühten sich vor allem private Initiativen, kirchliche und andere freie Vereinigungen um Krankenpflege und Totenbestattung - seit 1864 unter dem Zeichen des Roten Kreuzes. Mit dem Deutsch-Französischen Krieg formierte sich dann eine reguläre militärische Lazarett- und Bestattungsorganisation.[61] Sie ermöglichte das erstmals reguläre Begräbnis auch gemeiner Gefallener, dem zugleich eine modellhafte, "moderne" Schrittmacherwirkung für die europäische Entwicklung zukam. Die Kriegergrabstätten, die während des Deutsch-Französischen Krieges in Elsaß-Lothringen und angrenzenden Gebieten angelegt worden waren, erfuhren im Frankfurter Friedensvertrag von 1871 erstmals einen völkerrechtlich gesicherten Schutz. Ergänzend schuf ein Reichs- bzw. Landesgesetz vom 2. Februar 1872 eine einheitliche und dauerhafte Regelung.[62] Die Gefallenengräber erhielten das Privileg des "dauernden Ruherechts", das eine völlig neue Qualität der historischen, öffentlichen Erinnerung und Traditionspflege begründete.

Gesetz, betreffend die Kriegergrabstätten in Elsaß-Lothringen.
Vom 2. Februar 1872.

**Wir Wilhelm, von Gottes Gnaden Deutscher Kaiser,
König von Preußen u.**

verordnen im Namen des Deutschen Reichs, nach erfolgter Zustimmung des Bundesrathes, für Elsaß-Lothringen was folgt:
Bezüglich der Grabstätten, in welchen während des letzten Krieges Mitglieder der bewaffneten Macht eines oder beider kriegführenden Theile beerdigt sind, treten nachstehende Bestimmungen in Kraft.

§ 1.
Die Gemeinden sind verpflichtet, für die auf Gemeindekirchhöfen befindlichen oder nach Uebertragung anderweiter Kriegergrabstätten daselbst anzulegenden Kriegergräber auf Verlangen der Kreisbehörde das ... dauernde Ruherecht ... zu gewähren.

§ 2.
Die außerhalb der Kirchhöfe belegenen Kriegergräber genießen in polizeilicher und öffentlich-rechtlicher Beziehung den gleichen Schutz wie die Kirchhöfe ...

§ 4.
Der Landesverwaltung von Elsaß-Lothringen wird die Befugniß verliehen, das Eigenthum der außerhalb der Kirchhöfe belegenen Kriegergrabstätten, sowie des zur Errichtung von Grabzierden oder Denkmälern und zur Herstellung von Zugangs- oder Zufahrtswegen erforderlichen Grund und Bodens, im Wege der Expropriation zu erwerben. Die Expropriation erfolgt in dem für Expropriationen zu Militairzwecken gesetzlich vorgeschriebenen Verfahren. An die Stelle des im Art. 75 des Gesetzes über Expropriationen zu öffentlichen Zwecken vom 3. Mai 1841, Bulletin des lois, 9. série No. 9285, erforderten landesherrlichen Erlasses tritt der Erlaß des Oberpräsidenten, welcher die Expropriation anordnet.

§ 5.
Streitigkeiten darüber, welche Grabstätten und welche Grundstücke unter die Bestimmungen dieses Gesetzes fallen, werden mit Ausschluß des Rechtsweges durch den Oberpräsidenten entschieden ...

§ 6.
Gebühren und Entschädigungen werden auf die Landeskasse von Elsaß-Lothringen übernommen.

§ 7.
Dies Gesetz tritt mit dem Tage der Verkündigung in Kraft.
Urkundlich unter Unserer Höchsteigenhändigen Unterschrift und beigedrucktem Kaiserlichen Insiegel. Gegeben Berlin, den 2. Februar 1872.

(L. S.) Wilhelm.

Fürst v. Bismarck.[62]

Diese Neuerungen bekräftigten den schon erwähnten althergebrachten Unterschied von militärischem und zivilem Bereich: Kriegergräber sollten nicht nur in der Zeit von fünf bis dreißig Jahren gepflegt werden, wie es nach regulären zivil-bürgerlichen Verhältnissen in Deutschland und Frankreich üblich war. Statt dieser zivilen Beschränkung war nun das "dauernde Ruherecht" vorgeschrieben. Die Neuregelung hob den Anspruch zeitloser, absoluter Gültigkeit militärisch-kollektiver Normen hervor, wie sie in der Kriegerdenkmalspropaganda, insbesondere den Gedenktafelstiftungen seit 1813 zum Ausdruck kamen. Offenbar wurden die Grabstätten mit einer denkmalsähnlichen Propagandafunktion versehen; denn kein anderer (ziviler) Beruf und keine andere Todesart wurde mit annähernd vergleichbarer Aufmerksamkeit und Öffentlichkeit "geehrt".

Diese Entwicklung wurde freilich sehr unterschiedlich bewertet. Die neuen Gräberfelder führten zu konfessionellen Auseinandersetzungen. In Elsaß-Lothringen entzündeten sich Kontroversen darüber, daß konfessionsfremde Soldaten auf katholischem Gottesacker begraben wurden. Solche Schwierigkeiten waren ein zusätzlicher Grund für die Anlage interkonfessioneller Kriegerfriedhöfe und für deren reichsgesetzlichen Schutz. Die Gräber erlangten bald schon den Ruf eines nachahmenswerten Modells und wurden zum beliebten Ziel der zeitgenössischen, national geprägten Touristik. Die Reisen zu den ruhmbekrönten Kampfesstätten und Gräberfeldern sollten vorzüglich der Kriegserinnerung dienen und wurden als "Wallfahrten" bezeichnet. Solche quasi religiösen Vorstellungen erfuhren ihren Rückhalt in kirchlichen Schriften, in der Denkmalspropaganda und dem offiziellen Selbstverständnis.[62]

Regimentskriegerdenkmal - Trauernde Germania - in Münster 1872

Ursprünglich wollte das Offizierkorps der "Dreizehner" auf dem lothringischen Schlachtfeld bei Colombey ein Kriegerdenkmal für die Gefallenen des Deutsch-Französischen Krieges errichten.[63] Als dieser Plan sich aber nicht verwirklichen ließ, sollte in der Garnisonstadt des Regiments, am Ludgeriplatz in Münster, ein Denkmal geschaffen werden. Der münsterische Bildhauer Johann Bernhard Allard erhielt den Auftrag. Trotz des siegreichen Kriegsausganges verlieh er dem Entwurf einen überwiegend melancholischen, trauernden Charakter - mit dem zur Trauer geneigten Kopf der Germania, die den Siegeskranz in der verhalten ausgestreckten Rechten trägt, die Linke auf einen Schild gestützt. Der Schild - mit reichsdeutscher Emblematik (Adler und Reichskrone) - erlaubte eine unzweideutige Identifikation mit dem Deutschen Reich. Die Steinfigur war auf einem Postament erhoben, dessen Seitenflächen die Namen der gefallenen Regimentsangehörigen trug. Auf der Frontseite waren zwei Inschriften mit Widmung und erneutem Hinweis auf die Trauer angebracht:

12. Krieger-
denkmal,
Münster 1872

"Seine mit Gott für König und Vaterland / im Kriege gegen Frankreich
1870/71 / gebliebenen und den Beschweiden erlegenen / Kameraden ehrt
durch dieses Denkmal / den kommenden Geschlechtern / zur Nacheiferung /
das 1.Westphälische Infanterie Regiment / No 13 / Wer's recht meint der
versucht und prüft / Mit Gottes Hülf sein gutes Schwert / Ist auch der Aus-
gang nicht verbrieft / Das Wollen hat den Mann geehrt."
Die Betonung der Trauer hatte sicher ihren Grund in den außergewöhnlichen
Verlusten, die das Regiment während der Kampfhandlungen, infolge unzu-
reichender Versorgung und Hygiene auch unter den Verwundeten erlitten
hatte. Die Zahl der Toten - 237 - war nur in zwei anderen deutschen Regimentern übertroffen worden.

Königliches Wohlwollen für bürgerliche Denkmalsstiftungen 1873
Enthüllung der Berliner Siegessäule

Schon 1866 hatte der preußische König die Errichtung öffentlicher Kriegerdenkmäler ausdrücklich begrüßt und durch die Bereitstellung eroberter französischer Geschützbronze demonstrativ gefördert.[64] Dieser Wunsch wurde nach dem Deutsch-Französischen Krieg durch einen besonderen Erlaß bekräftigt.

Allerhöchster Erlaß.

Es ist Meinem Herzen Bedürfniß, an dem Tage, an welchem Ich der feierlichen Enthüllung des Denkmals beigewohnt habe, welches das dankbare Vaterland Meinem siegreichen Heere in Meiner Haupt- und Residenzstadt Berlin errichtet hat, wiederholt in ehrender Anerkennung auch derer zu gedenken, welche in den letzten Kriegen den Heldentod für König und Vaterland gestorben sind. Mit freudiger Genugthuung habe Ich vernommen, wie bereits mehrfach der Gedanken angeregt worden ist, das Gedächtniß dieser Tapferen in ähnlicher Weise zu ehren, wie dies nach den Kriegen von 1813 bis 1815 geschehen ist. Indem Ich den herzlichen Wunsch ausspreche, daß die Ausführung dieses Gedankens, welche um so werthvoller sein wird, je schneller sie durch die freiwillige Liebesthätigkeit der einzelnen Gemeinden ihre Verwirklichung findet, eine allgemeine werde, genehmige Ich zugleich ausdrücklich, daß in jeder Kirche eine Tafel errichtet wird, welche dem Gedächtniß der in den letzten Kriegen auf dem Felde der Ehre Gefallenen gewidmet ist und die Aufschrift erhält: "Aus diesem Kirchspiele starben für König und Vaterland": - Dieser Aufschrift würden sodann die Namen aller zu dem Kirchspiele gehörig gewesenen Gefallenen zu folgen haben. Ich veranlasse Sie, diesen Meinen Erlaß zur öffentlichen Kenntnis zu bringen und den kirchlichen Behörden mitzutheilen.
Berlin, den 2. September 1873.

gez. Wilhelm.
gegz. Falk.   gegz. von Kameke.

An den Minister des Krieges und den Minister der geistlichen ... Angelegenheiten.[64]

Den äußeren Anlaß gab dazu die "feierliche Enthüllung" der Berliner Siegessäule am nördlichen Rand des Tiergartens am 2. September 1873, dem "Sedanstag". Die Idee einer "Ehrensäule" als Siegessymbol war als wirkungsvoller Mittelpunkt weitläufiger städtebaulicher Planung und Landschaftsgestaltung gedacht. Daran war seit Beendigung des Deutsch-Dänischen Krieges mit wechselnden Entwürfen gearbeitet worden (Grundsteinlegung am 18. Mai 1865!), bis die Konzeption erweitert wurde als neues Nationaldenkmal[65] für die Einigungskriege von 1864 bis 1871. Kaiser Wilhelm erklärte das Berliner Denkmal als Vorbild oder Anregung, "... wiederholt in ehrender Anerkennung auch derer zu gedenken, welche in den letzten Kriegen den Heldentod für König und Vaterland gestorben sind" (Zeile 5-7). Mit diesen Worten ist die Absicht deutlich erkennbar, die Kriege von 1864 bis 1871 als eine Sinneinheit zu werten.

Als grundlegendes Motiv hob der König eine Verhältnisbestimmung hervor: das "dankbare Vaterland" gegenüber "Meinem siegreichen Heere" (Zeile 3f.). Wie schon in der erwähnten Reichsverfassung wurde auch hier wieder das eigentliche Verdienst nationaler Einigung oder vaterländischer Wunscherfüllung dem Militär und seinem monarchischen Befehlshaber zugesprochen. Von neuem wurden die staats- und verfassungsrechtlichen Voraussetzungen der Kriegsführung wie überhaupt des Militärs, so die Mitverantwortung der Volksvertretung, d.h. die Geldbewilligung des Norddeutschen Reichstages, einfach verschwiegen. Anstelle einer Würdigung des politischen Sachverhalts suggerierte der königliche Text jedoch eine Unterordnung bzw. "Dankes"-Pflicht des "Vaterlandes". Obwohl das Heer aus Steuermitteln des "Norddeutschen Bundes" bzw. des "Deutschen Reiches" finanziert worden war, erschien es in dem Erlaß nicht als Volksheer, sondern als Königsheer (Zeile 4). Dieser apolitischen Tendenz entsprachen emotionale, scheinbar vertrauliche Äußerungen des Königs zu "Meinem Herzen Bedürfnis", über "den herzlichen Wunsch" König Wilhelms, "die freiwillige Liebesthätigkeit" der Gemeinden oder "mit freudiger Genugthuung ..." (Zeile 2, 7, 10, 12 f.). Die emotionale Färbung des Wortlauts diente nicht nur einem apolitischen Staatsverständnis oder einem primär dynastischen, militärischen Nationalgefühl. Sie hatte insbesondere auch werbenden Charakter, das preußische Königtum volksnah und national darzustellen. Darauf zielten ebenso die Terminwahl des Erlasses, seine Verkündigung am populären "Sedanstag" sowie die Berufung des Königs auf bürgerliche Initiativen "... wie bereits mehrfach der Gedanke angeregt worden ist, das Gedächtnis dieser Tapferen in ähnlicher Weise zu ehren, wie es nach den Kriegen von 1813 bis 1815 geschehen ist" (Zeile 8-10). So erschien die erneuerte Errichtung von Kriegergedenktafeln in Kirchen gemäß dem Vorbild der königlichen Verordnung von 1813 als bürgerliches Begehren, dem sich der König anschloß (Zeile 14-20).

Kann der Allerhöchste Erlaß als Erneuerung der Denkmalsstiftung von 1813 gelten? Darauf nahm der König ausdrücklich Bezug. Jedoch bestanden bedeutende inhaltliche, formale und situative Unterschiede:

Allerhöchste Verordnung von 1813 — Allerhöchster Erlaß von 1873
im Vergleich

Allerhöchste Verordnung von 1813	Allerhöchster Erlaß von 1873
Gesetzespublikation	Oberpräsidialverfügung, d.h. ohne Gesetzesrang
Ergänzung der Ordensstiftung des Eisernen Kreuzes von 1813	kein direkter Bezug auf die Ordenserneuerung des Eisernen Kreuzes von 1870
Anlaß unmittelbarer Kriegshandlungen	Anlaß einer Denkmalsweihe Jahre nach den Kriegshandlungen
Verordnung/Befehl von Kriegergedenktafeln als neuem Erinnerungs- und Kunstobjekt in Garnisonkirchen und Gemeindekirchen	Wunsch / Unterstützung zur Errichtung von Kriegergedenktafeln als einem Medium unter vielen anderen nur in Gemeindekirchen oder auf öffentlichen Plätzen
auf Staats- / Gemeindekosten	aus freiwilligen Spenden
Ausführung der Verordnung als königlichem Befehl in Garnisonkirchengemeinden sowie als königliche obrigkeitliche Anordnung in zivilen Kirchengemeinden	bürgerlich "freiwillige Liebesthätigkeit" mit königlichem Wohlwollen
liturgische Bestimmungen	keine liturgischen Bestimmungen

Die Unterschiede beider Dokumente spiegeln den grundlegenden staats- und verfassungsrechtlichen Wandel der vergangenen sechs Jahrzehnte wieder. Eine obrigkeitliche oder staatlich verordnete Neuerrichtung von Denkmälern war nicht mehr möglich, ohne zuvor die konstitutionellen, kommunalen Gremien zu befragen. Ohne deren Zustimmung waren die erforderlichen Steuergelder nicht verfügbar. Für eine formal deckungsgleiche Erneuerung der Verordnung von 1813 fehlten im Jahre 1873 sicher auch die bewußtseinsmäßigen Voraussetzungen. Eine Allerhöchste Verordnung - mit gesetzlicher Autorität - hätte die bürgerliche "freiwillige Liebestätigkeit" beeinträchtigt (vgl. Zeile 12 f). Wie das Beispiel der Berliner "Siegessäule" und die "mehrfachen" Gedanken in bürgerlichen Kreisen belegen (Zeile 3-5), waren die Kraft und das Bewußtsein für Denkmalserrichtungen, anders als vor 60 Jahren, nicht mehr allein beim König und der Obrigkeit, sondern vermehrt bei staatskonformen bürgerlichen Initiativen vertreten. Schwierig erscheint die Frage, ob dieser Wandel durch einen politischen Machtzuwachs der bürgerlichen Seite ermöglicht wurde oder ob dafür nicht vielmehr eine tiefgreifende Verinnerlichung national-konservativer, affirmativer Wertvorstellungen ausschlaggebend war. Anders als sein Vater vor 60 Jahren war Kaiser Wilhelm I. kein "absolut" regierender Monarch, sondern an konstitutionelle Schranken, das Geldbewilligungsrecht der Volksvertretung, gebunden. Ähnlich war der König in der evangelischen Kirche nicht mehr uneingeschränkt zu liturgischen oder anderen innerkirchlichen Entscheidungen befugt, weil die althergebrachte Summepiskopatsdoktrin, die kirchenrechtliche Kompetenz des Königs, durch die Errichtung des sogenannten "Oberkonsistoriums" bzw. des Berliner "Evangelischen Oberkirchenrates" 1850 erhebliche Einbußen erlitten hatte. Seit dieser Zeit waren die bisherigen Befugnisse des Königs als Summus Episcopus (dogmatische und liturgische Fragen, Aufsicht über den Religionsunterricht, Ausbildung, Prüfung und Ordination der Pfarrer, Besetzung der Pfarrämter, Disziplin und Kirchenzucht) dem neugeschaffenen Kirchenamt übertragen, das als Vorstufe für eine Synodalverfassung gedacht war. 1873/76 wurde die neue Kirchenverfassung schließlich in Preußen eingeführt. Angesichts der zahlreichen Einschränkungen althergebrachter königlicher Macht im bürgerlich-zivilen Bereich ist es verständlich, daß eine einfache Erneuerung der Denkmalsstiftung von 1813 inzwischen nicht mehr durchzusetzen war.

Abgesondert davon entwickelte sich das Militär, das von bürgerlich-zivilen Einflüssen kraft der unabhängigen "Kommandogewalt" des Königs abgeschirmt war, so daß der Orden des Eisernen Kreuzes gemäß den gesetz-

13. Gedenktafel Marienkirche Lippstadt

lichen Statuten von 1813 auch 1870/71 wieder verliehen wurde, als hätte sich nichts verändert. Die zivile Denkmalsentwicklung war jedoch der uneingeschränkten Königsmacht entzogen und von bürgerlich-zivilen Maßnahmen abhängig. Entsprechend schwierig ist heute zu klären, ob die Kriegergedenktafeln in Kirchen in Ausführung des Allerhöchsten Erlasses von 1873 oder stärker als bürgerliche Initiative neu angebracht wurden. In katholischen Bevölkerungskreisen stieß der Allerhöchste "herzliche Wunsch" infolge des preußischen "Kulturkampfes" gegen den katholischen Einfluß sicherlich auf Ablehnung. Von besonderer Bedeutung war das Gefallenengedächtnis aber für die jüdischen Gemeinden.

Ungeachtet des bürgerlichen oder königlichen Einflusses boten die früheren Gedenktafeln der Befreiungskriege ein stilbildendes Beispiel. So verwundert es nicht, wenn viele innerkirchliche Gedenktafeln nach bekanntem Muster entstanden, zum Beispiel in der evangelischen Pfarr- und Marktkirche St. Marien in Lippstadt: eine schwarz gestrichene Eichenholztafel mit silbernem Zahnschnitt, vergoldeten Eckblättern und Rahmenleisten, weißer Rahmenperlschnur, darüber das Eiserne Kreuz. Die Tafel erhielt eine ausführliche Inschrift: Widmung, Devise, Namen, Todesart, -ort und -datum der Gefallenen. Die Tafel wurde dem früheren Pendant gegenüber (s. Bild Nr. 2) an der Nordwand des Chorjoches angebracht (später erst im Turmraum) während einer kirchlichen Feier zum fünfjährigen Jubiläum des Sedanstages.[66]

Landesdenkmal/Regimentskriegerdenkmal in Detmold 1875
Erstmals mit Soldatenfiguren

Objektskizze: Oktogonaler obeliskartiger Pfeiler, bekrönt von einem Kreuz in Art des Eisernen Kreuzes, auf einem Sandsteinsockel auf 1,20 m hoher Felsaufschüttung, Rundbogennischen des Sockels mit Inschrifttafeln auf weißem Marmor: 1) "Dem Andenken / der im Kriege von / 1870 und 1871 / gefallenen Offiziere / und Mannschaften / des VI. Westfälischen / Infanterie Regiments Nr. 55 / und der bei anderen / Truppentheilen gebliebenen Lipper", lippische Rose und preußischer Adler in den Ecken in schwacher Gravur, anschließend an die Fronttafel (mit der Widmungsinschrift). 2) Neun Tafeln der Nebenseiten und der Rückseite nach rechts in umlaufender Leserichtung mit den Namen der Gefallenen des Regiments und anderer Verbände. Die halbkreisförmigen Tafeln unter den Bögen nennen die Kriegsjahre mit Schlachtdaten und -orten. - An den vier Sockelecken jeweils Lorbeer- und Eichenkränze und ein stehender Krieger (Metallguß) auf eigenem Postament in zeitgenössischer Uniform, die vier Waffengattungen darstellend (Kürassier, Infanterist, Jäger, Ulan), auf den Ecken des Sockels über den Kriegern die offizielle reichsdeutsche Emblematik (Reichskrone und -adler mit reliefiertem Preußenadler, geviertem Hohenzollernschen Stammschild, behängt mit der Kette des Schwarzen Adlerordens), Gesamthöhe: 9,5 m.[67]

*14. Landes-
denkmal
Detmold 1875*

Die Anlage gehört zu den frühen freistehenden Denkmalsprojekten in
Deutschland, die erstmals auch den einfachen Soldaten figürlich darstellten -
eine "Ehre" und Aufmerksamkeit, die zuvor nur ranghohen Offizieren und
Herrschern vorbehalten war. Die Soldaten waren zwar "nur" in einer
untergeordneten Position als Beifiguren auf den Eckpostamenten aufgestellt,
jedoch gleich vierfach vertreten. Eine ähnliche Anordnung naturalistischer
Kriegerfiguren gab es allein am Denkmal des V. Armeekorps in Posen aus
dem Jahre 1870 und - gleichzeitig zu Detmold - bei der Adlersäule für die
Gefallenen des IX. Armeekorps in Altona, später auch in Freiburg (1876),

Paderborn (1882), Leipzig (1888), Stettin (1894), Braunschweig und Fürstenwalde.[67] Dieser Zusammenhang belegt eine hohe Modernität des Detmolder Monuments, das der lippische Hofbaumeister W. v. Melen entwarf (Grundsteinlegung: 16. Januar 1874, Einweihung: 14. August 1875).

Die Gründe für die figürliche Aufwertung des einfachen Soldaten lassen sich aus der gesamten Denkmalsanlage ableiten. Sie wirkt gleich einem Grabbau, dessen Rundbögen wie die Zugänge einer durch Namenstafeln oder -tore verschlossenen Gruft erscheinen. Um sie herum sind die vier Krieger "in einer Art Ehrenwache" nach allen Himmelsrichtungen postiert.[67] Solch populäre Auffassung entstammte dem zeitgenössischen, militärischen Brauchtum. Daran erinnerte auch der obeliskähnliche Pfeiler. Er war auf militärischen Gefallenengrabdenkmälern der früheren Kriege sehr verbreitet (vgl. Kirchhöfe mit Soldatengräbern in Böhmen und Bayern). In der Bildsprache des Denkmals "bewachten" die Soldaten aber nicht nur die Gefallenen, sondern ebenso das durch ihren todesmutigen Einsatz geschaffene Bauwerk.

Die reichsdeutsche Emblematik (auf den Eckpostamenten über den Kriegern) bedeutete unzweifelhaft ein klares Bekenntnis für das Deutsche Reich. An der Pfeilerspitze wurde das Eiserne Kreuz angebracht, das als Auszeichnung für gefallene und überlebende Kriegsteilnehmer zu verstehen war, zugleich auch die national-religiöse Dimension des Ganzen himmelwärts emporhob. Aus dieser national-deutschen Perspektive war es konsequent, die teilstaatliche preußische oder lippische Emblematik (Adler und Rose) nur in schwacher Gravur in den Hintergrund zu rücken. Grundlegendes Anliegen der künstlerisch-architektonischen Konzeption war die Darstellung des Militärs als Träger und Garanten der nationalen Einigung und Machtentfaltung im umfassenden Sinn: nach allen Himmelsrichtungen. Dieser Zielsetzung diente die ungewöhnliche Kombination verschiedener Ausdrucksformen: Eisernes Kreuz, Pfeiler/Obelisk, Grabbau, Kriegerfiguren, reichsdeutsche und bundesstaatliche Embleme u.a., die den Wirkungskomplex noch verstärkten.

Gleich einem Achtung erheischenden, gebieterisch erhobenen Finger ragte das Denkmal inmitten des Detmolder "Kaiser Wilhelm Platzes" hervor, wo wenig später auch das neue Gebäude des Lippischen Landtags entstand, so daß dort Volksvertretung und -bewaffnung gleichermaßen verkörpert waren. Der Aufstellungsort verdeutlichte so einen landesweiten Geltungsanspruch, der auch mit der Widmungsinschrift - für alle lippischen Gefallenen aus dem Infanterieregiment Nr. 55 und aus "anderen Truppentheilen" - und mit den figürlichen Darstellungen aller Truppengattungen/Himmelsrichtungen übereinstimmte. Der landesweite Anspruch kennzeichnete das Objekt als "Landesdenkmal"[67] analog einem Nationaldenkmal.

15. Landesdenkmal Detmold (Ausschnitt)

Landes-/Nationaldenkmal in Konfrontation mit der Volksvertretung in Detmold und Berlin: ein Spiegel des Verfassungsrechts?

Die Errichtung eines Landesdenkmals war nicht isoliert von ähnlichen Stiftungen zu sehen. So empfiehlt sich ein Vergleich mit Nationaldenkmälern dieser Zeit. Trotz vielfältiger Unterschiede gab es beachtliche, aufschlußreiche Gemeinsamkeiten[67] - u.a. in der Gestaltung des Aufstellungsplatzes oder der Enthüllungsfeiern. Wer zum Beispiel die weitere Gestaltung des Detmolder Kaiser-Wilhelm-Platzes mit der des Berliner Königsplatzes in Wilhelminischer Zeit verglich, konnte deutliche Parallelen erkennen. An beiden Orten war die "Nation" dargestellt:

- einerseits durch ein Denkmal, das die Leistungen des Militärs für die nationale "Einigung" würdigte und so das "Volk in Waffen" in seinen "vaterländischen Pflichten ehrte" (vgl. S. 52, 58),

- andererseits durch das Gebäude der lippischen bzw. reichsdeutschen Volksvertretung, das dem Volk mit seinen Rechten vorbehalten war. Vor allem das Budgetrecht des Reichstages hatte die Finanzierung der Streitkräfte und damit die nationalen Einigungskriege ermöglicht.

Nach ähnlichem Muster wurde der Marktplatz mancher Stadt- oder Dorfgemeinde gestaltet - mit dem Rathaus und einem kommunalen oder kirchlichen Kriegerdenkmal.

Doch welcher Seite gebührte das entscheidende Verdienst um die nationale Einigung - den Pflichten oder den Rechten des "Volkes"? Dem Militär und den ihm verbundenen gesellschaftlichen Kräften (Adel, Staatsbürokratie, Großgrundbesitz, Großindustrie) oder aber den zivilen, bürgerlich-liberalen Gegenkräften?

Diese Fragen berührten Grundlagen der nationalen Identität und der politischen Kultur. Die vorherrschende Denkmalspropaganda suggerierte eine "Dankes"-Pflicht des Volkes gegenüber der Armee und eine Vorrangstellung des Militärs überhaupt. In diesen Rahmen fügten sich die "Aussagen" der beiden Denkmäler in Detmold und Berlin mit ihren inhaltlichen Akzenten, ihrem allgemeinen reichs- bzw. landesweiten Geltungsanspruch, in Detmold auch in der tendenziellen, figürlichen Aufwertung des einfachen Soldaten. Die öffentliche Sprachregelung über die nationalen Verdienste und "Dankes"-Pflichten verknüpften das Kriegstotengedächtnis mit dem innenpolitischen Machtkampf zwischen dem Militär und den zivil-demokratischen Kräften. Aus solcher Sicht waren Denkmalsgestaltung und Gefallenenge-

Reichstag 1   Siegessäule 2

16. Königsplatz Berlin

dächtnis zugleich Brennpunkte der inneren gesellschaftlich-politischen Auseinandersetzungen. Die Verdienste um die nationale "Einigung" und die vorherrschende Identifikation boten den Maßstab, an dem sich die Kontrahenten messen mußten.

Unter dem Eindruck der nationalen Einigungskriege hatten die liberalen Abgeordneten auf Kontrollrechte über das Militär verzichtet. Auch die Verfassungen umgingen das Problem, was zu beinahe periodischen Konflikten führte. Wenn militärische und zivil-"politische" Führung miteinander konkurrierten oder stritten, konnte nur der preußische König vermitteln, so zum Beispiel während des Deutsch-Französischen Krieges, als Moltke und Bismarck um die Führungsmacht rangen. So wurde der preußische Monarch zur einzigen, übergreifenden Autorität - im Glanz des neudeutschen Kaisertums und der nationalen Identifikation sogar zum Inbegriff der Reichsherrlichkeit.

Das "Unentschieden!" im militärisch-zivilen Gegensatz war zweifellos ein fundamentaler Faktor in den verfassungsrechtlichen und bewußtseinsmäßigen Strukturen des preußisch-deutschen Nationalstaates. Das "Unentschieden" belastete nachhaltig das preußisch-deutsche Identitätsprofil und auferlegte den Amtsträgern des Kaisertums eine übergroße politische Verantwortung.

Die Bedeutung der nationalen Frage war kaum zu überschätzen. Sie spiegelte sich nicht nur in den Denkmalsplätzen[68] in Berlin, den Landeshauptstädten oder auch in anderen Städten, sondern auch im Zeitpunkt mancher

Lippischer Landtag 1   Landesdenkmal Detmold 2

17. Kaiser-Wilhelm-Platz Detmold

Errichtung. So war die Enthüllung des Detmolder Landesdenkmals am 14. August 1875 in einer Festfolge zu sehen, die am nächsten Tag die feierliche Enthüllung des Hermanns-Nationaldenkmals bei Detmold vorsah.

Das Hermanns-/Nationaldenkmal bei Detmold 1875

Objektskizze: Monumentale Anlage einer Standfigur auf einem Unterbau: Germanische Kriegerfigur mit einem Schwert in der erhobenen Rechten, gestützt auf einen Schild in der Linken - zylindrische Eisenkonstruktion, an der die getriebenen Kupferplatten der Figur befestigt sind, Gesamthöhe des Standbildes: 26,57 m, davon das Schwert: 7 m -, Inschriften in goldenen Buchstaben auf dem Schild: "Treufest" und auf dem Schwert: "Deutschlands Einigkeit meine Stärke, meine Stärke Deutschlands Macht". [69]
Der sandsteinerne Unterbau: gegliedert durch zehn Säulen und Nischen, die sich oben zu gotisierenden Spitzbögen zusammenschließen und um die sich waagerecht außen ein starker Rippenwulst schlingt; oberhalb der Wandpfeilernischen verläuft ein Umgang mit einer Brüstung für Besucher für Aussichten - mit kleinen Messingschildern mit Namen deutscher Städte entsprechend der Blickrichtung; oberhalb der Galerie: Kuppelgewölbe mit der 1,5m hohen Sockelplatte, auf der die Denkmalsfigur befestigt ist, Höhe des Unterbaus: 26,89 m, Gesamthöhe der Anlage: 53,46 m.

In einigen Nischen wurden Inschriften angebracht:
Inschrift in der vierten Nische unter dem Bronzerelief Kaiser Wilhelms I. "Der lang getrennte Stämme vereint mit starker Hand, Der welsche Macht und Tücke siegreich überwandt. Der längst verlorene Söhne heimführt zum Deutschen Reich, Armin, dem Retter, ist er gleich" - darunter: "Erster Kaisertag, Versailles, 18. Januar 1871, Krieg, 17. Juli 1870, Frieden 26. Februar 1871", weiter unten die in Stein gemeißelte Inschrift: "Am 17. Juli 1870 erklärte Frankreichs Kaiser, Louis Napoleon, Preußen den Krieg, da erstunden alle Volksstämme Deutschlands und züchtigten von August 1870 bis Januar 1871 immer siegreich französischen Übermut unter Führung König Wilhelms v. Preußen, den das deutsche Volk am 18. Januar zu seinem Kaiser erkor."

Inschrift in der 5. Nische: "Nur weil deutsches Volk verwelscht und durch Uneinigkeit machtlos geworden, konnte Napoleon Bonaparte, Kaiser der Franzosen, mit Hilfe Deutscher Deutschland unterjochen; da endlich 1813 scharten sich um das von Preußen erhobene Schwert alle deutschen Stämme, ihrem Vaterland aus Schmach die Freiheit erkämpfend
Leipzig, 18. Oktober 1813   Paris, 31. März 1814
Waterloo, 18. Juni 1815   Paris, 3. Juli 1815".

Inschrift in der 6. Nische: "Arminius liberator haud dubie Germaniae et qui non primordia populi Romani, sicut allii reges ducesque, sed florentissimum

18. Das Her-
mannsdenkmal
bei Detmold
1875

imperium lacessieret: proeliis ambiguus, bello non victus" - in deutscher
*Übersetzung: "Armin ohne Zweifel Deutschlands Befreier, der das römische
Volk nicht in seinen Anfängen bedrängt hat wie andere Könige und Heer-
führer, sondern in höchster Blüte seiner Herrschaft: in Schlachten mit
schwankendem Erfolge, im Kriege nicht besiegt".*
*Eingemeißelte Daten am Kuppelrand des Sockels über Baubeginn und
Fertigstellung des Unterbaus: "E. v. Bandel, 9. Juli 1838, 17. Juni 1846".*[69]

Sicher zu Recht gilt Ernst von Bandel (1800 - 1876) als der eigentliche Er-
bauer und Schöpfer der Anlage. Die Idee, dem germanischen Heerführer
"Arminius" bzw. seinem grandiosen Sieg über römische Truppen (um 9 nach

63

Christus) ein Denkmal zu errichten, reichte schon in das 18. Jahrhundert zurück. Demgegenüber wollte Bandel mit dem historisierenden Nationaldenkmal zur deutschen Einigung aufrufen. Auf der Suche nach einem geeigneten Aufstellungsort wählte er 1836 eine Bergkuppe in der Nähe Detmolds ("Grotenburg", 386 m hoch gelegen), wo damals die historische römisch-germanische Schlacht vermutet wurde. Lebhaftes Echo fand er in Spendenvereinen vor allem im norddeutschen Raum, in Hannover, München, Osnabrück, Münster, Paderborn, Lübeck, Bremen, Stettin, Berlin und auch unter Deutschamerikanern in USA, so daß schon 1838 mit den Bauarbeiten begonnen werden konnte - in enger Verbindung mit dem Detmolder "Verein für das Hermanns-Denkmal". Freilich reichten die Spendeneinnahmen nicht für die Baukosten aus. Bandel setzte nun sein ganzes Privatvermögen ein, ohne die Bauvollendung herbeizuführen. 1846 überwarf er sich mit dem Detmolder Verein. Er fühlte sich unverstanden, zog sich verarmt und verschuldet nach Hannover zurück, gab aber nicht auf. Er arbeitete an neuen Entwürfen für die Denkmalsfigur, gründete einen neuen "Verein für das Hermannsdenkmal" in Hannover und warb für weitere Spenden im deutschen Raum mit beachtlichem Erfolg. Ausschlaggebend aber war ein Besuch König Wilhelms I. in der Werkstatt des Künstlers 1869 in Hannover. Bandel stellte sein Projekt unter das Patronat des Monarchen, der es großzügig aus seiner Privatschatulle förderte. Das positive, überregionale Presseecho, Zuschüsse des Reichstages und weitere private Spenden - u.a. vom bayerischen König - ermöglichten nun die Fortsetzung der Bauarbeiten, die Bandel persönlich beaufsichtigte. Unter dem Patronat des preußischen Königs veränderte sich das ideologische Fundament: der ursprüngliche Bezug auf den historischen Sieg der Germanen über die Römer wurde auf die Befreiungskriege und die national-deutschen Einigungskriege erweitert, außerdem durch monarchisch-nationale Akzente ergänzt, so bei der Enthüllung im August 1875.

Die Entstehungsgeschichte des Denkmals zeigt, wie die romantisch-historisierende Vorstellungswelt des "Germanentums" und die ihr verbundenen meinungsbildenden Kräfte der aktuellen politischen Denkmalspropaganda zugeführt wurden. Das Detmolder Hermannsdenkmal stand am "... Anfang des Germanenkults ..., der sich in den Kriegerdenkmälern in der Gestalt von Findlingen in Norddeutschland schon nach 1864, in ganz Deutschland erst um 1890 durchsetzte und nach dem Ersten Weltkrieg durch Dolmen, Ehrenhaine und Findlinge weite Bereiche der Kriegerdenkmalsszene beherrschte".[70]

Neben der stilbildenden Wirkung für die zeitgenössische Kriegerdenkmalspropaganda wurden deren ideologische Grundlagen im Hermannsdenkmal (wortwörtlich) untermauert. So wurde jeder direkte oder sonstwie augenfällige Bezug zu Gefallenentod und Kriegselend ausgeblendet. Die Glorifizierung militärisch-autoritärer Führerschaft und Befreiung entsprach der Tradition früherer Feldherren-Denkmäler, hier bezogen auf die Gestalt "Armins", dem Wilhelm I. quasi als zweiter, neuer Armin zur Seite gestellt wurde (vgl. Inschrift der 4. und 6. Nische). Die militärkonforme, autoritäre Tendenz wurde besonders deutlich in der Inschrift der 4. Nische mit dem Verweis auf die Kaiser-"Kür", d.h. die "Wahl" Wilhelms I. zum Kaiser am 18. Januar angeblich durch das "deutsche Volk", das damals jedoch allenfalls durch Militärbefehlshaber vertreten war (s. S. 42-84). So wurde der "Volks"-Begriff unter Mißachtung der zivil-politischen Inhalte einfach als Synonym für das Militär benutzt. In gleicher Richtung wirkte die zeitgenössische Denkmalsrezeption, die das Standbild vorwiegend als den militärischen Führer Armin ansah. Allerdings beabsichtigte Bandel "... nicht, die individuelle, historische Gestalt wiederzugeben, wohl aber das Typische des norddeutschen Menschen, das er in intensiven Körperstudien festgestellt haben wollte".[71] Das äußere Erscheinungsbild, die Kleidung und die Siegerpose mit der emporgestreckten Hand, sollte deutscher Bewußtseinsbildung dienen.

Der Siegertyp der gigantischen Arminsstatue eignete sich offenbar besonders zur offiziellen, machtbewußten Selbstdarstellung preußisch-deutscher Militärpolitik in ihrem konservativ-monarchischen und nationalen Gepräge. Darauf waren die Inschriften und die amtlich gewünschte Rezeption auszurichten. Dazu trug auch die wirkungsvoll inszenierte Reihe von Einweihungsfeierlichkeiten bei - in der Art einer schrittweisen Steigerung. So fand zunächst die Enthüllung des lippischen Landesdenkmals auf dem Detmolder Kaiser-Wilhelm-Platz am 14. August 1875 statt und an den beiden nächsten Tagen folgte die "Einweihung" des neuen, nur wenige Kilometer entfernten "Nationaldenkmals" in Anwesenheit Kaiser Wilhelms I. und des lippischen Landesherren Fürst Leopold.

Militärmuseum - Sterbender Krieger - am Zeughaus in Berlin 1880

Neue Impulse erfuhr das Kriegs- und Kriegergedenken durch Museumsneugründungen, so 1880 im historischen Zeughaus das Museum für Militärgeschichte, gedacht als "Ruhmeshalle" für die preußische Armee.[72] Später folgten ähnliche Gründungen in Dresden und München. Das Berliner Zeughaus zeichnete sich durch einen überaus reichen bauplastischen Schmuck aus, dabei vor allem die insgesamt 22 Köpfe sterbender Krieger. Sie waren von Andreas Schlüter als Schlußsteine der Fenster im Innenhof und an den Außenfronten des barocken Museumsgebäudes 1696 geschaffen worden. Die realistisch gestalteten Köpfe lenkten die Aufmerksamkeit der Besucher auf die Tragik und das Grauen des Kriegerlebens, auf Schmerz, Leiden und Ringen mit dem Tode. Die Bildnisse stellten das Sterben des Kriegers in immer neuen Varianten dar und boten so ein Kontrastprogramm zum nationalen Heldenpathos des neudeutschen Reiches.

19. "Sterbender
Krieger", Zeughaus
Berlin 1696/1880

Kriegerdenkmal - Germania - in Dortmund 1881
Siegespathos anstatt Trauer

*Objektskizze: Sandsteinerne Germania-Figur mit emporgehaltenem Lor-
beerkranz in der Rechten, mit Schild und Schwert in der Linken, auf
mehrstufigem, reichgegliedertem Unterbau: Sockelzone mit kreuzförmigem
Grundriß, darüber verjüngender, gotisierender Turmaufsatz mit zwei Zonen:
1. Zone mit Widmung auf vier Inschrifttafeln: "Die Stadt Dortmund / dem
Andenken ihrer in / den ruhm- und siegreichen / Kämpfen gegen Frankreich /
in den Jahren 1870 - 71 für / Deutschlands Ehre und / Recht gefallene
Soehne / 1881", Namenstafeln zwischen allegorischen Eckfiguren (Thort-
mania-Personifizierung der Stadt?) auf Postamenten, die den kreuzförmigen
Grundriß fortführen, mit lokalheraldischem Dekor.*

2. Zone: Bronzemedaillons Kaiser Wilhelms I., des Kronprinzen Friedrich Wilhelm, des Reichskanzlers Fürst Otto von Bismarck und des Generalfeldmarschalls Helmuth Graf Moltke jeweils unter gotisierenden Spitzbögen mit dem Eisernen Kreuz, darüber Säulenaufbau mit heraldischem Dekor und gotisierendem Kapitell, auf dem die Germania-Figur befestigt war, Höhe der Gesamtanlage (Sandstein): 11 m, im Zweiten Weltkrieg zerstört.[73]

An den Entwürfen und der Realisierung der Gesamtanlage waren verschiedene Künstler beteiligt - das Germania-Standbild von Professor Echtermayer aus Dresden, weiter der Bildhauer Jean Degen aus Köln und die Dortmunder Architekten Flügge und Nordmann. Es handelte sich um eine aus städtischen Mitteln finanzierte Stiftung, die trotz neuer, künstlerisch-architektonisch aufwendiger Gestaltung die ideologischen Grundlagen herkömmlicher Kriegerdenkmalspropaganda beibehielt. Überdeutlich wurde das Bekenntnis

20. Kriegerdenkmal in Dortmund 1881

67

zur reichsdeutschen Einigung hervorgehoben (vgl. Germania-Allegorie, Bronzemedaillons, Inschrift, Grundriß in Anlehnung an das Eiserne Kreuz). Damit verbunden war zugleich eine militärkonforme und monarchische Bewertung des vergangenen Kriegsgeschehens. Das Gefallenengedächtnis geriet in den Hintergrund und wurde ganz in den Dienst reichsdeutscher Staatspropaganda gestellt. Dies wird besonders deutlich durch einen Vergleich der Dortmunder Germania mit entsprechenden früheren Stiftungen der "trauernden Germania". Erlaubte das Trauermotiv bisher noch eine eindeutige Zuordnung der Germania zur Sepulkralkultur (vgl. sitzende Haltung und Blickrichtung der Germania zu den Gefallenengräbern oder -namenstafeln wie in Bad Kissingen), so dominierte in Dortmund zweifelsfrei die Propaganda-Funktion - ohne Blickrichtung zu den Betrachtern, mit triumphierendem Pathos, mit der Betonung der Waffen etc. Offensichtlich hatte sich das Germania-Motiv von seiner ursprünglich sepulkralen Herkunft "emanzipiert". Dies zeigt sich besonders in den Größenverhältnissen und in der Sieges-Attitüde der ausgestreckten Rechten mit dem Lorbeerkranz und der starken Bewaffnung - Schwert und Schild in der Linken -, wie sie bei den zeitgenössischen Monumentaldenkmälern der Zeit verwandt wurden (vgl. Bavaria in München, Germania am Niederwald, Hermannsdenkmal bei Detmold).

Nach ähnlichem Muster entstanden andere Germaniastandbilder in der Umgebung in den siebziger und achtziger Jahren - in der Folge der Fertigstellung in Bünde, Berghofen, Menden, Schüren, Aplerbeck, Siegen, Borghorst, Castrop, Flierich, Hamm, Kirchderne, Büderich, Waltrop, Bochum-Langendreer und Löttinghausen.[73] Ihnen war durchweg eine Zweiteilung des Denkmals gemeinsam - Figur und turmartiger Unterbau mit Inschriften, Porträtmedaillons, reichsdeutscher Emblematik. Mit vorwiegend heroisierendem, triumphierendem Ausdruck unterschieden sich deren Germania-Standbilder stets von den früheren "Trauernden"-Stiftungen.

Kriegerdenkmal - Germania mit Sterbendem Krieger - in Dortmund-Wickede 1881

Objektskizze: Vollplastische Figurengruppe: Germania mit deutscher Reichskrone in antikischem Gewand mit einem zu Füßen liegenden sterbenden oder verwundeten Soldaten, ursprünglich vermutlich mit einem Lorbeerkranz in ihrer abgebrochenen Rechten - auf einem - mit Lorbeerkranz/Siegerkranz, Inschriften und Namen der Gefallenen versehenem - Postament aus Naturstein, Sockelrückseite mit dem Wickeder Wappen, Gesamthöhe 3,5 m.[73]

Die Stiftungsinitiative ging vom örtlichen Krieger- und Landwehrverein aus. Auf dem ehemaligen Gemeindefriedhof, an der Ostseite der evangelischen Kirche in Dortmund-Wickede (Wickeder Hellweg), wurde eine vollplasti-

*21. Kriegerdenkmal
Dortmund 1881*

sche, lebensgroße Figurengruppe auf einem mehrfach untergliederten Postament errichtet. Die Enthüllung fand nach dem Jahr 1881 statt. Die
Germania-Allegorie personifizierte das preußisch-nationaldeutsche Reich,
um die Anerkennung und den "Dank" des Vaterlandes mitzuteilen. Darauf
verwies zugleich eine Inschrift: "Das Andenken / der gefallenen / Krieger /
ehrt / dankbar die Gemeinde / Wickede".
Anders als frühere Germania-Statuen - mit Trauer oder Siegespathos - wurde
in Wickede eine Figurengruppe: Germania mit Soldat - geschaffen. Mit der
reichsdeutschen Krone personifizierte sie das Deutsche Reich gegenüber
dem einfachen (bürgerlichen?) Soldaten. Aus diesem Grunde machte das
Wickeder Denkmal aktuelle politische Aussagen vielleicht unmittelbarer
und deutlicher als andere Stiftungen dieser Zeit. Dabei waren vor allem die
Größenverhältnisse ein wichtiges Ausdrucksmittel, um den kollektiven
Geltungsanspruch zu vermitteln. "Größe und Monumentalität einer in Stein
gehauenen Person lassen einen fühlen, wie klein und 'unbedeutend' man
selbst ist. Die Distanz, die der Sockel zur Person errichtet, zeigt, daß der Ab-

69

stand zur 'bedeutenden' Person noch weit ist."[74] Die dargestellten "Personen" erhielten jedoch keine konkreten, lokalen oder gar individuellen Bezüge. Vielmehr wurde ein Krieger mittels Uniform als Angehöriger einer kämpfenden Gemeinschaft hervorgehoben, der in liegender Haltung unterlegen (und gescheitert?) schien. Dabei erfuhr der nationalpolitische Bedeutungskomplex hier eine allegorisch-"weibliche" Ausdrucksform. Die Germania-Figur deutete auf etwas Unerreichbares, Begehrenswertes, das in der Zukunft noch ausstand und zunächst nur durch den (Soldaten-)Tod bzw. im Jenseits zu erzielen war. Anmutig und anziehend in ihrer äußeren Gestalt, verhieß sie Erfüllung der von ihr ausgelösten Hoffnungen und Sehnsüchte (erst) für spätere Zeiten. So bildete die Figurengruppe in Wickede zugleich eine suggestive und allegorische Darstellung des Gefallenentodes.

Ob die Germania-Allegorie mit ihrer kraftvoll kämpferischen, "weiblichen" Überlegenheit von Zeitgenossen widerspruchslos angenommen wurde, mag bezweifelt werden. Bismarck äußerte zum Beispiel damals sein Unbehagen über die schwertbewaffnete Germania des Niederwald-Nationaldenkmals: "Die Figur der Germania finde ich nicht passend, ein weibliches Wesen mit Schwert in dieser herausfordernden Stellung ist etwas Unnatürliches. Jeder Offizier wird dies mit mir empfinden."[75] Trotz solcher Vorbehalte gelangten erstaunlich viele Standbilder der Germania mit ähnlich provokantem Ausdruck zur Ausführung.

5. Die Intensivierung der Denkmalspropaganda in Wilhelminischer Zeit 1888 - 1914 "Christentum" oder Bürgerrecht?

In den drei Regierungsjahrzehnten Kaiser Wilhelms II. (1888 - 1914/18), setzte eine Intensivierung der öffentlichen, staatskonformen Denkmalspropaganda ein, überdeutlich in einer neuen Formen- und Typenvielfalt. Äußere Anlässe waren das "Dreikaiserjahr" 1888, das fünfundzwanzigjährige Jubiläum der "Reichsgründung", kriegerische Ereignisse in der kolonialen Expansion, geographische Expeditionen, die Jahrhundertfeierlichkeiten, das Jubiläum der Völkerschlacht bei Leipzig 1813/1913 oder das fünfundzwanzigjährige Regierungsjubiläum Wilhelms II. Ein wichtiges innenpolitisches Motiv für die neuen Denkmalsinitiativen resultierte aus dem Scheitern der Sozialistengesetzgebung Bismarcks 1878/90 und den wachsenden Stimmengewinnen der Sozialdemokratie in den Volksvertretungen, zum Beispiel 1890 die Verdreifachung ihres Stimmenanteils im Reichstag. Gegen diese Entwicklung galt es ein Gegengewicht zu schaffen durch die Rückbesinnung auf die bedrohten traditionellen Grundwerte: einen dynastisch-konservativen Patriotismus und ein obrigkeitstreues, monarchistisches Christentum. Dazu eigneten sich nach zeitgenössischer, vorherrschender Vorstellung insbesondere das Militär als "Erziehungsschule der Nation", das Offizierskorps und die Militärgeistlichkeit, aber auch die Kirchen, Schulen und das bürgerliche Vereinswesen. Als Medien der neuen ideologisch-pädagogischen Gegenoffensive gegen die Sozialdemokratie kamen ebenso vorzüglich Kriegerdenkmäler in Betracht.

Während in der bildungs- und schriftärmeren, früheren Zeit besonderer Wert auf haltbares und wertvolles Material (Stein, Metall, Holz usw.) gelegt wurde, um die generationentiefe, zeitlose Gültigkeit der Kriegerdenkmäler zu demonstrieren, wurde nun auch das Schrifttum in sprunghafter Steigerung für die Denkmalspropaganda erschlossen. Ihr Wirkungsbereich wurde wesentlich erweitert, indem Denkmäler in vielen Schriften abgebildet oder zum Gegenstand von Monographien gewählt wurden. Ein typisches Beispiel ist jene populäre "Wanderstudie", in der Max Dietrich 1895 die "Deutschen Heldengräber im Reichslande ..." beschrieb - mit der quasireligiösen Intention: "... daß jene denkwürdigen Plätze deutschen Waffenruhms fortan namentlich von der Jugend als Zielpunkt für Wallfahrten im vaterländischen Sinn ausersehen würden ..."[76] Ein sehr populäres, repräsentatives und umfassendes "National-Prachtwerk" veröffentlichte Fritz Abshoff 1904 mit einem reichverzierten, aufschlußreichen Buchdeckel: der reliefartigen Darstellung des Reiterdenkmals für Sachsenherzog Widukind in Herford aus dem Jahre 1899.[77]

Wenn Kriegerdenkmäler und -friedhöfe zu Wallfahrtsstätten erklärt wurden
so erfuhren nationale oder militärische Bedeutungsinhalte offensichtlich eine
quasireligiöse Aufwertung. Sie förderten die synkretistischen und überkonfessionellen Tendenzen der Denkmalsentwicklung, die in den zeitgenössischen Einweihungsfeierlichkeiten sowie in deren amtlicher Neuregelung
der "militärischen Feier mit religiöser Weihe", zum Ausdruck kamen. Die
wachsende national- und innenpolitische Bedeutung der Kriegerdenkmäler
zeigte sich auch in den Bestrebungen der deutschen Judenemanzipation. Infolge des in dieser Zeit sich verstärkenden Antisemitismus waren Kriegerdenkmäler - oft einziger - Beleg jüdischen Kriegseinsatzes wie überhaupt
militärisch, vollwertiger Leistungsfähigkeit und national-deutscher Gesinnung, die von antisemitischer Seite bezweifelt wurden. Die Auswertung vor-
handener amtlicher, archivalischer Quellen zur Abwehr solcher Angriffe
wurde von Staats- und Militärbehörden verweigert, so daß sich die jüdische
Literatur, abgesehen von umständlichen, unsicheren Umfrageergebnissen
und wenigen veröffentlichten Werken, auf Namenslisten von Kriegerdenkmälern der jüdischen Kultusgemeinden stützen mußten! Indem dabei die (jüdische) Gefallenenehrung und das Kriegsgedenken mit der Demonstration
religiöser und politischer Interessen verknüpft wurden, übernahmen die Vertreter der jüdischen Minderheit das Argumentationsmuster der offiziellen
staatlichen Kriegerdenkmalspropaganda.

Kriegerdenkmal - Umkränztes Steinkreuz - in Frecken-
horst 1889

Siegesbewußtsein anstatt Totentrauer und Passion

Im Januar 1889 beschloß ein Initiativkreis Freckenhorster Bürger die Errichtung eines Denkmals für alle Gefallenen der Gemeinde aus früheren Kriegen. Die Ausführung wurde dem Warendorfer Bildhauer Hunkemöller übertragen und aus Sammlungen finanziert. Hunkemöller schuf ein umkränztes
Kreuz auf einem einfachen steinernen Sockel mit Inschrifttafeln - Namenslisten und Widmung "Stadt und Kirchspiel / Freckenhorst / ihren im
ruhmvollen Kampfe / mit Gott für König u. Vaterland / gefallenen Söhnen /
Errichtet Mai 1889" - inmitten einer schmiedeeisernen Umfassung.[78]
Die Errichtung auf dem Stiftsplatz - vis-à-vis der katholischen Pfarrkirche -
demonstrierte einen absoluten, inner- wie außerkirchlichen Geltungsanspruch. Die neue, öffentliche Aufmerksamkeit, die den Gefallenen gewidmet
wurde, bedeutete eine wichtige Aufwertung nationaler und militärischen
Werte. Wo bisher jahrhundertelang nur Bildstöcke mit Heiligen oder Chri-
stusfiguren zu sehen waren, erschienen nun die Namen von Gefallenen aus
"... ruhmvollem Kampfe / mit Gott für König und Vaterland ..." Die räumliche Nähe zur Pfarrkirche des beinahe ausschließlich katholischen Ortes ver-
mischte die Grenzen zwischen kirchlich-religiösen und militärischen, natio-

*22. Kriegerdenkmal
in Freckenhorst 1889*

nal-kollektiven Belangen. Christlich-katholische Kirchlichkeit, preußisch-deutsches Militär und die Monarchie schienen eng miteinander verbunden. Symptomatisch für diesen Zusammenhang war auch das Kreuzesverständnis, das weniger der Totentrauer oder der Passionsfrömmigkeit als dem Siegesbewußtsein vom "ruhmvollen Kampfe" verpflichtet war.

Kriegerdenkmal - Westfalia mit sterbendem Soldaten - in Colombey (Deutsch-Lothringen) 1895

Objektskizze: Figurengruppe - Westfalia mit Eichenkreuz in der emporgestreckten Rechten, auf Schwertgehänge und Schild gestützt mit der Linken, mit gesenktem Blick zum sterbenden Krieger: mit Mantel, Gewehr, Helm am Boden vor Obelisk (mit Adler), auf mehrstufigem Sockel mit dem Wappen der Stadt Münster, Inschrift- und Namenstafeln über drei erhöhenden Treppenstufen.[79]

23. Kriegerdenkmal in Colombey/Deutsch-Lothringen 1895

Zum fünfundzwanzigjährigen Jubiläumstag einer verlustvollen, doch siegreichen Schlacht des Deutsch-Französischen Krieges bei Colombey wurde das Kriegerdenkmal auf dem Friedhof enthüllt, wo sich ein Großteil der Gefallenengräber befand. Das Denkmal war vom Veteranenverein "Alte Dreizehner" des 1.Westfälischen Infanterie-Regiments Nr.13 mit Unterstützung der Stadt Münster und privaten Spenden für die gefallenen Angehörigen des Regiments gestiftet und vom Münsteraner Bildhauer Anton Rüller geschaffen worden. Eine beachtliche, überregionale Resonanz der Enthüllungsfeierlichkeiten äußerte sich in der Teilnahme ranghoher Vertreter von Militär- und Zivilbehörden aus Münster, Metz und Umgebung sowie vieler Vereine u.a. Die Stiftung von Colombey setzte frühere Initiativen des Regiments oder nahestehender Offiziers-Vereinigungen fort. Sie reihte sich in eine Welle neuer Denk-malserrichtungen ein, die anläßlich der fünfundzwanzigjährigen Jubiläen anderer Schlachten für die Gefallenen der betroffenen Kriegstruppen zustande kamen.

Innerhalb des Friedhofs von Colombey war das neue Kriegerdenkmal durch Treppenstufen hervorgehoben. Der Aufstellungsort, aber auch der mächtige Obelisk gaben der Anlage einen deutlich sepulkralen Charakter, wirkungsvoll ergänzt durch die Figurengruppe. Sie zeigte auffällige Gemeinsamkeiten mit früheren westfälischen Stiftungen. Das Standbild der "Westfalia" (von Blume) erinnerte in Gestik und äußerer Ausstattung an die Bavariastatue in München sowie die Germania am Niederwald. Im Unterschied zur Muttergestalt der Germania erhielt die Westfalia aber ein jugendliches, mädchenhaftes Erscheinungsbild, um deren regional- bzw. provinzial-nachgeordneten Rang zu verdeutlichen. Wohl aus diesem Grunde wurde die triumphierende Überlegenheit über den Sterbenden etwas gemildert. Die Kriegerfigur - in den Augen der Münsteraner: "Ein Dreizehner" - stand vermutlich in der stilgeschichtlichen Nachfolge des antiken, "sterbenden Galliers".[79]

In Colombey war die Figurengruppe vor dem Obelisken auf dem unteren, etwas herausgezogenen Postament angebracht: "Schräglagerung, Asymmetrie, reiche plastische Behandlung sowie Eindruck von Bewegung, gefördert durch Naturalismus, erzeugen ein attraktives Kontrastverhältnis zwischen dem Figürlichen und der klarlinigen, glattflächigen Architektur. Die stehende Westfalia mit dem als Siegespreis gedachten Eichenzweig entspricht dem aufragenden Obelisken, der formal wie bedeutungsmäßig als Hintergrundelement eingesetzt ist. Der getroffene Krieger ist ... hingesunken und muß sich auf den schrägen nackten Felsvorsprung stützen. Sein Helm ist schon zu Boden gefallen, doch noch hält er das Gewehr. Man sieht die Wunde nicht, aber sein Kopf ist gesenkt, da ihn die Kräfte verlassen. Gewehrkolben, Felsvorsprung, Mantelsaum und Stiefel ragen über den Sockelbereich hinaus, was den Eindruck von Bewegung und lebendiger Tatsächlichkeit verstärkt."[75]

Sollte oder wollte solch idealisierender Naturalismus die brutale Realität des Kriegselends und des Gefallenentodes verleugnen? Nach Maßgabe der offiziellen militärpädagogischen Intention des Kriegerdenkmals war die grauenvolle oder chaotische Seite des Gefallentodes auszublenden, um Irritationen oder sonstigen in der Öffentlichkeit vielleicht verwirrenden Wirkungen vorzubeugen. Aus diesem Grunde konnte nur scheinbar von Ignoranz oder gar einem Widerspruch "wider besseres Wissen der Veteranen" die Rede sein, zumal die öffentliche Denkmalsrezeption nicht sich selbst überlassen, sondern von amtlicher Gedenkliteratur - Regimentsgeschichten, militärseelsorgliches Schrifttum - begleitet wurde. Deren ungeschminkte, drastische Schilderung des Grauens an der Kriegsfront - unter feindlicher Waffenwirkung etc. - mochte jegliche Verharmlosung des Kampfgeschehens widerlegen. Für die Denkmalsgestaltung war allerdings das "Beispiel" der anderen Regimenter auf den Schlachtfeldern maßgebend, denen die Münsteraner "Dreizehner" aus Gründen des Prestiges profilierende Gegenakzente bieten mußten. Die Wechselwirkungen der verschiedenen Denkmalserrichtungen trugen so erheblich zur Intensivierung Wilhelminischer Denkmalspropaganda bei. Im Regierungsbezirk Münster, aus dem sich Mannschaften und Offiziere des populären "Dreizehner"-Regiments seit Jahrzehnten rekrutierten, entstanden später sogar Nachbildungen des Colombey-Denkmals, zum Beispiel in Ahlen, Borgholzhausen und Nottuln.[79]

Gedenktuch zum jüdischen Feldgottesdienst 1870/1898

"Haben wir nicht Alle einen Vater? Hat uns nicht Alle ein Gott geschaffen?"

Der vorherrschende "christliche" Charakter des preußisch-deutschen Militärs, der reichsdeutschen Staatssymbolik und der Kriegerdenkmalspropaganda barg latente antijüdische Akzente. Trotzdem richteten sich jüdische Hoffnungen auf die national-deutsche Einigung aus mehreren Gründen: Außer der Verwirklichung bürgerlich-liberaler Wünsche nach einem deutschen Nationalstaat bot das Deutsche Reich aus jüdischer Sicht weitere Errungenschaften: Die staatsbürgerliche Gleichberechtigung hinsichtlich des religiösen Bekenntnisses wurde im Zuge der Reichsgesetzgebung im ganzen Staatsgebiet zur Regel. Fortschrittlich war ferner die neue Wahlgesetzgebung mit allgemeinen, gleichen und direkten Wahlen zum Deutschen Reichstag - eine Errungenschaft, die international ihresgleichen suchte und dazu beitrug, daß Deutschland seither mehr als andere Staaten in Europa als hervorragender Hoffnungsträger der Judenemanzipation galt. - Das Militär blieb davon allerdings ausgeschlossen, abgesehen von einigen zaghaften Ansätzen. Anhaltspunkte für eine Gleichberechtigung von Juden waren zum Beispiel die Offiziersbeförderung mancher Kriegsteilnehmer in den (Nach-) Kriegsjahren, die überetatmäßige, ausnahmsweise Zulassung von preußischen Feldrabbinern während des Feldzuges gegen Frankreich. Langfristig aber waren militärinstitutionelle Rahmenbedingungen einer solchen Gleichberechtigung sehr abträglich, denn das Militär unterstand weiterhin ausschließlich dem königlichen bzw. kaiserlichen Oberbefehl und es wurde bald ein Hort des wachsenden Antisemitismus. In öffentlichen Diffamierungen wurde der jüdische Anteil an den prestigeträchtigen Kriegserfolgen, die für die offizielle, nationale Identität wichtig waren, bezweifelt. Anstatt einer autoritativen Gegendarstellung hüllten sich die Militärbehörden in Schweigen, das einer offiziellen Bestätigung der Verleumdungen gleichkam. So waren Juden auf Kriegerdenkmäler und Gedenkschriften angewiesen, um ihren Anteil am nationalen Existenzkampf zu behaupten.

Erst vor diesem Hintergrund wird die enorme Herausforderung deutlich, die das Militär mit seiner exklusiv "christlichen" Symbolik, auch durch den aggressiven Antisemitismus, aus jüdischer Sicht darstellte. Dabei übernahm das öffentliche jüdische Kriegsgedenken wichtige Aufgaben der politischen, emanzipatorischen Auseinandersetzung. Die politische Brisanz des jüdischen Kriegsgedächtnisses beeinflußte zahlreiche Gedenkschriften der Wilhelminischen Zeit, zum Beispiel die weite Verbreitung eines Gedenktuches:

24. Jüdisches Gedenktuch 1870/1898

Rotbedrucktes Leinentuch mit dem Bild eines jüdischen Feldgottesdienstes bei der Erschließungsarmee vor Metz 1870 - Illustration in einem Hausbuch für die jüdische Familie von 1898.

Es erinnerte an den jüdischen Kriegseinsatz, insbesondere an den jüdischen Feldgottesdienst und das Gefallenenbegräbnis 1870 bei Metz, und romantisierte das Kriegserleben: ganz "unter freiem Himmel" im "Weltengotteshaus" (vgl. Medallions[80]). Mit einer zentralen Sinnfrage oberhalb des Bildes appellierte das Gedenktuch an ein konfessionsübergreifendes, religiöses Bewußtsein: "Haben wir nicht Alle einen Vater? Hat uns nicht Alle ein Gott geschaffen?"

In Wilhelminischer Zeit war das Gedenktuch auch in populärem Schrifttum zu sehen. Dabei interpretierte Adolph Kohut das Bild und das erinnerte Geschehen in einer erweiterten, national-religiösen Dimension: "Auf dem Schlachtfeld wurde diese heilige Allianz des Judentums und Deutschtums mit dem Blute all der tapferen Helden, welche für König und Vaterland von beiden Seiten fielen, besiegelt ... Zahlreiche israelitische Krieger wurden mit dem Eisernen Kreuz und anderen Kriegsorden dekoriert und zu Offizieren befördert. Am bezeichnendsten illustriert den gründlichen Umschwung der Lage der am Versöhnungstage von 1870 im Lager zu Metz stattgehabte weihevolle Feldgottesdienst ... Nur einmal hat sich ein ähnlich bedeutsamer Akt vor mehr als 2000 Jahren abgespielt ... in den Tagen Johannes Hyrkans I., des Makkabäers ..."[81]

Die biblische Dimension spiegelte den quasireligiösen Charakter der historischen, nationalen Identität auch unter jüdischen Bürgern in Deutschland. Es galt, den "Umschwung der Lage" hin zur vollen Gleichberechtigung von Nichtjuden und Juden über die Ansätze der nationalen Einigungskriege und der ersten Nachkriegsjahre hinaus dauerhaft auch im Militär zu verankern, wie es im zivilen Bereich gemäß Verfassungsrecht bereits verwirklicht war.

Kriegerdenkmal - Fahnenträger - in Halle 1898

Unter den modernen Denkmalsstiftungen - mit dem "gemeinen" Soldaten als vollplastischer Hauptfigur - bildeten sich frühzeitig bestimmte beliebte Figurengruppen heraus: zum Beispiel uniformierte Kriegerdarstellungen. Sie waren mit weiblicher Figur (Genius des Sieges, Friedensengel, Walküre, Germania, Viktoria) zu sehen - mit einem Kameraden (einer mit Fahne und gezogener Blankwaffe, der andere sterbend und niederfallend) - sowie als Fahnenträger, stehend, schreitend oder im Sturmangriff laufend, auch mit gezogenem Seitengewehr oder Säbel.[82]

Der Fahnenträger von Halle bei Bielefeld (Bronzefigur von Arnold Kuhn aus Altena/Berlin) erscheint in der Situation des erfolgreichen Sturmangriffs. Er hält eine Fahne, das "Heiligtum" seines Kampfverbandes mit der linken Hand aufrecht, um den kämpfenden Kameraden mit dem Sammelzeichen der erreichten Position oder auch als Siegeszeichen den "Weg" zu zeigen. Seinen linken Fuß hat er auf das zerbrochene Rohr eines französischen Geschützes gestellt, auf dem eine fragmentarische Inschrift: "Na ... on" (d.h. Napoleon III.) zu lesen ist. Außerdem sind ein Artilleriegeschoß und Flechtwerk ver-

*25. Krieger-
denkmal in
Halle 1898*

streut, die auf die Verschanzung der eroberten Stellung deuten. Der gezoge-
ne Säbel weist auf die Kampfbereitschaft, für den militärischen Erfolg und
die Fahne weiterhin zu streiten. Der Fahnenträger ist ähnlich wie in
Wickede uniformiert und trägt einen langen Bart, wie er in Wilhelminischer
Zeit in Mode war. - Die Figur ist aus Bronze gegossen und auf einem Sockel
aus gelblich-braunem Granit errichtet worden. Die Sockelinschrift lautet:
"Ihren / in den siegreichen Feldzuegen / 1866 und 1870/71 / gefallenen
Soehnen / in Dankbarkeit / die Kirchengemeinde Halle i.W. 1898".
Die primär militärisch-patriarchalische Orientierung der Sockelinschrift
zeigt sich in der devoten "Dankbarkeit" der "Kirchengemeinde Halle"; denn
sie erlaubte sogar im sakralen Umfeld ihrer Pfarrkirche militärische Symbo-

79

le, d.h. eine profane Sinndeutung des Kriegertodes anstatt einer kirchlich-theologischen Stellungnahme! Dieser Zusammenhang deckte sich mit der offiziell propagierten staatlichen Denkmalspropaganda. Hier spiegelte sich zugleich das enge "Bündnis von Thron und Altar", da Kirchen und (monarchischer) Staat in einem vielfältigen, engen Beziehungsverhältnis zueinander standen.

Was in der Sockelinschrift zum Ausdruck kam, fand in der erhöhten Soldatenfigur seine bildhafte, allegorische Verstärkung. Dazu dienten zugleich das Fahnensymbol und die heroische Pose des Fahnenträgers.

In zeitgenössischen Bilddarstellungen des Militärs fallen Fahnen als ein häufiges und zentrales Element auf. Nicht selten wurde auch ein kirchlich-religiöser, sakraler Würderahmen bemüht. So erschienen Fahnen, zum Beispiel die Reichskriegsflagge mit dem Eisernen Kreuz, u.a. beim Bild-Motiv des Feld- oder Militärgottesdienstes vor dem Hintergrund einer Kirche, unmittelbar neben, auf oder hinter dem Altar. Diese Anordnung darf als Ausdruck höchster Wertschätzung begriffen werden. Der Altar, die gottesdienstliche Opferhandlung und die Fahnen schienen gleichgeordnet. Sie wurden - im Bilde - oft von Geschützen flankiert, die in Feind- oder Blickrichtung der Gemeinde aufgestellt waren und die deren Verteidigungs- und Kampfbereitschaft zeigten. Es galt etwas zu schützen, bzw. für das zu kämpfen, was durch Altar und Fahne symbolisiert wurde.

Die Fahne symbolisierte die nationale, militärische Einheit und Identität. Dazu forderte eine zeitgenössische Dienstvorschrift: "Die Fahnen ... sind die sichtbaren Sinnbilder des Zusammenhaltens, von denen sich kein dem Regiment oder Bataillon Angehöriger willkürlich trennen darf ... Sie zu verteidigen und unter ihnen zu siegen oder zu sterben, ist des Soldaten heiligster Beruf."[83]

Die herausragende "heilige" Bedeutung des Fahnensymbols wurde in den großen Kirchen bekräftigt - in erbaulichem Schrifttum, in theologischen Stellungnahmen über den Fahneneid, in den liturgischen Bestimmungen zur "Fahnenweihe" und bei Denkmalsstiftungen. Der Beichtspiegel in einem zeitgenössischen katholischen Gebetbuch setzte den Fahneneid sogar mit dem Taufsakrament gleich. Gelegentlich wurde die Fahne auch mit einer Ehefrau verglichen, der gegenüber gleichermaßen die Treuepflicht bis in den Tod bestünde. Die Gleichstellung des Fahneneides mit den Sakramenten der Taufe oder der Ehe war zweifellos eine theologische Aufwertung des Militärs, wie sie ähnlich auch auf evangelischer Seite vertreten wurde[83]. - Der Bedeutungskomplex der Fahnensymbolik war nur schwer zu überschätzen, weil der Fahneneid von Soldaten nicht auf die Verfassung geleistet wurde, sondern auf König und Kaiser! Der Fahneneid belegte eine extrakonstitutionelle Stellung des Militärs und band den Bürger in ein umfassendes System staatlicher und kirchlicher Pflichten: "Fahnenruf-Gottesruf!", wie es in einem Militärgebetbuch hieß.[84]

Die militärische Fahnensymbolik der Wilhelminischen Zeit war sicher ein wichtiges Element im intentionalen Vermittlungszusammenhang der Kriegerdenkmäler, zum Beispiel bei der Figur des Fahnenträgers. In Halle vermittelte die Denkmalsfigur Siegesgewißheit, Triumph und Mut, indem der Soldat die Fahne herausfordernd aufrechthielt, den Säbel kampfbereit trug und den linken Fuß machtbewußt auf ein französisches Geschütz, die sogenannte Mitrailleuse, setzte. War dieses Siegespathos eine Folge der Kriegsferne oder der zeitlichen Distanz?

Kaiserdenkmal/Provinzialdenkmal in Porta Westfalica 1896

Objektskizze: Dreiteilige Anlage am Weserdurchbruch durch den Teutoburger Wald, Südseite, auf halber Höhe des "Wittekindberges" (270 m.ü.M.) 1. untere Ringterrasse, 2. Inschriftfläche und Treppenanlagen, 3. Hochterrasse mit Baldachin - erzgegossenes Standbild Kaiser Wilhelms I., barhäuptig mit Siegeslorbeer, Panzer und Hermelinmantel. Die Linke auf den Pallasch-Säbel gestützt, die Rechte "wie segnend über die ihm zu Füßen liegenden Westfälischen Lande ausstreckend" - im ganzen eine "Kolossalfigur ..." (Höhe: 7 m), auf einem Sandsteinsockel (5 m hoch) - unter einem sechseckigen Hallenbau, bekrönt von der deutschen Reichskrone (insgesamt 21,6 m hoch); unterhalb der Hochterrasse (Durchmesser: 44 m), zwei seitlich, abwärts führende Treppen (Höhenunterschied: über 11 m), entlang der Inschrift: "Wilhelm dem Großen / die Provinz Westfalen", rechts und links davon jeweils die deutsche Reichskrone im Relief, vor der Inschriftfläche: 7,5 m breite Treppe zur halbkreisförmigen Ringterrasse auf einem Durchmesser von 120 x 32 Metern, umgeben von einer auf 30 Pfeilern ruhenden Brustwehr, verbunden mit verschiedenen Straßen.[85]

Die Idee, "ein großes und würdiges Kaiserdenkmal für die gesamte Provinz zu errichten", wurde öffentlich erstmals von der Dortmunder Stadtverordnetenversammlung am 9. März 1888 vorgetragen[85]. Auf dem Westfälischen Städtetag fand sie ein halbes Jahr später in Witten "begeisterte Aufnahme" und eine Konkretisierung, den Aufstellungsort in keiner geschlossenen Ortschaft, sondern "auf ragender Bergeshöhe" zu suchen. Alles weitere, Konzipierung und Ausführung sollten von der provinzialen Selbstverwaltung als dem "berufenen Organ" und von einem von ihr eigens zu bestimmenden Denkmalskomitee zu übernehmen sein. Diese "Zuständigkeit" beruhte auf der neuen Provinzialverbandsordnung von 1886, die das bisherige ständische Verfassungsprinzip durch Wahlen der Kreise und kreisfreien Städte abgelöst hatte, um so den im Zuge der Urbanisierung neuentstandenen Strukturen kommunaler Selbstverwaltung auch auf provinzial-überörtlicher Ebene Rechnung zu tragen.
Am 10. März 1889 verhandelte der 30. Provinzialtag über entsprechende Anträge und Vorschläge. Als Aufstellungsorte waren vor allem die Porta Westfalica bei Minden, die Hohensyburg und die Provinzialhauptstadt Münster im Gespräch. Doch die Abstimmung fiel zu Gunsten der Porta Westfalica aus, zu der bald darauf ein Preiswettbewerb für Bauentwürfe ausgeschrie-

26. *Provinzial-denkmal, Porta Westfalica 1896*

ben wurde. Das Preisgericht wählte den Entwurf "Auf hoher Warte" des Berliner Architekten Bruno Schmitz, der internationalen Ruf genoß und später auch die Kaiserdenkmäler am Kyffhäuser und am Deutschen Eck in Koblenz entwarf. Nach der Zustimmung des Kaisers konnten die Bauarbeiten auf dem Wittekindsberg im Herbst 1892 beginnen. Die Kaiserstatue fertigte Kaspar von Zumbusch in Wien bis zum September 1895 an. Die Einweihungsfeier fand am Jahrestag der Völkerschlacht bei Leipzig, am 18. Oktober 1896, in Anwesenheit Kaiser Wilhelms II. statt. Seinem Bestreben entsprach auch die Glorifizierung seines kaiserlichen Großvaters als "des Großen" (vgl. Inschrift). - Die Baukosten betrugen insgesamt ca. eine Million Reichsmark, von denen eine Hälfte der Provinzialverband bestritt. Die andere Hälfte wurde von kommunalen und privaten Spendern getragen, so daß "die Provinz" folgerichtig als Stifter der Anlage zu bezeichnen war (vgl. Inschrift).

Entstehungsgeschichte und Finanzierung wiesen das Projekt eindeutig als "Provinzialdenkmal" aus - analog den zeitgenössischen Landes- oder Nationaldenkmälern. Der künstlerisch-architektonische Entwurf war eine Fortentwicklung des Kaiser-Kriegerdenkmaltyps, indem er die kriegerisch-gepanzerte Kaiserstatue als "Mittelpunkt des architektonischen Aufbaus" wählte.[86] Verstärkend kam die reichsdeutsche Kronensymbolik hinzu, so daß das Ganze ein neuerliches Bekenntnis zum preußisch-deutschen Nationalstaat und zu seinen kriegerischen, militärischen Grundlagen darstellte. - Die Anlage regte in den folgenden Jahrzehnten immer wieder zu weiteren Denkmalsprojekten an - ein Denkmalsplan für Kaiser Friedrich III. auf dem jenseits der Weser gelegenen Jakobsberg, Bismarckturm und -säule, (später - in nationalsozialistischer Zeit - Bestrebungen für ein Schlageterdenkmal).[87] Auch die früheren Alternativ-Vorschläge zum Provinzialdenkmal für die Hohensyburg und für Münster wurden nicht aufgegeben. Auf kommunaler Ebene wurden weitere Kaiser-Kriegerdenkmäler errichtet. Ihnen gesellten sich Aussichtstürme hinzu, die nach einem der drei preußisch-deutschen Kaiser, Bismarck und Vincke benannt wurden.

27. Provinzialdenkmal, Hohensyburg 1902

Kaiserdenkmal/Provinzialdenkmal
in Hohensyburg/Dortmund 1902

Objektskizze: Denkmalsanlage aus Sandstein auf einer künstlichen Terrasse an der Westspitze der ehemaligen altsächsischen Hohensyburg hoch über dem Ruhrtal gegenüber der Lennemündung, an dem südlichen Bergabhang mit einer Futtermauer versehen, bekrönt mit einer durchbrochenen Brüstung, auf der Terrasse drei mit Zinnen und neugotischer Bauornamentik geschmückte, quadratische Pylonentürme auf hohem Sockelbau, verbunden durch hohe Abschlußwände, - der Mittelturm (9 x 6 x 34 m) mit großer Nischenöffnung auf der vorderen Seite, über dem Spitzbogen der Nische das westfälische Wappen, die Jahreszahlen 1864 - 1870/71 - 1866 und die Reichskrone, vor dem Nischeneingang das Postament (Granit) mit dem Reiterstandbild Kaiser Wilhelm I. in Feldherrnuniform mit Helm und Federbusch, die Eckpfeiler des Mittelturms angelehnt: auf kleineren Postamenten (Granit) die Standbilder des Kronprinzen Wilhelm und des Prinzen Friedrich Karl von Preußen ebenfalls in Uniform, - vor den kleinen Ecktürmen die Statuen des Reichskanzlers Bismarck und des Generalstabschefs Moltke, kleiner als der Kaiser, doch größer als die beiden Prinzen, Standbilder: aus getriebenen Kupfer, Inschrift am Postament Wilhelms I.: "Kaiser Wilhelm dem Großen / und seinen Helden / die dankbare Grafschaft Mark." [88]

28. Provinzialdenkmal, Hohensyburg heute

Umbildung der Denkmalsanlage in den Jahren 1935 - 1937, Beseitigung der Ecktürme, des gotisierenden Bauschmucks am Mittelturm sowie der Prinzen-Statuen, deren Ersatz durch Bismarck und Moltke an den Flanken des Mittelturms nach Osten, bzw. Westen gerichtet.

Das Hohensyburger Denkmalsprojekt entstand aus den Plänen für ein westfälisches Kaiser-Provinzialdenkmal. In der Konkurrenz mit alternativen Initiativen für die Porta Westfalica scheiterte es zunächst im westfälischen Provinziallandtag und wurde in einer Abstimmung mit 41 gegen 30 Stimmen abgelehnt.[88] Daraufhin konstituierte sich in Dortmund Anfang Mai 1889 ein Initiativ-Ausschuß, der sich bald einer regen Unterstützung erfreute aus dem ganzen Regierungsbezirk Arnsberg, teils darüber hinaus. Sammlungen und Spenden erzielten in kurzer Zeit die Summe von über 680.000 Reichsmark. Dazu hatte das vereinigte Kohleindustrie-Syndikat erheblich beigetragen. Zwei Entwürfe lagen vor, die eine glänzende Zustimmung im Ausschuß erfuhren, so daß auf einen Wettbewerb verzichtet wurde. Den Auftrag erhielt schließlich der Hannoveraner Architekt Hubert Stier, der auch die Oberleitung der Bauarbeiten ab Mai 1893 innehatte.
Die Stuttgarter Bildhauer Adolf und Karl von Donndorf schufen die Statuen. Die feierliche Einweihung erfolgte am 30. Juni 1902 in Anwesenheit des Kronprinzen. Auf Antrag des Initiativausschusses beschloß der Westfälische Provinziallandtag am 12. März 1904 einstimmig, das Ganze zur dauernden Erhaltung eigentümlich zu übernehmen und künftig den "Provinzialdenkmälern" hinzuzurechnen. Die Übernahme in das Eigentum des Provinzialverbandes korrespondierte mit den vielfältigen Gemeinsamkeiten der beiden Anlagen auf der Hohensyburg und an der Porta Westfalica: der Typ eines Kaiser(krieger)denkmals, die entstehungsgeschichtlichen Berührungspunkte, die Widmungsinschrift "Kaiser Wilhelm dem Großen", das lebhafte Echo in der Bevölkerung, insbesondere die Betonung des Kaisertums. Wurde die reichsdeutsche Kaiserkrone an der Porta Westfalica dem Hallenbau aufgesetzt, so erschien sie auf der Hohensyburg in ähnlich zentraler Position: im Aufbau des Mittelturms an der Frontseite, außerdem zwischen vier Adlern.[88] Das Eiserne Kreuz und das Figurenprogramm betonten das militärische Fundament des Reiches. Die ganze Anlage vereinigte verschiedene Strömungen der Kaiser-, Hohenzollern- und Bismarck-Verehrung zu einem Wirkungskomplex, der der Arbeiterschaft im Ruhrgebiet ein respektgebietendes Zeichen national-konservativer und militärkonformer Werte gehen sollte. Bezugspunkt war das kriegerische, neudeutsche Kaisertum - in Anlehnung an die volkstümlichen Vorstellungen von der mittelalterlichen Eroberung der alten Hohensyburg durch Kaiser Karl den Großen, dem nunmehr ein neuer "Karl" und Reichsgründer, nämlich "Wilhelm der Große", gegenüberstand.

Garnisonkirchen, Kriegerdenkmäler und Dienstvorschriften unter dem Anspruch christlicher und nationaler Identität

Im Zuge der neuen deutschen Welthandels- und Kolonialpolitik, der wiederholten Heeresvermehrungen und Flottengesetze erlangten Traditionspflege und Gefallenengedächtnis der Streitkräfte in Wilhelminischer Zeit ebenso vermehrte öffentliche Aufmerksamkeit. Diese Entwicklung verhalf den ideologischen Inhalten der preußisch-deutschen, "christlichen" Staatssymbolik zu einer erneuten Aufwertung. Sie äußerte sich in einer Fülle von Maßnahmen - dem imposanten Bauprogramm neuer Garnisonkirchen und Denkmäler, außerdem in zahlreichen einschlägigen Dienstvorschriften. Die Intensität dieser Bemühungen wird schon aus einer Übersicht der Bauprojekte deutlich, die seit 1872 verwirklicht wurden zumeist im neugotischen Stil mit bis zu 2000 Sitzplätzen:[89]

Weihe	Ort	Konfess.	Name
1872	Wilhelmshaven	evang.	Elisabeth-/Marine-Garnisonkirche (seit 1959: Christus-u. Garn.-Kirche)
1875	Friedrichsort/Kiel	evang.	Garnisonkirche (ab 1975: Bethlehem-Kirche)
1881	Metz	evang.	Garnisonkirche
1882	Kiel	ev./kt.	Pauluskirche, Simultan-Garnisonkirche
1888	Neisse	evang.	Garnisonkirche
1888	Diedenhoven	evang.	Zivil- und Garnisonkirche
1890	Spandau	evang.	Garnisonkirche
1893	Rominten	evang.	Hubertus-Militärkapelle
1894	Jersitz/Posen	evang.	Lukas-Zivil- und Neue Garnisonkirche
1894	Straßburg	kath.	Garnisonkirche
1895	Mörchingen	evang.	Garnisonkirche
1895	Hagenau	evang.	Garnisonkirche
1896	Mühlhausen	kath.	Garnisonkirche
1896	Hannover	evang.	Garnisonkirche
1897	Thorn	evang.	Garnisonkirche
1897	Straßburg	evang.	Garnisonkirche
1897	Potsdam	evang.	Umbau der Hof- und Garnisonkirche
1897	Berlin	kath.	St. Johannes Garnisonkirche, Sitz der preuß. Kath. Feldpropstei, seit 1906 im Rang einer Päpstl. Basilika
1900	Berlin	evang.	Wiedereröffnung: (Alte) Garnisonkirche, Sitz der preuß. Evang. Feldpropstei

Weihe	Ort	Konfess.	Name
1900	Dresden	ev./kt.	Simultan-/Garnisonkirche
1900	Halle/Saale	evang.	Garnisonkirche
1900	Graudenz	evang.	Garnisonkirche
1900	Dieuze/Lothringen	evang.	Garnisonkirche
1900	Cuxhaven	kath.	Garnisonkirche St. Michael (nach dem 1. Weltkrieg: Herz-Jesu-Kirche)
1901	Wilhelmshaven	kath.	Garnisonkirche St. Peter
1902	Celle	evang.	Garnisonkirche
1903	Ludwigsburg	evang.	Garnisonkirche
1904	Ulm	kath.	Garnisonkirche St. Georg
1904	Oldenburg	evang.	Garnisonkirche
1905	Braunschweig	evang.	Garnisonkirche
1907	Kiel-Wik	evang.	Petrus-Garnisonkirche
1907	Berlin	evang.	Neuere Garnisonkirche (heute: Südstern-Kirche)
1908/9	Berlin	evang.	Wiederaufbau der Alten Garnisonk.
1908	Halberstadt a.H.	evang.	Garnisonkirche (Ausbau der aus dem 11.-14. Jh. stammenden Paulskirche)
1909	Kiel	kath.	Heinrichs-Garnisonkirche
1910	Tsingtau/China	evang.	Christuskirche der Marinestation
1911	Cuxhaven	evang.	Garnisonkirche St. Petri
1911	Ulm	evang.	Paulus-Garnisonkirche
1912	Potsdam	evang.	Kapelle des Kadettenhauses
1913	Allenstein	evang.	Garnisonkirche
1916	Döberitz	evang.	Garnisonkirche.

Die Beschlußfassung bei den Bauplänen erfolgte anscheinend ausschließlich bei der Militär- und Marineverwaltung. Die Finanzierung oblag dem Reich (Militärbudget). Die Feldpröpste unterstützten die Vorhaben, so etwa Feldpropst Richter in seiner Denkschrift von 1898. Am 12. Mai 1900 beschloß das Kriegsministerium, künftig in allen Entscheidungs- oder Budgetfragen zu Garnisonkirchen-Bauvorhaben die Feldpröpste zu konsultieren. Zeitlich parallel zu den Bauvorhaben erfolgten liturgische und geistliche Initiativen, die die Sonderstellung des Militärs auch in Gottesdienst und Frömmigkeit bekräftigten. So engagierte sich Feldpropst Richter für die Vereinheitlichung des evangelischen Kirchengesanges. Dazu regte er die Ergänzung des Evangelischen Militär-Gesang- und Gebetbuches (mit Sonderausgaben) aus dem Jahre 1885 an durch ein "Melodienbuch" (1892); zwei Jahre später erschien unter seiner Leitung ein "Choralbuch".[90] In einer Kabinettsordre vom 23. Januar 1896 befahl Kaiser Wilhelm II. ausdrücklich die militäramtliche Förderung des freiwilligen Kirchenbesuches durch Dienstbefreiung. Aktiv beteiligte Wilhelm II. sich am Marinegottesdienst während seiner Seereisen, zum

Beispiel durch seine persönliche, demonstrative Anwesenheit und durch seine Predigten. 1897/8 wurden die preußisch-deutschen Militäragenden neu herausgegeben, daran anschließend erschienen 1906/08 das Evangelische Militär-Gebet- und Gesangbuch mit Sonderausgaben, das Melodienbuch und das Choralbuch in neubearbeiteter Fassung. Damals führte der katholische Feldpropst Bischof Vollmar ein einheitliches "Militär-Gebet- und Gesangbuch" (1906) ein und gab deutliche Impulse geistlich-spiritueller Erneuerung in der militärseelsorglichen Heiligenverehrung und in der "Soldaten-Fürsorge".[90] Diese Maßnahmen beeinflußten die Sonderstellung des Militärs in Gebetsfrömmigkeit und Mentalität.

Das Bauprogramm der neuen Garnisonkirchen "untermauerte" den exklusiven Sinnzusammenhang von Christentum, Militär und Monarchie hervor. Dazu gab die künstlerisch architektonische Gestaltung der neuen Kirchen zusätzliche und dauerhafte Impulse. Die neuen Gebäude boten die Chance, militäreigene Wünsche ohne die sonst erforderliche Rücksichtnahme auf eine Zivilkirchengemeinde zu verwirklichen. Besondere Gestaltungselemente waren Gemälde historischer Schlachten, Darstellungen bedeutender Persönlichkeiten (Soldaten, Heilige u.a.). Gefallenen-Gedenktafeln, Kriegerdenkmäler, Fahnen usw. Sie wiesen die Garnisonkirchen als wichtige Traditionsstätten aus. In ihnen verdichtete sich die Symbolik von Kirchen und Mi-

29. Marine-
Garnisonkirche
Wilhelmshaven

*30. Marine-
Garnisonkirche
Kiel*

litär zu einem geschlossenen Wirkungskomplex. Dabei fanden Kirchen und
Militär zu einem engen Bündnis, das der Bischof von Rottenburg, Paul Wil-
helm von Keppler, in seiner Weihepredigt für die neue Ulmer Garnison-
kirche mit deutlichen Worten umschrieb, indem er den Schutzpatron der Kirche, St. Georg, als "Helden" vorstellte, "... der Kraft und Mut genug hat, für
Jahrhunderte den Kampf aufzunehmen gegen die zerstörende Macht der
Zeit ... Ehrfürchtige Anbetung ist Christenpflicht und Soldatenpflicht im
Gotteshause, wo auch Kaiser und König in Demut das Haupt beugt. Das
Volk ist tief gesunken, das Heer ist innerlich morsch, welches von Ehrfurcht
im Gotteshaus nichts mehr weiß und will. In der Kirche, im Gebet holt das
christliche Heer sich seine beste Kraft. Darin liegt die Bedeutung des Got-
teshauses für Heer und Vaterland. Auch dieser Kirchenbau trägt bei zur

31. St. Georg-
Garnisonkirche Ulm

Festigung des Fundaments der Ordnung und Stärke des Vaterlandes ..., verstärkt den Unterbau nicht bloß des Altars, sondern auch des Thrones. Das weiß unser König und darum ist er hier und feiert mit uns Kirchweihe. Alle Königliche Macht und Hoheit kann ihren Trägern kein größeres Vorrecht bringen, als daß sie allen voran Gott dienen, daß sie vorausschreiten dürfen auf dem Wege des Herrn ihrem Heer und ihrem Volk, ihm voranleuchten dürfen im offenen Bekenntnis des christlichen Glaubens. Wie es einst in England hieß: England und St. Georg, so ist unsere Losung: Der König und St. Georg. St. Georg, der ritterliche Held, der Schutzherr dieser Soldatenkirche, sei uns ein Vorbild in der unlöslichen Verbindung von Gottesliebe und Vaterlandsliebe, von Heeresdienst und Gottesdienst, von Königstreue und Gottestreue. Der edle Bau erfülle seinen Beruf von Jahrhundert zu Jahrhundert, zu Gottes Ehre, zum Heil des Heeres, zum Schutz des Vaterlandes, zum Segen für die Menschheit."[91]
Die Worte des Bischofs betonten das Bündnis von Thron und Altar gegen den sozialistischen, liberalen "Zeitgeist" zugunsten einer wohl antirevolutionären, antisozialistischen "Ordnung und Stärke". Kirche und Staat fanden

32. Paulus-Garnison-kirche Ulm

in vielen Variationen zu einem harmonischen Verhältnis (gleiche Bedeutung von Festungs- und Kirchenbauten; St. Georg und der Monarch als christliche Vorbilder; Vaterland, Militär, König und Gott als einander zugeordnete Bezugsgrößen für Liebe, Treue und Dienst). Untrennbar erschienen Gottes Ehre, "Heil" des Heeres, Schutz des Vaterlandes und der Segen für die Menschheit. Vor allem wurde der Zusammenhang beschworen von katholischer Heiligenverehrung, militärischem Heldentum, Verherrlichung der Monarchie und des Militärs als gottgewollter Institutionen, indem Kaiser und König als vorbildliche Christen gleich den Heiligen und dem militärischen "Helden" St. Georg dargestellt wurden. Diese Botschaft sollte mit dem Garnisonkirchenbau - so Bischof Keppler - vermittelt oder demonstriert werden. Der Umstand, daß der württembergische König Wilhelm II. kein Katholik war, schien dabei unwichtig.

Streng nach dem Paritätsprinzip entstand in der Reichsfestung Ulm beinahe vis-à-vis von der St. Georgskirche das evangelische Gegenstück, die Pauluskirche, die dem lutherischen Motiv, "ain veste Burg" verpflichtet war. Eine weitere evangelische Garnisonkirche war im Jahre 1903 in Ludwigsburg erbaut worden. Auf Grund der protestantischen Bevölkerungsmehrheit in

Württemberg entsprach ihre Errichtung dem Paritätsgrundsatz und kam zugleich dem Interesse preußischer Militärpolitik an einer militärisch-überkonfessionellen Einheitlichkeit entgegen.

Mit dem Garnisonkirchenbau ging eine Welle neuer Denkmalserrichtungen einher. Beispielhaft für diese Entwicklung war die Gestaltung des Kirchplatzes und des Denkmalensembles an der Kieler Pauluskirche. Dort stiftete Kaiser Wilhelm II. eine Kruzifixgruppe des Berliner Bildhauers Gustav Eberlein (Mutter mit Kind, die vor dem Gekreuzigten die Hände erhebt). Anläßlich der Jahrhundertwende wurde das Denkmal in Anwesenheit des Kaisers, des Stationschefs und Generalinspekteurs der Marine, Admiral von Köster, und von Marineoberpfarrer Rogge am 20. Juni 1900 feierlich enthüllt. Die Anlage war als nationales "einheitliches Erinnerungszeichen" bzw. Nationaldenkmal für die Gefallenen der deutschen Kriegsmarine insgesamt gedacht,[92] zumal die Pauluskirche beiden christlichen Konfessionen zur Verfügung stand, so daß das Denkmal einen überkonfessionellen Geltungs-

33. Erinnerungszeichen, Kiel

anspruch verkörperte. Es propagierte eine "christliche" Identität der deutschen Seestreitkräfte als Garanten nationaler weltpolitischer Machtentfaltung. Es bezeugte eine fortschreitende Aufwertung des Soldaten, indem der Gekreuzigte nach dem Willen des Stifters wie ein Marine-Gefallener an den Holzplanken eines untergegangenen Schiffes erschien. Unweit davon stand ein Denkmal des Herzogs Friedrich Wilhelm von Mecklenburg, der in Ausübung seines Dienstes als Kommandant eines Torpedobootes[92] 1897 bei dessen Untergang den Tod erlitten hatte - analog einem Gefallenen. Beide Monumente - Kruzifixgruppe und Herzogsbildnis - waren auf dem ansteigenden Gelände des Kirchplatzes aufgestellt und bildeten so ein wirkungsvolles Ensemble, dessen Höhepunkt die Paulus-Garnisonkirche war. In ihr befand sich auch ein Kriegerdenkmal - eine Gedenktafel aus schwarzem Marmor mit Goldschrift für die Gefallenen des Holsteinischen Infanterie-Regiments Nr. 85. - Die Kieler Stiftungen waren kein Sonderfall. Auch die anderen Garnisonkirchen erhielten Gefallenen-Gedenktafeln, aufwendige figürliche und architektonische Mäler, die einer monarchisch-nationalen, militärischen Identifikation verpflichtet waren. Ähnliche Intentionen verfolgten zivil-bürgerliche Denkmalsinitiativen - in Deutschland insgesamt wie in den deutschen Kolonien (an mehreren Orten in Kamerun, in Windhoek, Tsingtau u.a.), teils sogar im Ausland, u.a. in Shanghai. Bei deren feierlicher Enthüllung waren Militärgeistliche zumeist anwesend und durch eine "Weihe"-Ansprache aktiv beteiligt. Im Rahmen der offiziell propagierten Denkmalsrezeption waren die Kirchen freilich auch mit einem energischen, überkonfessionell orientierten ideologischen Erwartungsdruck konfrontiert, der manche Schwierigkeit zur Folge hatte. So propagierten zum Beispiel die Festredner bei der Denkmalsenthüllung der Kieler Kruzifixgruppe eine stets zweifelsfreie Stellungnahme der Kirchen im Sinn der offiziellen Marine- und Kolonialpolitik. Militär und Kirchen erschienen so wieder als untrennbare Einheit! Vor allem die kolonialen Kämpfe führten mehrfach zu einer unmittelbaren Konfrontation mit der Waffengewalt und ihren Folgen. Nach der Beilegung der Kämpfe gab Kaiser Wilhelm II. in einem Erlaß vom 11. November 1909 neue Empfehlungen zur militärisch-kirchlichen Traditionspflege. Er regte die Errichtung von Gedenktafeln in Kirchen an für die in China und Deutsch-Südwest-Afrika gefallenen deutschen Soldaten.[93] Der Erlaß knüpfte an die Tradition kirchlich militärischen Totengedächtnisses und der Kriegerdenkmalspropaganda an, die damals erstmals ausdrücklich auf die Schutztruppen angewandt wurden - in enger Anlehnung an die kriegstheologischen Lehrtraditionen des "gerechten Krieges".[94] Maßgebende, modellhafte Bedeutung erlangten zum Beispiel die Denkmalsstiftungen des untergegangenen Kanonenbootes "Iltis" in Shanghai, Tsingtau und in der Wilhelmshavener Marine-Garnisonkirche (vgl. auch zahlreiche Gedenkpublikationen).

Denkmalspropaganda und Garnisonkirchenbau bildeten einen intentionalen Vermittlungszusammenhang militärisch-kirchlicher Traditionspflege, die über das wachsende Prestige nationaler und militärischer Wertvorstellungen

Aufschluß gab. Sie erfuhren eine erneute quasireligiöse Aufwertung. Es entstand ein monarchisch-autoritäres Bewußtsein, indem wieder Christentum und militärkonforme Gesinnung als exklusive Sinneinheit erschienen. Sie lag den regierungsoffiziellen Bemühungen zu Grunde, den steigenden Einfluß der Sozialdemokratie zu bekämpfen. Der neue Antisozialismus der Wilhelminischen Zeit begünstigte den militärkirchenpolitischen Reformkurs und das imposante Garnisonkirchenbauprogramm, das zugleich das althergebrachte Zusammenwirken von Kirchen und Militär beschwor. Diese Entwicklung barg gewisse Risiken, die jahrhundertealten konfessionsübergreifenden (kriegs)theologischen Gemeinsamkeiten einseitig zu betonen, dagegen die spezifisch konfessionellen Belange zu vernachlässigen. Diese Tendenz verschärfte sich noch durch den interkonfessionellen Wettstreit und verknüpfte sich gelegentlich sogar mit der (militärisch-zivilen) Rivalität, die zwischen Volksvertretung, dem Reichstag, und monarchischer Spitze des Militärs bestand, so zum Beispiel beim Garnisonkirchenbau in Wilhelmshaven. Die dortige Elisabeth-Kirche diente als Marine-Garnisonkirche für Katholiken und Protestanten, stand aber auch der evangelischen bzw. katholischen Zivilgemeinde zur Verfügung. Das Gebäude war bald schon den Anforderungen nicht mehr gewachsen. Die Errichtung eigener Kirchengebäude für die konfessionsverschiedenen Marine-Kirchengemeinden schien unumgänglich. "Die evangelische Civilgemeinde trat zuerst mit diesem Wunsche hervor ... Bald darauf erhielt die Gemeinde ein kaiserliches Gnadengeschenk von 200.000 Mk für den Neubau einer Kirche, der dann alsbald begonnen wurde. Schneller kam die katholische Militärgemeinde zum Ziel. Sie ließ durch die Centrums-Abgeordneten eine entsprechende Forderung beim Reichstag stellen, der dies ohne weiteres annahm."[95] Zwar gingen entscheidende Initiativen für die Neubauten letztlich vom Berliner Kriegsministerium aus. Daran hatte aber die Zentrumspartei offenbar einen ausschlaggebenden Anteil. In enger Absprache mit dem Katholischen Feldpropst engagierte sich das Zentrum für den Ausbau der Militärseelsorge überhaupt. Für die katholische Marineseelsorge setzte sich besonders der Zentrumsabgeordnete Peter Lingens aus Aachen ein.

Denkmalsweihe und Enthüllungsfeiern im Konflikt zwischen kirchlich-konfessioneller und national-"religiöser" Identität

Die offizielle Rechtfertigung der allgemeinen staats- und verfassungspolitischen Verhältnisse gab den großen christlichen Kirchen eine hervorragende, zugleich bindende Stellung, indem der militärisch errungene, preußisch deutsche Nationalstaat als Ausdruck göttlichen Willens im Sinne rechtmäßiger Obrigkeit "von Gottes Gnaden" verstanden wurde. Solche staats- und national-religiöse Auffassung ermutigte die Militärbehörden zu erhöhten Forderungen und beengte so den Bewegungsraum kirchlich konfessioneller Eigenständigkeit. Kirchliche Bemühungen um eine deutlichere Profilierung der konfessionellen Identität und um eine angemessenere Beachtung regionaler und innerkirchlicher Strukturen stießen im Militär zunächst auf vielfältige Widerstände. Vor allem der Mangel einer zweifelsfreien, theologisch fundierten Abgrenzung von staats- und militärpolitischen Grundlagen verursachte beinahe periodische Auseinandersetzungen. Zu den frühen Konfliktfeldern gehörte das moderne Gefallenengedächtnis in Elsaß-Lothringen, wo die Anlage interkonfessioneller Gräberfelder bereits zu vereinzelten Protesten geführt hatte. Die Intensivierung militärischer Traditionspflege, insbesondere die vermehrte Denkmalserrichtung löste in Wilhelminischer Zeit eine konfessionell orientierte Opposition aus, die in Westfalen ihren Ursprung hatte.

Auf Initiative des Bielefelder Pastors Friedrich von Bodelschwingh wurde eine "Reformbewegung" christlicher Kriegervereine begründet. Sie bemühte sich um eine kirchlich-religiöse Profilierung und Differenzierung des öffentlichen Kriegs- und Gefallenengedenkens, ohne dabei auf traditionelle Formen zu verzichten. Der ersten Vereinsgründung in Werther waren 1889 und 1895/97 weitere gefolgt. Die evangelischen, ostwestfälischen Aktivitäten lösten aber Proteste des "Kriegerverbandes für Stadt und Landkreis Bielefeld" aus. Sein Vorwurf lautete: Konfessionalismus. Die Vorgänge waren am 15. Februar 1896 im Reichstag zur Sprache gekommen und hatten auch den Bundesvorstand des deutschen Kriegerbundes zu Gegenmaßnahmen veranlaßt.[96] Die staatlichen Behörden - von westfälischen Landräten bis zum preußischen Innenministerium - berieten darüber, die Neugründung christlicher Kriegervereine zu verhindern. Inzwischen hatte sich auch ein katholischer Kriegerverein gebildet, der "Gesellige Militär-Verein St. Mauritius" in Berlin - unter namhafter Beteiligung des aus Paderborn gebürtigen Militäroberpfarrers Heinrich Vollmar, des späteren Generalvikars und Feldpropstes.

Die Schwierigkeiten der Staatsbehörden mit den Reformbemühungen christlicher Kriegervereine spitzten sich in den folgenden Jahren in der Grundsatzfrage weiter zu, ob bzw. wie kirchlich-religiöse Bindungen sowie militär- und nationalideologische Anforderungen miteinander zu vereinbaren waren. Dabei gerieten Geistliche immer wieder in ein empfindliches Dilemma: Einerseits erlaubten die verschiedenen kirchlich-theologischen Lehrtraditionen keinen Zweifel an der staatlich-militärischen Obrigkeit "von Gottes Gnaden" und an deren Denkmalspolitik, zumal jede Regierungskritik nach zeitgenössischem Empfinden im Ideologieverdacht revolutionär-atheistischer, sozialdemokratischer Bestrebungen oder gar einer konfessionalistischen Abgrenzung stand. Andererseits begünstigte die überkonfessionell-nationale Orientierung des öffentlichen Gefallenengedenkens Tendenzen zu einer pseudoreligiösen Aufwertung nationaler und militärischer Bewußtseinsinhalte. Auch der Kaiser als übergeordnete Autorität wies aus diesem Zwiespalt keinen Ausweg. Vielmehr konnten die autoritativen Äußerungen Wilhelms II. sowohl in der einen wie in der anderen Richtung verstanden werden, wenn er zum Beispiel einerseits den freiwilligen Kirchenbesuch im Militär empfahl oder die Kirchenzugehörigkeit als Vorbedingung der Ausbildung des Offizierkorps forderte, andererseits aber zwischen Kirchen und Militär nur wenig differenzierte. Die unzureichende Profilierung der divergierenden (pseudeo-)religiösen Elemente verringerte den Verhaltensspielraum der Geistlichen im Spannungsfeld von Kirchen, Vereinen und Militär und löste einen vielfachen Kompetenzstreit kirchlicher und staatlicher Behörden aus.[97]

Schließlich eskalierte der Streit bei Veranstaltungen des Gefallenengedenkens. Mehrfach weigerten sich katholische Priester, zusammen mit ihrem evangelischen Kollegen an einer Denkmalsweihe teilzunehmen. Diese Vorfälle wirkten besonders peinlich, weil sie das erwünschte Einheitsprinzip und das Gefühl militärischer Zusammengehörigkeit verletzten. Eine erneute Denkmals-Affäre im ostwestfälischen Minden gab dann den Anlaß einer generellen Lösung durch eine Dienstvorschrift des preußischen Kriegsministeriums:

Bei der 100-Jahrfeier des Hannoverschen Pionier-Bataillons Nr. 10 in Minden setzte der katholische Propst Bergmann die Errichtung zweier Altäre für den Jubiläumsgottesdienst und den nach Konfessionen getrennten Truppenaufmarsch durch. Zu Beginn der evangelischen Feier zog er sich dann wegen "Unpäßlichkeit" zurück. Die Mindener Affäre erregte Aufsehen und veranlaßte das Berliner Kriegsministerium am 18. Dezember 1904 zur Einführung der sogenannten "Militärischen Feier mit religiöser Weihe".[98]

Kriegsministerium.   Berlin W 60, den 18. Dezember 1904
Nr. 323/11.04.C 3.   Leipzigerstr. 5

Die Wahrnehmung, daß die Bedeutung des § 91 Abs. 2 E./§ 81 Abs. 2 K. M. D. nicht immer richtig erkannt wird, gibt dem Kriegsministerium zu folgenden Bemerkungen Veranlassung.

Die Gottesdienste beider Bekenntnisse werden regelmäßig in Garnison- oder Zivilkirchen / §§ 81. 82 E./72. 73. K. M. D. / in Ermangelung solcher in geeigneten sonstigen Räumen abgehalten. Im Freien finden sie nur ausnahmsweise, und zwar nur dann statt, wenn hierzu ein besonderes Bedürfnis vorliegt ... Es versteht sich von selbst, daß der unter solchen Umständen an die Stelle des regelmäßigen Gottesdienstes in der Kirche tretende "Gottesdienst im Freien" nur ein konfessioneller / § 91/81 Absatz 2a a. O. / sein, d.h. in den Formen des regelmäßigen Militärgottesdienstes eines der beiden Bekenntnisse verlaufen kann....

Völlig verschieden von diesen "Gottesdiensten" sind militärische Feiern mit religiöser Weihe, wie sie z.B. anläßlich der Jubiläen von Truppenteilen, an militärischen Gedenktagen, bei Denkmalsweihen und dergleichen vorkommen. An diesen nehmen mit Rücksicht auf ihren militärischen Charakter die in Frage kommenden Truppenteile usw. naturgemäß geschlossen teil. Eine Trennung nach Bekenntnissen erfolgt ebensowenig wie bei den feierlichen Handlungen gelegentlich der Rekrutenbeeidigung /§ 115 Abs. 2 E/§105 Abs. 2 K. M. D. / Die Ansprachen der Geistlichen beider Bekenntnisse werden von der gleichen Rednertribüne aus gehalten.

Darauf zu achten ist nur, daß das militärische Gepräge der Feier im Gegensatz zur kirchlichen auch äußerlich zum Ausdruck kommt. Es wird daher beispielsweise das Sprechen von Gebeten, die Spendung des Segens, die altarartige Ausstattung der Rednerbühne zu unterbleiben haben. Ferner hat der katholische Geistliche nicht die/nur für kirchliche Handlungen bestimmten/liturgischen Gewänder, sondern die für festliche Anlässe in § 53 K.M.D. vorgeschriebene römische Soutane mit Schärpe anzulegen, während der evangelische Geistliche den/auch für besondere nicht kirchliche Festlichkeiten vorgesehenen/Talar trägt. Insbesondere ist die Bezeichnung "Gottesdienst" für diese Feiern zu vermeiden. Andererseits wird durch das Singen eines beiden Konfessionen gemeinsamen Chorals der Rahmen einer militärischen Feier mit religiöser Weihe nicht überschritten. Bei einer solchen steht auch natürlich nichts im Wege, daß ein Befehlshaber von derselben Rednerbühne aus, von der die Geistlichen ihre Ansprachen gehalten haben, ein Hoch auf seine Majestät den Kaiser und König ausbringt.

Für die vor seiner Majestät abzuhaltenden Feiern gelten diese Bestimmungen nur insoweit, als nicht besondere Anordnungen für den einzelnen Fall getroffen werden.

gez. von Einem ...[98]

Die neue Dienstvorschrift ergänzte die Evangelische bzw. Katholische Militärkirchliche Dienstordnung (E/KMD) über "Feldgottesdienste" und "sonstige Gottesdienste im Freien". Sie waren bisher bei Denkmalserrichtung oder -enthüllung stets unter konfessioneller Trennung der Truppen durchgeführt worden. Die Neuregelung unterschied den regulären konfessionellen Gottesdienst (Zeile 15-23) von den "militärischen Feiern mit religiöser Weihe", das heißt: von Jubiläumsveranstaltungen, Gedenktagen und Denkmalsweihen, an denen auch Geistliche beteiligt waren, ohne, daß eine Trennung der beteiligten Truppen nach Konfessionen erfolgte. Die "militärische Feier mit religiöser Weihe" hatte primär "militärischen Charakter", der "naturgemäß" eine Trennung nach Konfessionen ausschließe, wie es auch bei Rekrutenvereidigungen der Fall sei. Dabei sollten Ansprachen der Geistlichen stattfinden, ohne die militärische "Geschlossenheit" zu belasten. Dazu wurden detaillierte Bestimmungen erlassen: gemeinsame Rednerbühne (ohne altarähnliche Gestaltung), Verzicht auf die Bezeichnung "Gottesdienst", auf Gebete, Segensspendung, auf liturgische Gewänder und auf Lieder, die nur einer Konfession bekannt waren (Zeile 24-39). Die Ansprachen sollten sich auf einen überkonfessionellen Minimalkonsens besinnen und waren mit einer kirchlichen "Weihe" im theologischen Sinn oder mit einem Gottesdienst nicht zu verwechseln.

Die "religiöse Weihe" war im überkonfessionellen Sinn zu verstehen, schloß aber auch die Bedeutung nationaler, militärischer und religiöser Inhalte mit ein. Entsprechend ablehnend fiel die zeitgenössische Kritik aus - vor allem aus evangelischer Sicht. Der württembergische Feldpropst Blum verlangte, der kirchliche Charakter der Denkmalsweihen solle weiterhin erhalten werden, anstatt die preußische Neuregelung zu übernehmen. Die bayerische Zeitschrift "Die Wartburg" kritisierte den Erlaß besonders heftig: "Was hat bei dieser Art von Feiern eigentlich der Geistliche überhaupt zu sprechen? Der statt Gebet und Segen das Hurra ausbringt, hält doch am besten auch die Rede." Zustimmung erfuhr die neue Vorschrift in Sachsen und in anderen Bundesstaaten. Die süddeutsche Kritik setzte sich nicht durch. Die neue Vorschrift verdeutlichte den wachsenden ideologischen Druck, dem die Kirchen ausgesetzt waren. Gegenüber dem wachsenden Gewicht militärideologischer und überkonfessionell "christlicher" Normen gerieten die Kirchen in die Defensive.

Kriegerdenkmal - Rundbau mit antikisierendem Figurenfries - in Münster 1909 - Anstatt eines Provinzialdenkmals

Objektskizze: Monumentaler Rundbau aus Kalkstein (Umfang: ca. 23 Meter) mit ausladender Sockelzone, Figurenfries mit Nischen/Pilastergliederung, darüber die Inschrift: "1864 / 1870-71 / 1866 / Zum Gedenken an die / Kriege und Siege und die / Neuerrichtung des Reiches", unter einem der Figurenpaare: Name des Künstlers und Enthüllungsjahr, oberer Abschluß, (ehemals) bekrönt von einem Ring stilisierter Adler.[99]

In Münster hatten sich Bürgerinitiativen früher schon vergeblich darum bemüht, die Stadt zum Aufstellungsort eines Provinzial(kaiser)denkmals zu bestimmen. Beim provinzialen Wettbewerb waren die münsterischen Vorschläge in die engere Wahl einbezogen worden[99]; nachdem aber andere Projekte an der Porta Westfalica und in Hohensyburg bevorzugt worden waren, folgten in Münster weitere Initiativen, die 1909 schließlich zum Ergebnis führten: dem Kriegerdenkmal am Landeshaus.

Einen ehrgeizigen, provinzialen Anspruch demonstrierten die Denkmalsstifter schon mit der Wahl des Aufstellungsortes in Münster - beim Mauritztor am Landeshaus des Provinziallandtages der Provinz Westfalen. Dort sollte das neue Objekt aus Muschelkalkstein in grüner Umgebung der angrenzenden Promenade leuchten und mit der Kulisse des vor wenigen Jahren erst neuerrichteten Landeshauses ein wirkungsvolles Ensemble bilden - wiederum in einer Konfrontation von Volksvertretung und dem militärisch monumentalen Pendant. Dabei beeindruckten auch die Größenverhältnisse, die unübertroffen blieben: Mit einem Umfang von ca. 23 Metern wurde es das

34. Kriegerdenkmal in Münster 1909

größte Denkmal in Münster. Mit der äußeren Größe und dem Aufstellungsort trug die Stadt ihrer exponierten Stellung als Provinzialhauptstadt Rechnung. Dieser Position entsprach zugleich die aufwendige künstlerische Konzeption von Bernhard Frydag mit einer Fülle attraktiver Anleihen: in der Gesamtform des runden Baukörpers mit dem monolithisch wirkenden oberen Abschluß (vgl. Theoderich-Grabmal in Ravenna), in der schräg abgeschlossenen Sockelzone und in der Nischen- und Pilastergliederung der mittleren Ebene (vgl. Hamburger Bismarck-Denkmal und Hermannsdenkmal bei Detmold), beim Skulpturenschmuck (vgl. Monument aux Morts auf dem Pariser Friedhof Père Lachaise, Befreiungshalle in Kelheim und wieder das Bismarck-Denkmal in Hamburg). Alles in allem wirkte das Denkmal "... durch seine ausladende Sockelzone und die sorgfältige Aneinanderfügung seiner Bausteine aus größerer Distanz wie ein dem Erdgrund entwachsener monolither Block"[100] - inmitten der Promenade, die, aus der mittelalterlichen Stadtbefestigung entstanden, in volkstümlicher Anschauung als Ausdruck der geschichtsmächtigen Wehrhaftigkeit zu verstehen war. Aus diesem symbolträchtigen Erdgrund erwuchs so ein Rundbau, der das neudeutsche "Reich" verkörperte; denn die Deckplatte mit den stilisierten Reichsadlern gründete auf dem grabähnlichen Rundbau, der die Leistungen der Gefalle-

99

35. Kriegerdenkmal in Münster (Ausschnitt)

nen als Fundament des preußisch-deutschen "Reiches" würdigte: "Zum Gedenken an die Kriege und Siege und die Neuerrichtung des Reiches" (Inschrift). Diese Widmung knüpfte wieder an die neudeutsche Reichsromantik an. Die ursprüngliche Gestaltung des Aufstellungsortes mit einem breiten Treppenaufgang aus der Tiefe des großen Rasenvorgeländes akzentuierte die Inschriftfläche besonders wirkungsvoll.

Besondere Aufmerksamkeit zog das Figurenrelief auf sich - nicht zuletzt durch die antikisierenden, nackten Krieger, wie sie ansonsten nur auf der Berliner Schloßbrücke aus den Jahren 1845/57 (nach ursprünglichen Entwürfen von Karl Friedrich Schinkel), dann - bis 1909 - lediglich aus Karlsruhe, München, Düsseldorf, Elbing und Pforzheim bekannt waren. Der Wechsel der Reliefs mit Mauervertiefungen erweckte den Eindruck einer Rotunde, die je nach Standort einen Durchblick gewährte und so den Eindruck eines Hohlraums vermittelte. Sechs Hochreliefs gliedern den Figurenfries: 1. Krieger in Rückenansicht, dem eine weibliche, gewandete Figur zur Seite steht (links oberhalb der Widmungsinschrift, fortlaufend nach rechts), 2. Krieger nach vorn mit vorangestelltem Schwert, daneben eine weibliche, gewandete Figur mit gesenktem Kopf, einen Lorbeerkranz (als Auszeichnung für die Gefallenen) in der Rechten, die Linke als Zeichen der Trauer auf der Schulter des Kämpfers, 3. Krieger in Rückenansicht mit einem Löwen, 4. Krieger in Rückenansicht mit einem Schwert, das zum Schlag auf einen Löwen (mit Kugel) bereitgehalten wird, 5. Krieger in Seitenansicht mit ergriffenem Schwert, daneben eine Kriegsfurie mit brennenden Fackeln, 6. Krieger nach vorn mit Schwert, antiker Fechthaube über dem Gesicht und einem Löwenfell um die Lenden, daneben ein anderer Krieger mit der Kriegstuba.

Auffällig ist die Neigung der Köpfe, die einen Grundton der Trauer und Melancholie andeutete, der an die "trauernde" Germania von 1872 erinnern konnte, ansonsten aber unter den zeitgenössischen Denkmälern selten war. Wer wollte, mochte eine Handlungsfolge erkennen: Abschied, Kampfbegegnung, Kriegstod, Trauer und Sieg. Antike Anleihen wurden verwandt in der klassizistisch archaisierenden Stillage, der herkuleischen Charakterisierung der Kriegerfiguren und der attributiven Verweise auf kämpferische Tugenden. Gleich Atlanten halten sie den Bauabschluß, der mit den sechs vorstehenden stilisierten Reichsadlern auf der Deckplatte mit dem preußisch-deutschen Nationalstaat zu identifizieren war. Abgesehen von solch aktuellen Verweisen und der Inschrift, enthielt das Bauwerk jedoch keine der zeittypischen Konkretisierungen des Eisernen Kreuzes, der Devise "Mit Gott für König und Vaterland" o.ä.

Indem das Denkmal keine Namenstafeln für Gefallene erhielt, folgte der Künstler einer kollektiven Intention. Sie korrespondierte mit dem überörtlichen, provinzialen Geltungsanspruch und der nationalen Widmung. "... individuelles Heldentum galt es nicht zu dokumentieren, sondern ein für deutsch gehaltenes Urbild von Kampf, Kraft und Kriegertum sollte veranschaulicht werden ..." [101] Dieser Intention dienten auch die Nacktheit und die antikische Gewandung der Figuren, um individuelle oder persönliche Bezüge auszublenden. So gesehen, erfüllten die Nacktheit und andere antikisierende Anleihen die gleiche Absicht des Künstlers wie anderswo die Uniform, denn sie "...ersetzt vielleicht den idealen Körper und bringt das 'Partikuläre' zum Verschwinden. Wir sehen den Krieger in der soldatischen Gemeinschaft, kämpfend und unterliegend, während die anderen Mitglieder dieser Gemeinschaft 'die Sache des Vaterlandes' weiter verfolgen". [102] - In stilgeschichtlicher und ikonographischer Hinsicht nahm das antikisierende Kriegerdenkmal die spätere Entwicklung vorweg. Im Gesamtspektrum vor Ort gilt es bis heute als "das künstlerisch bedeutendste Kriegerdenkmal". [103]

Kriegerdenkmal - St. Michael - in Senden 1909
Katholische Frömmigkeit und Gefallenengedächtnis

Objektskizze: St. Michael - lebensgroße Bronzeplastik auf mehrstufigem, sarkophagähnlichem Unterbau mit Inschrift auf der vorderen Fläche des Sarkophagteiles: "Ruht in Euren Heldenehren" - "Ihren tapferen Kriegern die Gemeinde Senden / 1909 / Es starben für König und Vaterland / 1815 Joh. Bernh. Ewald gen. Grothues 1866 ...", Stelen mit Namenslisten und hinterfangene Mauer als spätere Erweiterung für die Gefallenen des Ersten bzw. Zweiten Weltkrieges.[104]

36. Kriegerdenkmal in Senden 1909

Außerordentlich selten waren religiöse Figuren unter den Kriegerdenkmälern katholischer Gemeinden der Wilhelminischen Zeit. Eine Ausnahme bildeten die beiden St. Michaels-Kriegerdenkmäler, die der Berliner Bildhauer Wilhelm Haverkamp für Lüdinghausen und für seine Heimatgemeinde Senden schuf.[104] Sie verknüpften katholische Frömmigkeit als religiöse Sichtweise mit dem Gefallenengedächtnis und nahmen so die Entwicklung der Denkmalsgestaltung im Ersten Weltkrieg und in Weimarer Zeit teils schon vorweg.

102

6. Der Erste Weltkrieg - Krise national-deutscher Machtentfaltung 1914 - 1918

Der Erste Weltkrieg war ein krisenhafter Höhepunkt des preußisch-deutschen Nationalstaates in seiner christlich geprägten Rechtfertigung "von Gottes Gnaden", zugleich eine Endphase in der monarchisch legitimierten Privilegierung der christlichen Kirchen in Öffentlichkeit, Militär- und Schulwesen. Diese existentielle Herausforderung spiegelte sich wiederum in der Ordenserneuerung und -erweiterung des Eisernen Kreuzes, in kaiserlichen Erlassen zur einheitlichen und schlichten Gestaltung von Kriegergräbern, von Kriegerdenkmälern und Gedenkblättern, die jeweils dem Konzept der "Kriegerehrung" und deren militär-ideologischen Wertvorstellungen verpflichtet waren. Die krisenhafte Entwicklung zeigte sich schließlich in einem "inflationären" kirchlichen Schrifttum mit der Veröffentlichung von Musterpredigten unter Beteiligung höchster Autoritäten des deutschsprachigen katholischen Episkopats, auch der Kirchenführer und Theologen evangelischer Konfession. Die Predigtempfehlungen folgten der kriegstheologischen Tradition des "gerechten" oder gar "heiligen" Krieges und waren Ausdruck eines religiösen Hochgefühls. Dies wurde noch verstärkt durch aufschlußreiche, populäre Bildillustrationen, die die kirchliche Kriegerdenkmalsentwicklung der Weimarer Zeit vorwegnahmen. Auf jüdischer Seite gab es vergleichbare Musterveröffentlichungen, die unzweideutig eine national-deutsche Identität und die Gleichberechtigung propagierten - der sich wieder verstärkenden antisemitischen Hetze zum Trotz.
Das religiöse, kirchliche Engagement erfuhr vielfältigen Rückhalt in der Heimatbevölkerung und unter Verbänden. Es erschöpfte sich freilich nicht in Kriegspredigten und -propaganda, sondern umfaßte ebenso humanitäre Betreuung, insbesondere den persönlichen Beistand. Geistliche predigten und lebten ihre Solidarität mit den Soldaten unter Einsatz ihres Lebens. Jedoch erfüllten sich viele Erwartungen nicht. Anstatt einer raschen Kriegsentscheidung gab es jahrelange Kriegsleiden und -entbehrungen. Jegliche Kriegskritik (z.B. auf Kriegspostkarten) fiel der Zensur zum Opfer. Mit zunehmender Kriegsdauer setzte ein starker Stimmungswandel an der Front wie auch in der Heimat ein. Darüber wurden zahlreiche amtliche Berichte angefertigt, die teils unmittelbaren Bezug nahmen auf zeitgenössische Denkmalspropaganda, deren Aussagen über Krieg, Gewalt und Tod.

Erneuerung/Erweiterung des Eisernen Kreuzes 1914/15

Urkunde über die Erneuerung des Eisernen Kreuzes.
Vom 5. August 1914.

Wir Wilhelm, von Gottes Gnaden König von Preußen u.

Angesichts der ernsten Lage, in die das teure Vaterland durch einen ihm aufgezwungenen Krieg versetzt ist, und in dankbarer Erinnerung an die Heldentaten unserer Vorfahren in den großen Jahren der Befreiungskriege und des Kampfes für die Einigung Deutschlands, wollen Wir das von Unserem in Gott ruhenden Urgroßvater gestiftete Ordenszeichen des Eisernen Kreuzes abermals wiederaufleben lassen.

Das Eiserne Kreuz soll ohne Unterschied des Ranges und Standes an Angehörige des Heeres, der Marine und des Landsturmes, an Mitglieder der freiwilligen Krankenpflege und an sonstige Personen, die eine Dienstverpflichtung mit dem Heere oder der Marine eingehen, oder als Heeres- und Marine-Beamte Verwendung finden, als eine Belohnung des auf dem Kriegsschauplatz erworbenen Verdienstes verliehen werden. Auch solche Personen, die daheim sich Verdienste um das Wohl der deutschen Streitmacht und der seiner Verbündeten erwerben, sollen das Kreuz erhalten.

Demgemäß verordnen Wir, was folgt:

1. Die für diesen Krieg wieder ins Leben gerufene Auszeichnung des Eisernen Kreuzes soll, wie früher, aus zwei Klassen und einem Großkreuze bestehen. Die Ordenszeichen sowie das Band bleiben unverändert, nur ist auf der Vorderseite unter dem W mit der Krone die Jahreszahl 1914 anzubringen.

2. Die zweite Klasse wird an einem schwarzen Bande mit weißer Einfassung im Knopfloch getragen, sofern es für Verdienst auf dem Kriegsschauplatz verliehen wird. Für daheim erworbenes Verdienst wird es am weißen Bande mit schwarzer Einfassung verliehen. Die erste Klasse wird auf der linken Brust, das Großkreuz um den Hals getragen.

3. Die erste Klasse kann nur nach Erwerbung der zweiten verliehen werden und wird neben dieser getragen.

4. Die Verleihung des Großkreuzes ist nicht durch vorherige Erwerbung der ersten und zweiten Klasse bedingt. Sie kann nur erfolgen für eine gewonnene entscheidende Schlacht, durch die der Feind zum Verlassen seiner Stellungen gezwungen wurde, oder für die selbständige, von Erfolg gekrönte Führung einer Armee oder Flotte, oder für die Eroberung einer großen Festung oder für die Erhaltung einer wichtigen Festung durch deren ausdauernde Verteidigung.

5. Alle mit dem Besitze des Militär-Ehrenzeichens erster und zweiter Klasse verbundenen Vorzüge gehen, vorbehaltlich der verfassungsmäßigen Regelung einer Ehrenzulage, auf das Eiserne Kreuz erster und zweiter Klasse über.

Urkundlich unter Unserer Höchsteigenhändigen Unterschrift und beigedrucktem Königlichen Insiegel.
Gegeben Berlin, den 5. August 1914.
(L. S.) Wilhelm ...[105]

Verordnung, betreffend Erweiterung der Urkunde über die Erneuerung des Eisernen Kreuzes vom 5. August 1914.

Wir Wilhelm, von Gottes Gnaden König von Preußen usw., verordnen in Erweiterung der Urkunde über die Erneuerung des Eisernen Kreuzes vom 5. August 1914, was folgt:
1. Das Eiserne Kreuz soll in geeigneten Fällen auch an Angehörige der verbündeten Mächte verliehen werden.
2. Ziffer 2 der Urkunde vom 5. August 1914 erhält folgende Fassung:
Die zweite Klasse wird an einem schwarzen Bande mit weißer Einfassung im Knopfloch getragen, sofern es für Verdienst auf dem Kriegsschauplatz verliehen wird. Für daheim erworbenes Verdienst wird es am weißen Bande mit schwarzer Einfassung verliehen, soweit nicht auf Grund besonderer militärischer Verdienste die Verleihung am schwarzen Bande mit weißer Einfassung erfolgt. Die erste Klasse wird auf der linken Brust, das Großkreuz um den Hals getragen.
Urkundlich unter Unserer Höchsteigenhändigen Unterschrift und beigedrucktem Königlichen Insiegel.
Gegeben Großes Hauptquartier, den 16. März 1915.
(L. S.) Wilhelm ...[105]

Verordnung, betreffend Erweiterung der Urkunde über die Erneuerung des Eisernen Kreuzes vom 5. August 1914.

Wir Wilhelm, von Gottes Gnaden König von Preußen usw. verordnen in Erweiterung der Urkunde über die Erneuerung des Eisernen Kreuzes vom 5. August 1914 was folgt:
Die Inhaber des Eisernen Kreuzes 2. Klasse von 1870/71, die sich im jetzigen Kriege auf dem Kriegsschauplatz oder in der Heimat besondere Verdienste erwerben, erhalten als Auszeichnung eine auf dem Bande des Eisernen Kreuzes über dem silbernen Eichenlaub zu tragende silberne Spange, auf der ein verkleinertes Eisernes Kreuz mit der Jahreszahl 1914 angebracht ist.
Urkundlich unter Unserer Höchsteigenhändigen Unterschrift und beigedrucktem Königlichen Insiegel.
Gegeben Großes Hauptquartier, den 4. Juni 1915.
(L. S.) Wilhelm ...[105]

Die Vorstellungen, die König Wilhelm II. mit der Erneuerung des Eisernen Kreuzes als Verdienstorden verband, führte er in den einleitenden Zeilen seines Gesetzes vom 5. August 1914 aus (Zeile 4-9). Sie stimmten in wesentlichen Teilen mit der Erneuerungsurkunde von 1870 wörtlich überein, so daß die frühere ideologische Konstellation, die dynastisch-patriarchalische und apolitische Tendenz nationaler und militärischer Bedeutungsinhalte aufrechterhalten waren. Aufschlußreich sind aber auch einige Textänderungen oder -ergänzungen, mit denen die Aussagen von 1870 teils verschärft teils erweitert wurden. So wurde die "ernste Lage des Vaterlandes" in der Urkunde von 1870 im Jahre 1914 abgewandelt in eine "ernste Lage, in die das teure Vaterland durch einen ihm aufgezwungenen Krieg versetzt ist, ..." (Zeile 3 f.). In diesen Worten äußerten sich zeitgenössisches Empfinden sowie die offizielle Rechtfertigungsideologie des "gerechten Befreiungskampfes", wie sie schon bei der Einweihung des Völkerschlacht(-Krieger-)denkmals bei Leipzig (für den Sieg über Napoleon I. 1913) ein Jahr zuvor vorbereitet worden war. So galt auch weiterhin der enge Vermittlungszusammenhang von Ordens- und Denkmalspropaganda, zum Beispiel in dem Bemühen, den Gefallenentod früherer Kriege als Vorbild und Ansporn zu ähnlichen militärischen Leistungen zu nutzen (Zeile 5 ff.). Die "Befreiungskriege" 1813 und "der Kampf für die Einigung Deutschlands" 1864 - 1871 und schließlich die "aufgezwungene" Verteidigung national-deutscher Errungenschaften erschienen als kontinuierliche, sinnvolle Entwicklungslinie und als jedermann verpflichtendes Vermächtnis (Zeile 4-7). Dazu wurde das traditionelle Gleichheitsprinzip - "ohne Unterschied des Ranges und Standes" (Zeile 10 ff.) - ausdrücklich wiederholt und entsprechend der modernen Kriegführung auf einen erweiterten Personenkreis bezogen. Er war nicht mehr einfach nur auf Heeresangehörige beschränkt, sondern er schloß ebenso die Marine, die Militärbeamtenschaft, Vertragsverpflichtete in unterschiedlichen Funktionen, die freiwillige Krankenpflege (u.a. das Rote Kreuz) und zivile Hilfsdienste im rückwärtigen Raum ein (Zeile 10-17). Anders als in den früheren Ordensstiftungen von 1813 und 1870 war 1914 nicht mehr bloß von preussisch-"vaterländischer" Bedrohung die Rede. Darüber hinaus wurde der national-deutsche Zusammenhang erwähnt: "das Wohl der deutschen Streitmacht und der seiner Verbündeten" (Zeile 15 f.). Konsequenterweise wurde der Personenkreis der Ordensempfänger unter dem 16. März 1915 noch einmal erweitert auf "Angehörige der verbündeten Mächte". Auf diese Weise erhielt das (preußische) Eiserne Kreuz noch stärker als zuvor einen nationaldeutschen Symbolcharakter. Auch die Ordensstatuten für beide Klassen und das Großkreuz wurden hinsichtlich der äußeren Gestaltung, Trageweise und besonderen Vergünstigungen aus dem Jahr 1870 weitgehend übernommen, ausgenommen die veränderte Jahreszahl "1914" und der zusätzliche Hinweis auf die "Flotte", bzw. die Seekriegführung. Die spätere Differenzierung der Ordensauszeichnung am "schwarzen Band mit weißer Einfassung" oder umgekehrt "für Verdienst auf dem Kriegsschauplatz" oder "daheim" knüpfte an vergleichbare Bestimmungen aus dem Jahre 1813 an, wo es um Verdienste

bei unmittelbarer Feindberührung ging. Eine zweite "Erweiterung" vom 4.
Juni 1915 brachte eine neue Abstufung: für Ordensträger des deutsch-französischen Krieges eine auf dem Band des Eisernen Kreuzes über dem silbernen Eichenlaub zu tragende silberne Spange, auf der ein verkleinertes Eisernes Kreuz mit der Jahreszahl 1914 angebracht ist", für "besondere Verdienste". - Eine ungewöhnliche Variante des Eisernen Kreuzes erhielt Generalfeldmarschall von Hindenburg für die erfolgreiche Einleitung der am 21.
März 1918 begonnenen Offensive: das Eiserne Kreuz auf einem Stern mit
goldenen Strahlen, wie es zuvor nur an Blücher im Jahre 1815 verliehen
worden war.

Ergänzend zum Eisernen Kreuz erließen auch andere Bundesstaaten, zum
Beispiel das Fürstentum Lippe-Detmold, Kriegsauszeichnungen. Sie wurden
aber, anders als das Eiserne Kreuz, nicht nach dem Gleichheitsprinzip, ungeachtet der bundesstaatlichen Zugehörigkeit verliehen, sondern lediglich an
Landesangehörige oder nur an bestimmte Dienstgradgruppen. Auch in diesem Zusammenhang zeichnete sich vor allem das Eiserne Kreuz durch seine
überregionale, nationale Bedeutung und durch die Affinität zum Denkmalswesen aus. Dies spiegelte sich ebenso in der britischen Gegenpropaganda,
zum Beispiel einem Flugblatt.[106] Dort wurde ein Eisernes Kreuz mit der Aufschrift: "Deutscher Soldat: Des Sieges Lohn" gleich einem großen Krie-
ger(grab)denkmal sinnfällig dargestellt, auf das ein Soldat von einem "General" genagelt, bzw. "gekreuzigt" wurde. Diesem Bild lag zugleich das anklagende, provokative Motiv der biblischen Kreuzigung Christi zugrunde.

37. Alliiertes Flugblatt 1918

Stiftung von Gedenkblättern 1915/16

Gedenkblatt für die Angehörigen der für das Vaterland gefallenen Krieger.
Ich will den Angehörigen der im Kampf um die Verteidigung des Vaterlandes gefallenen Krieger des preußischen Heeres in Anerkennung der von den Verewigten bewiesenen Pflichttreue bis zum Tod und in herzlicher Anteilnahme an dem schweren Verlust ein Gedenkblatt nach dem Mir vorgelegten Entwurf verleihen. Das Kriegsministerium hat das Weitere zu veranlassen.
Großes Hauptquartier, den 27. Januar 1915.
Wilhelm ...[107]

Gedenkblatt für die Angehörigen der im Heeresdienst für das Vaterland gefallenen Personen.
Ich will das nach Meiner Ordre vom 27. Januar 1915 für die Angehörigen der im Kampf um die Verteidigung des Vaterlandes gefallenen Krieger des preußischen Heeres bestimmte Gedenkblatt auch den Angehörigen solcher nicht zur kämpfenden Truppe gehörenden Kriegsteilnehmer verleihen, die infolge von Kriegsverwundung den Tod erlitten haben oder an den Folgen einer Kriegsdienstbeschädigung vor Ablauf eines Jahres nach Friedensschluß gestorben sind.
Zugleich ermächtige Ich das Kriegsministerium, das Gedenkblatt überall da, wo empfangsberechtigte Angehörige nicht oder nicht mit Sicherheit zu ermitteln sind, auf Antrag auch einer Erziehungs- oder dergleichen Anstalt oder aber einer dem Verblichenen nahestehenden Person zuzusprechen. Das Kriegsministerium hat das Weitere zu veranlassen.
Großes Hauptquartier, den 19. September 1916.
Wilhelm.[107]

Als sich das vorherrschende Kriegsbild mit der Erwartung eines nur kurzen und siegreichen Kampfes als unrealistisch herausstellte, gab es eine Fülle organisatorischer, innenpolitischer und psychologischer Probleme. Für sie waren keine Vorkehrungen getroffen worden und Hilfsmaßnahmen hatten eher improvisatorischen Charakter. Seit den Marne- und Ypern-Schlachten im September und November 1914 war die traditionelle Form des entscheidungsschnellen Bewegungskrieges in Kampfstellungen erstarrt, so daß die deutschen Militär- und Zivilbehörden vor Schwierigkeiten standen, die früher unvorstellbar waren: Massenverluste an Menschen und Material, die Versorgung von Verwundeten- und Gefangenenmassen, die Organisation des Nachschubs, überhaupt eine andauernde mehrjährige Kriegführung. Wegen der erstmals in der Zivilbevölkerung für jedermann fühlbaren und sichtbaren

Entbehrungen moderner Kriegführung, zum Beispiel die Abwesenheit der gesamten arbeitsfähigen männlichen Bevölkerung, waren die herkömmlichen Formen amtlichen Totengedenkens unzureichend. Eine erneute obrigkeitliche Denkmalsstiftung oder -initiative nach dem Vorbild aus dem Jahre 1813 oder 1873 konnte den aktuellen Bedürfnissen nicht gerecht werden, solange das Kriegsende mit der vollständigen Gefallenenliste noch ungewiß war. Dennoch sollten die Hinterbliebenen der Gefallenen nicht einfach nur mit dem Tod (des Angehörigen) konfrontiert und "allein"-gelassen werden, sondern durch eine öffentliche Anteilnahme eine Sinndeutung für den Tod erhalten. Dazu leistete das "Gedenkblatt", das von den deutschen Königen (Bayern, Preußen, Sachsen, Württemberg) gestiftet wurde, einen staatlich autorisierten Beitrag.

Das preußische Gedenkblatt knüpfte an die offizielle Rechtfertigung des Krieges zur "Verteidigung des Vaterlandes" an (Zeile 2), wie sie ähnlich auch in den Kirchen und Religionsgesellschaften mit den Lehren vom "gerechten" Krieg gelehrt und gepredigt wurde. Das Gedenkblatt hatte die gleichen Funktionen wie ein Denkmal: vor allem die Einbindung des Gefallenentodes in einen kollektiven, un- oder überpersönlichen Sinnzusammenhang, ebenso die Absicht, Zweifel an der positiven Bewertung des Kriegertodes auszuschließen und die Tugend "bewiesener Pflichttreue bis zum Tode" zu verherrlichen (Zeile 4). Die tatsächlichen, individuellen Motive des einzelnen Gefallenen, warum er letztlich den Kriegsdienst auf sich nahm, waren nicht gefragt. Die offizielle "Anerkennung" galt nur der "Pflichttreue", d.h. der individuellen existentiellen Unterordnung unter kollektiv-nationale, militärische Interessen. Daß die Gedenkblätter in der Bevölkerung wie auch im Militär angesehen waren, zeigten behördeninterne Recherchen über die Resonanz in der Bevölkerung, aber ebenso die Bemühungen, die Gedenkblätter nicht nur Gefallenen der "Armee", sondern auch der Marine zu verleihen. In der Folge wurde eine Erweiterung für die Marine ermöglicht.

Insbesondere sollten die strengen formellen Kriterien gelockert werden, so daß nicht nur die "Gefallenen" in Frage kamen, die unmittelbar durch feindliche Kampf- oder Waffenwirkung starben, sondern auch die Kriegstoten, die ihr Leben indirekt durch Kriegsfolgen verloren, zum Beispiel durch Verwundung, Erkrankung im Heeresdienst u.ä.[107] Darauf wies Kaiser Wilhelm II. in der erneuten Kabinettsordre unter dem 19. September 1916 ausdrücklich hin. In der Erweiterungsordre bestimmte der preußische König zugleich die Verleihung von Gedenkblättern für den Fall, daß keine Angehörigen der Gefallenen auffindbar waren. Stellvertretend kamen "nahestehende Personen" oder auch Anstalten in Betracht. Nach diesem Muster wurden später, besonders in Weimarer Zeit, in öffentlichen Behörden, Schulen, Erziehungsanstalten, Verwaltungseinrichtungen usw. Gefallenengedenktafeln errichtet. Freilich entwickelten sich die Ausdrucksformen staatlich-öffentlicher, "herzlicher Anteilnahme", die Wilhelm II. am 27. Januar 1915 befohlen hatte, erst allmählich in Zusammenarbeit mit den Kirchen. Darüber berichtete der evangelische Pastor Alfred Just im Jahre 1918 in Gütersloh: "Die Mithilfe der kirchlichen Organe beruht auf einer Abmachung und Anordnung der obersten Kirchenbehörden, die dabei von dem richtigen Gedanken ausgegangen sind, daß bei der Übergabe des Gedenkblattes die Herzen der Trauernden für ein Trostwort empfänglich, aber dessen auch besonders bedürftig sind. Der Geistliche wird daher diese Pflicht persönlich ausüben und sich nicht ... vertreten lassen. Die Art der Aushändigung ist örtlich, oft auch nach dem besonderen Fall zu regeln. Der Geistliche kann die Hinterbliebenen im Hause besuchen, sich dabei vorher anmelden und dann eine kleine Andacht halten; er kann auch die Angehörigen zu sich bitten und im Amtszimmer die Überreichung wirkungsvoll gestalten."[108]

Die Verleihung der Gedenkblätter wurde auch in der katholischen Kirche in "Kriegsstunden" oder besondere Gottesdienste eingebunden. Diese liturgischen Sonderbestimmungen knüpften an Traditionen militärisch-kirchlichen Totengedenkens an, zum Beispiel bei der Errichtung von Krieger-Gedenktafeln.

Ähnlich wie in der öffentlichen Rechtfertigung der Kriegführung durch das theologische Schrifttum, übernahmen die Kirchen auch im Kriegstotengedenken eine aktive Position. Dies belegen zum Beispiel die "Kirchlichen Trostblätter", die analog zu den staatlichen Gedenkblättern vergeben wurden[108]. Diese kirchliche Ergänzung war besonders wichtig, zumal die Gedenkblätter infolge der Kriegswirren manchmal auch ausblieben. Für Schulen stellte das preußische Kultusministerium Mitte Juli 1916 "künstlerische Erinnerungsblätter" als pädagogischen Wandschmuck für Schulklassen in Aussicht. Auf ihnen sollten die Namen gefallener Lehrer erwähnt werden.[108]

"Ehrung" der Kriegergräber 1917

Kriegergräber.
Die Frage nach der würdigen Ehrung der Gräber der vielen im Kampfe für Thron und Vaterland gefallenen Helden bewegt in Wort und Bild, im Beraten und Schaffen, je länger je mehr aller Gedanken und Herzen im Heer und im Volke draußen und daheim. Auch die Heeresverwaltung ist um Beantwortung dieser Frage im Verein mit den heimatlichen Behörden und mit berufenen Künstlern und Fachmännern seit langem bemüht gewesen. Das Ergebnis hiervon ist in grundlegenden Erlassen, in Leitsätzen und in verbildlichen Formen für Grabzeichen und für Friedhofsanlagen zum Ausdruck gekommen, auch den leitenden Stellen im Heere zugänglich gemacht worden.
Es ist Mein Wille, daß diese in Wort und Bild gegebenen Grundlagen überall auch in die Tat umgesetzt werden. Indem sie für Kriegergräber und Soldatenfriedhöfe tunlichste Anlehnung an die Natur, schlicht soldatische Einfachheit - bei möglicher Erhaltung des von treuen

Kameradenhänden Geschaffenen -, gleiche Grabzeichen für alle auf einem Friedhof, Vermeidung aufdringlichen Prunks und Aufschub großer Denkmalsanlagen verlangen, entsprechen sie, des bin Ich gewiß, sowohl dem Geiste derer, die im Kampf ihr Leben gelassen haben, wie auch dem gesunden Empfinden der überlebenden Kameraden.

Ich bestimme daher, daß bei den Etappeninspektionen und bei den Generalgouvernements der besetzten Gebiete im Benehmen mit einer staatlichen Beratungsstelle ein ständiger Beirat von anerkannten, im Heeresdienste stehenden Künstlern und Gartenarchitekten berufen wird, der bei allen allgemeinen und bei wichtigeren Einzelfragen in bezug auf die Gestaltung der Kriegergräber und Kriegerfriedhöfe zu Rate zu ziehen ist. Zu diesem Beirat sind auch Vertreter der Feldgeistlichkeit heranzuziehen.

Großes Hauptquartier, den 28. Februar 1917.

Wilhelm ...[109]

Nirgends ist die enge Verschränkung von ideologischen, politischen Implikationen der Denkmalspropaganda und des Totenbrauchtums stärker als bei der Gestaltung von Kriegerfriedhöfen. Schon äußerlich wird dies deutlich durch die exponierte Stelle, an der das Kriegerdenkmal innerhalb einer Friedhofsanlage aufgestellt wurde. Die engen Beziehungen zwischen Friedhofsanlage und Kriegerdenkmal entwickelten sich bereits während des Deutsch-Französischen Krieges. Im Ersten Weltkrieg erforderten die Massenverluste eine eigene Gräberverwaltung, die sogenannte "Gräberfürsorge".[109] Sie bestand zu Anfang aus "Gräberkommandos", die von einzelnen militärischen Kampfverbänden oder -einheiten eingerichtet wurden, aus bodenständigen Gräberverwaltungen an der Front oder staatlichen Beratungsstellen. Sie arbeiteten Gestaltungsgrundsätze und Empfehlungen aus, zu denen wiederum die Kirchen beitrugen. Diese Entwicklung wurde in der vorliegenden Allerhöchsten Kabinettsordre vom 28. Februar 1917 nachträglich und zusammenfassend bestätigt und autorisiert.

Im ersten Teil des Dokuments wurde auf die bisherigen Bemühungen um die Gräberpflege Bezug genommen, namentlich auf die "Heeresverwaltung" (d.h. das Kriegsministerium) und die "heimatlichen Behörden" (d.h. die "Beratungsstellen" unter der Aufsicht des Oberpräsidenten) jeweils unter Mitwirkung "berufener Künstler und Fachmänner" (Zeile 4 ff.). Sie hatten eine federführende Rolle bei der Auswahl künstlerisch geringschätzig beurteilter, zumeist industriell hergestellter Denkmäler für die Einschmelzung zur Rüstungs-Rohstoffbeschaffung. Gefallenentod und "Heldentum" wurden gleichgesetzt. (Zeile 2 f.)! Wortreich wurde die Dringlichkeit einer "würdevollen Ehrung" betont. Auf Grund der einschlägigen militärischen Traditionen stellte "Ehre" einen Schlüsselbegriff des Dokuments dar.

Der traditionelle dynastisch-patriotische Sinnzusammenhang kam in einer kurzen Charakterisierung des Krieges zur Sprache als "Kampf für Thron und

Vaterland" (Zeile 2 f.). Wichtiger waren aber die künstlerisch-ideologischen Wertmaßstäbe militärisch-hierarchischen Gefolgschaftsdenkens, das im zweiten Teil der Ordre erkennbar ist (Zeile 12-20). In Anlehnung an die bisher "in Wort und Bild gegebenen Grundlagen" deklarierte Kaiser Wilhelm II. fünf Merkmale als "Mein Wille" (Zeile 12)! Schon zu Beginn der Aufzählung wurde mit einem Superlativ die "tunlichste Anlehnung an die Natur" hervorgehoben (Zeile 14), die nicht im landschaftsplanerischen Sinn, sondern als germanisierender Anspruch zu verstehen war.[110]
Die geforderte "schlicht soldatische Einfachheit" tendierte auf eine latente Verherrlichung des "gemeinen" Soldaten, seiner bedingungslosen Unterordnung und Anspruchslosigkeit (Zeile 14 f.). Die "möglichste Erhaltung des von treuen Kameradenhänden Geschaffenen" (Zeile 15 f.) zielte auf eine Identifikation mit den Wertmaßstäben militärischer Denkmals- bzw. Friedhofsgestaltung. Denn die spontane eigenständige Initiative von Soldaten (aller Dienstgradgruppen) zur Errichtung eines Grabdenkmals oder -zeichens und dessen Ausschmückung wurde von den Militärbehörden nur unter Beachtung des engen Spielraums der Kriegsinteressen erlaubt. Das private, "religiöse" und unpolitische Engagement von Soldaten in der Gräberpflege war Zeichen der Trauer, der Anteilnahme und sicher auch eine verinnerlich-te Kompensation der individuellen Ohnmacht im Kriegsgeschehen. Das militärkonforme Gleichheitsprinzip wurde ebenfalls ausdrücklich betont (Zeile 16 f.). "Vermeidung aufdringlichen Prunks" und "Aufschub großer Denkmalsanlagen" korrespondierten mit den erwähnten "Natur"-Elementen, der desillusionierenden, grausamen Kriegswirklichkeit und bedeuteten eine klare Absage an frühere allegorisierende und neubarocke Gestaltungsformen der Krieger(grab)denkmäler, die als unglaubwürdig oder unpassend abzulehnen waren.[110]
Zur Verwirklichung dieser Grundsätze befahl die Kabinettsordre im dritten Teil einen "ständigen Beirat" (Zeile 23) bei Etappeninspektionen (d.h. im rückwärtigen Frontgebiet) und den Generalgouvernements (Belgien u.a.). Diese Institution war analog den heimatlichen, zivilen "Beratungsstellen" geschaffen worden und forderte außer der Mitwirkung von Künstlern und Architekten im Heeresdienst (Zeile 23 f.) die Beteiligung der Kirchen (Zeile 26 f.).
Im Überblick sind gewisse militärische Interessen am Prinzip der Einheitlichkeit und Absonderung erkennbar. In diesem Sinn kommentierte der Kunsthistoriker Paul Clemen die Entwicklung: "Ganz für sich steht in dem großen Gebiet der Friedhofskunst diese Sondergattung: die Kriegerfriedhofskunst. Sie kann nicht bemessen werden mit unseren städtischen und ländlichen Friedhöfen, sie ist nur äußerlich angenähert den wenigen Kriegergrabstätten und Heldenfriedhöfen in der Heimat. - Hier, wo jeder der Toten, gleichgültig welchen Ranges, welchen Landes, welcher Konfession, nur dies eine war: Ein Kamerad unter Kameraden, galt es, diesem Gedanken der Gleichheit vor der Majestät des Todes ein sichtbares Zeichen zu errichten."[111] Diesem Zweck diente die einheitliche und schlichte Gestaltung der

Einzelgrabmale, möglichst nach Kampfeinheiten geschlossen, so daß der Friedhof noch ein Abbild der Kriegsformation war, deren überragende Zielsetzung im zentralen Kriegerdenkmal ausgedrückt wurde. "Ein großes einfaches Holzkreuz, eine Säule mit einer Gedenkschrift oder eine schöne Baumgruppe möge im Mittelpunkt der Anlage die Gedanken von den einzelnen Gefallenen zu der hohen, einen Idee des Vaterlandes hinlenken, für das sie starben."[112] So wurden das Prinzip militärischer Einheitlichkeit und vaterländisches Bewußtsein als vorzügliche oder sogar exklusive Korrelate empfunden.[113] Exklusivität war überhaupt ein dominierendes Ausdrucksmittel militärischer Kriegerfriedhofs- und Denkmalskunst und ein wesentliches Charakteristikum des Militärs, seinem Streben nach Einheitlichkeit, Geschlossenheit, vor allem nach Absonderung von bürgerlich-zivilen, demokratischen Einflüssen. Dies äußerte sich deutlich auch in der generellen, äusseren Absonderung von Kriegergräbern mittels einer Mauer, Hecke oder Ähnlichem von der Umgebung, zum Beispiel innerhalb einer zivilen Friedhofsanlage, so daß die Sonderstellung des Militärs in der Gesellschaft auch über den Tod hinaus in der Heimatgemeinde erhalten blieb. Jede individuelle, von der (nationalen-)militärischen Einheitsnorm abweichende Bindung, Ausschmückung oder Gestaltung des einzelnen Grabes mußte zurückstehen gegenüber den Interessen des Militärs an Einheitlichkeit und Absonderung. Diese vorherrschenden Gestaltungsgrundsätze wirkten sich unter den extremen Kriegsverhältnissen mit dem sozialen und politischen Übergewicht des Militärs unmittelbar im zivilen Totenbrauchtum aus und setzten die entscheidenden Maßstäbe für die spätere Entwicklung in der Weimarer Zeit.

Kriegerdenkmal - Antikisierende Kämpfer - in Wicres/Lille 1915
Fortführung Wilhelminischer Tradition?

Objektskizze: Schlichte, zur Mitte aufstrebende Mauer(bank) mit der Inschrift: "Seinen Helden / das Infanterie Regiment / Herwarth von Bittenfeld / 1. Westfälisches No. 13" im oberen Mittelfeld, rechts und links davon jeweils zwei nackte Krieger mit breitem, hohem Schwert, vor sich aufgestützt, auf Postament, mit Schulter und Kopf die Mauer überragend, Material der ganzen Anlage: Muschelkalkstein.

Das Denkmal war als Zentralmonument eines Gräberfeldes für deutsche Gefallene, getrennt vom zivilen, französischen Friedhof, geplant, ca. 15 km abseits von Wicres-Village bei Lille. Das Material, eigens beschafft durch die Münsteraner Baufirma Caspar Hessel, und die Nacktheit der Krieger deuteten auf den Einfluß des Münsteraner Frydag-Denkmals. Es war dem Bildhauer Georg Uekermann sicher bekannt, schon auf Grund seiner Herkunft

113

38. Kriegerdenkmal in Wicres/Lille 1915

aus Münster. Er errichtete das Regimentsdenkmal zusammen mit zwei münsterischen, im Kriegsdienst stehenden Stukkateuren. In den Kriegerfiguren
stellten sich die Überlebenden selbst als Grabeswächter dar. Der Kriegerfriedhof mußte aber schon im September 1915 erweitert werden. Ein
zweites Denkmal entstand im neuen Teil: ein Monument in obeliskähnlicher
Form mit der Widmung: "Helden, gefallen im Ringen Deutschlands um Ehre
und Sein!"[114]
Der Kriegerfriedhof von Wicres zeigte beispielhaft die Denkmalsgestaltung,
die in der Tradition der Wilhelminischen Zeit stand. Freilich war die Realisierung solcher Vorhaben in den Kriegsjahren überwiegend noch auf das
Front- und Etappengebiet beschränkt. Kommunale, bürgerlich-zivile Initiativen wurden vielfach behindert durch den Mangel denkmals- und rüstungs-
relevanter Metalle, auch durch die ungewisse Kriegsdauer und den Umstand, daß die Mehrzahl der Kriegstoten eben im Front- und Etappengebiet
begraben wurden. Einen gewissen Ersatz offiziellen Gefallenendenkens boten die schon erwähnten Gedenkblätter. Aufgrund des massenhaften Ster-
bens überwogen die militärischen Krieger(grab)denkmäler für einfache Soldaten unter den Neuerrichtungen. Traditionelle Monumente, Generals- und
Politikerstandbilder gerieten in den Hintergrund.

Kriegs(bild)predigten
- Impulse für künftige Denkmäler 1914 - 1918

Den wenigen Denkmalserrichtungen der Kriegszeit stand eine bildreiche Fülle kirchlicher Schriften gegenüber. Sie schufen wichtige Voraussetzungen zur Entwicklung neuer, religiöser Formen des Gefallenengedächtnisses in Weimarer Zeit. Repräsentative Bedeutung gewannen Predigtempfehlungen in kirchenoffiziellen, patriotischen Publikationen[115]. Sie faßten die verschiedenen Beiträge aus Heer und Marine sowie aus Bundes- und Bündnisstaaten des gesamten deutschsprachigen Raumes zusammen - mit der entsprechenden Autorisierung der katholischen bzw. evangelischen Kirchen. Die traditionellen Inhalte militärisch-kirchlicher Symbolik wurden so bekräftigt. Vor allem der exklusive Sinnzusammenhang von Christentum, monarchischem Patriotismus und militärischer Pflichterfüllung galt in allen Beiträgen gleichermaßen.

In den militär- und kriegsrelevanten Kernaussagen stimmten die großen Kirchen überein, ungeachtet der konfessionellen Unterschiede. Dabei waren jahrhundertealte Gemeinsamkeiten wirksam (vgl. theologische Traditionen des "gerechten Krieges", die fundamentale, wirkungsgeschichtliche Bedeutung und beinahe wörtliche Übereinstimmung von Fronsbergers "Geistlicher Kriegßordnung" aus dem Jahre 1564 und Luthers Schrift: "Ob Kriegsleute auch in seligem Stand sein können?", die Bekräftigung der fundamentalen dogmatischen Gemeinsamkeiten in der Zeit der national-deutschen "Einigung" und der folgenden Zeit, die Bedeutung wechselseitiger interkonfessioneller Konkurrenz der Kirchen und "ihrer" Schutzmächte Österreich und Preußen im deutschsprachigen Raum).[116] Die jahrhundertealte, konfessionell gefärbte Rivalität zwischen den deutsch(sprachig)en Großmächten Österreich und Preußen hatte unter dem nationalen Einigungsgebot, insbesondere durch die Anforderungen des Kriegsbündnisses 1914 an Schärfe verloren. Dazu erklärte Karl Hammer: "Im großen Ganzen wurde ... das katholische Glaubensgut an das nationale angeglichen, wobei die konfessionellen Lehrunterschiede nicht nur in der Praxis, sondern auch in der Theorie immer mehr verschwanden. Das ist auch der Grund, weshalb wir es überhaupt wagen, evangelische und katholische Kriegstheologie im selben Buch zu vereinen und im systematischen Teil ohne weiteren Hinweis auf die Konfession der Verfasser Dokumente aus beiden Kirchen nebeneinander zu stellen."[117] Dies läßt sich an Mustersammlungen und -predigten exemplarisch belegen. Dazu folgen hier einige Bildillustrationen, soweit sie auch für die spätere Denkmalsgestaltung von Bedeutung waren. Sie entstammen den schon erwähnten kirchenoffiziellen Predigtwerken katholischer und evangelischer Konfession.[118] In äußerer Gestaltung, Format und Bildausstattung stimmten sie demonstrativ überein:

Die Illustrationen aus den Predigtempfehlungen boten wegweisende Motive für Kriegerdenkmäler der Weimarer Zeit. Für Kriegerdenkmäler und Predigt(illustration)en gab es offenbar gemeinsame intentionale Bezüge, so zum

39. Predigtmeditation "Wie ein einziger Mann"

40. Predigtmeditation "Euer Herz erschrecke nicht!"

Beispiel in der situativen Orientierung und Darstellung bestimmter Szenen:
Abschied von der Familie, die Begegnung mit dem Feind: Schlacht, Verwundung oder Sterben, die Heimkehr, das Ausharren der Familienangehörigen.
Das kirchliche, kriegstheologische Engagement gab mit der reichen Fülle
von Bilddarstellungen wichtige Voraussetzungen für die spätere Dominanz
christlicher Motive unter den Kriegerdenkmälern der Weimarer Zeit. Angesichts der grundlegenden Übereinstimmung von Denkmälern und Predigten
verwundert es nicht, daß Neuauflagen der Predigtwerke auf evangelischer
Seite sinnfällig als "Denkmäler" und das katholische Pendant unter dem Titel "St. Michael ..." als "Monumentalwerk" bezeichnet wurden!
Die verschiedenen Beiträge bewerteten das Kriegsgeschehen ausnahmslos
positiv u.a. als Gottes Wille, als Chance, teils sogar als "heiliges" Geschehen oder als "schöne" Gelegenheit zu "jenseitiger" Gottesgemeinschaft
durch den Gefallenentod in Anlehnung an frühere Lehrtraditionen. Diese
Abgrenzung vom "Diesseits", vom "weltlichen" Frieden entsprach dem vor-

116

41. Predigtmeditation "Das Jenseitsschicksal unserer gefallenen Helden"

42. Predigtmeditation "Heilige Gegenwart"

herrschenden kirchlichen Amts- oder Seelsorgeverständnis in allen Konfessionen. Zweifel an der "rechtmäßigen" oder gottgewollten Obrigkeit waren ausgeschlossen. Vergeblich hatten kirchliche Stimmen versucht, eine eigenständig-konfessionsbetonte Abgrenzung von national- und militärideologischen Anforderungen deutlich zu profilieren. In zunehmendem Maße wurden die Grenzen zwischen Ideologie, Theologie, Kriegsführung und "Seelsorge" verwischt. Auffällig war auch die Gleichstellung von Martyrer- und Gefallenentod. Sie wurde noch bekräftigt durch jene Gottesdienste, die an der Front unter widrigen Kriegsbedingungen, im Unterstand, Graben, in Höhlen oder Ruinen gefeiert und als "Katakombengottesdienst" bezeichnet wurden. Der österreichische Major Abel berichtete: "Auf dem Waldboden knieten sie hin. Verfolgt und bedroht am Leben wie die ersten Christen, voll Glauben und Hingebung an die Menschwerdung Gottes."[119] Diese Atmosphäre förderte sehr einfache Gedankenmuster, in denen die Gegensätze Gott-Antichrist oder Christen-heidnische Römer auf die Kriegssituation zwischen dem Militär und seinen inneren und äußeren Feinden übertragen wurden. Dabei war vor allem die synkretistische Gleichstellung oder Annäherung von Gott und Vaterland/Nation wirksam. Christliche Tradition und Kontinuität schienen ausschließlich beim (deutschen und österreichisch-ungarischen) Militär und der von ihm gestützten Staats- und Gesellschaftsordnung verkörpert zu sein. Diese Vorstellungen prägten wesentlich auch die spätere Denkmalsrezeption und -gestaltung.

So exklusiv christlich kirchliche Schriften wirkten, so konfessionsübergreifend-humanitär entwickelte sich die Praxis kirchlich-pastoraler Soldatenbetreuung. In der oft krisenhaften und chaotischen Anomalie des Kriegsgeschehens boten die kirchlichen und freiverbandlichen Hilfs- und Seelsorge-Organisationen die einzige, institutionalisierte Gelegenheit zur Erneuerung, um die Zuversicht geordneter, friedvoller und menschenwürdiger Lebensverhältnisse zu pflegen. In diesen Sinne wurde das kirchliche Engagement auch von Soldaten empfunden: Es galt als einzige Diensteinrichtung mit menschlichem Charakter, deren Verantwortungsträger zwar allgemeinen Offiziersrang und eine vorgesetztenähnliche Stellung einnahmen, aber in ihren Umgangsformen weitgehend auf Befehls- und Kommandoton verzichteten.

Dies zeigte sich auch in der Praxis christlich-jüdischer Zusammenarbeit. Unter den Kriegsbedingungen waren überetatsmäßige Feldrabbiner angestellt und freie jüdische Hilfsorganisationen zugelassen worden, die nach christlichem Vorbild wirkten. Jüdische Einrichtungen errangen eine Intensität, die im internationalen Vergleich der verschiedenen kriegführenden Mächte nur von Österreich-Ungarn übertroffen wurde. Der hohe Kriegseinsatz beruhte auf einer starken nationaldeutschen Identifikation. Sie wurden in den jüdisch-theologischen Schriften deutlich[120] - analog der christlichen Literatur - und beeinflussen ebenso das spätere Gefallenengedächtnis der Weimarer Zeit.

Kriegspostkarten - Gegenpropaganda zu Kriegspredigten und Kriegerdenkmälern 1915/18

Glaubensbekenntnis.
Ich glaube an die Steckrübe, an die allgemeine Ernährerin des deutschen Volkes und an die Erdkohlrübe; empfangen vom Kriegsernährungsamt, gelitten unter der Zentral-Einkaufs-Gesellschaft, gesammelt, gepreßt und verdorben, wieder niedergefallen zur Erde, am dritten Tage wieder auferstanden als Marmelade, von dannen sie kommen wird als Erfrischungsmittel für Deutschlands tapfere Söhne.
Ich glaube an den heiligen Profit einer großen allgemeinen Wuchergesellschaft, an die Gemeinschaft der Hamsterer, Erhöhung der Steuer, Verteuerung des Fleisches und einen dauernden Kriegszustand. Amen.

43a. Kriegspostkarte   *43b. Text einer Kriegspostkarte*

Die beiden Postkarten waren Ausdruck der Zweifel und Anklagen, die sich seit 1915 zunehmend gegen die offizielle Kriegsführung, Militärpolitik und deren kirchlich-religiöse Rechtfertigung richteten.[121] Die Postkarten nahmen Bezug auf die Kriegerdenkmalspropaganda und auf das kirchlich-religiöse Gedankengut. Eine naturalistische Christusfigur mit klagend erhobenen Händen ist vor dem Hintergrund einer zerstörten Siedlungslandschaft vor einem Grabstein mit den Namen der großen kriegführenden Nationen zu sehen, deren Anfangsbuchstaben das Wort "Friede" ergeben. - Die andere Karte enthält eine sarkastische Anklage gegen Kriegstheologie und -propaganda - wie ein "politisches Vater-unser", das zu politischen Auseinandersetzungen seit alters verwandt wurde.[121]
Beide Postkarten wurden von der Militärverwaltung verboten und nach Möglichkeit aus dem Verkehr gezogen. Ihre Verbreitung wurde mit Strafen geahndet. Außerdem unternahmen Militär- und Zivilbehörden, darunter die Kirchen, vorbeugende Maßnahmen der "Aufklärung", die freilich den Gestaltungsspielraum bei Kriegerdenkmalen, im Schrifttum u.a. zusätzlich verringerten. Ohnehin unterlag das ganze öffentliche Leben einer strengen, militäramtlichen Überwachung. Kriegskritische Stimmen wurden schon im Keim erstickt oder militärischerseits sehr beargwöhnt, so auch kirchliche Äußerungen und Klagen über den zu geringen, konfessionell profilierten

Freiraum und über eine Vielzahl von Mißständen unter den Kriegsverhältnissen.[122] Eine prinzipielle Ablehnung der Kriegsführung und ihrer kirchlich-theologischen Rechtfertigung wurde von Kirchenautoritäten der verschiedenen Bekenntnisse nicht vertreten. Wenn überhaupt, konnte sich Kriegskritik nur in der Karikatur artikulieren. Die Präsenz der Feldgeistlichkeit und deren Befreiung vom regulären Waffendienst galten als der maßgebende Beitrag zur christlichen Friedensethik, um die sittliche und ethische Integrität der Truppen zu gewährleisten. Eine ähnliche, religiös-motivierte Befreiung vom Waffendienst wurde lediglich in Ausnahmen geduldet, zum Beispiel für einige Mennonitenfamilien mit dem königlichen Privileg der ausschließlichen Kranken- und Verwundetenpflege im Kriege.

7. Kriegsgedenken und "Ehrung" in der Weimarer Republik 1918 - 1933
Zur Kontinuität "christlicher" und nationaler Identität

Als im Oktober 1918 eindringlich ein Waffenstillstand von deutscher Seite angestrebt wurde, war die Öffentlichkeit darauf nicht vorbereitet. Jahrelange Kriegsanstrengungen, Propaganda und das Prestige nationaler Existenzbehauptung, der als Ausdruck militärischer Stärke empfundene Frontverlauf im wesentlichen außerhalb des Reichsgebietes, die Siegesnachrichten aus dem Osten - u.a. über den Frieden von Brest-Litowsk mit einem der Hauptkriegsgegner - hatten zu einer hohen Erwartungshaltung geführt, ungeachtet aller Entbehrungen und Kriegsnot. Unfaßbar schienen die überraschenden Nachrichten über ein unrühmliches Kriegsende, in dessen dramatischem, kurzfristigem Verlauf die alte staats- und gesellschaftspolitische Wertordnung zerbrach.

Seit 1916 hatte die Oberste Heeresleitung (OHL) eine Militärdiktatur errichtet, der de facto auch der Kaiser, die Landesregierungen und die zivile Reichsleitung unterworfen waren. Die OHL hatte sich den von den Mehrheitsparteien des Reichstages erhobenen Forderungen nach einem Kompromißfrieden, nach Verfassungsreform und Parlamentarisierung widersetzt und die Chancen des Deutschen Reiches für ein Friedensangebot ohne Annexionen, solange es stark war, verpaßt und statt dessen die verspätete, überstürzte Bitte um Waffenstillstand ausgesprochen. Sie wirkte wie das Eingeständnis, militärisch am Ende zu sein. In der Öffentlichkeit entzog sie sich der Verantwortung durch illusionäre Durchhalte-Aufrufe und rückte die zivile Reichsregierung, deren Waffenstillstands- und Friedensverhandlungen, in den Verdacht des Versagens und des Verrats (vgl. Dolchstoßlegende).

In den Wirren des politischen Übergangs, insbesondere in den Weimarer Verhandlungen über die neue Reichsverfassung, verteidigte die Armee aber ihre traditionellen Strukturen und ihre Machtstellung mit Erfolg. Zwar wurde die neue Reichswehr zum Verfassungseid verpflichtet und dem Oberbefehl des Reichspräsidenten unterstellt (vgl. Art. 47 und 176 der Reichsverfassung). Seine Entscheidungen und Verordnungen bedurften zwar der Gegenzeichnung von Reichskanzler und Reichsministern, die ihrerseits auf das Vertrauen des Reichstages angewiesen waren, so daß eine gewisse parlamentarische Kontrolle des Militärs gewährleistet schien. Doch blieben die innermilitärische Verwaltung und die Befehlsstrukturen in Händen des alten, monarchisch geprägten Offizierskorps. Es gab dem kontinuierlichen Fortbestand traditioneller autoritärer Militärideologie, ihrem exklusiv christlichen, latent antijüdischen Charakter, weiterhin einen grundlegenden personellen und institutionellen Rückhalt. Daraus resultierten auch für das Kriegs- und Gefallenengedächtnis wichtige Richtwerte. Darüber hinaus waren Kriegsteilnehmer von Einfluß, die in der Mehrzahl nicht in die Reichswehr übernommen worden waren und in Kriegervereinen und durch Traditionsveranstaltungen die öffentliche Meinung beeinflußten.

Besondere Bedeutung erlangte der "Volksbund Deutsche Kriegsgräberfürsorge e.V.", der die traditionsorientierte Krieger-"Ehrung" zu seinem programmatischen Ziel erkor. "Ehre" wurde zum Schlüsselbegriff künftigen Gefallenengedenkens in einem nationalen, überkonfessionellen und -parteilichen Sinn. Dabei wirkten die Gründungsmitglieder des Volksbundes - namhafte Vertreter aus Kirchen, jüdischen Kultusgemeinden, den großen Fürsorgeverbänden, aus Kriegerverbänden, zivilen und militärischen Staatsbehörden u.a. - einvernehmlich zusammen. Mehr und mehr setzte sich das Wort "Ehrung" durch als Synonym für die verschiedenen Formen des Gefallenengedenkens, so daß anstelle des allgemeinen Begriffs "Kriegerdenkmal" jetzt "Kriegerehrung" oder "Ehrenmal", auch "Ehrenfriedhof" traten. Zu den herkömmlichen Nationaldenkmälern kamen großartige Projekte für "Reichsehrenmäler".

Die vorherrschenden aktuellen Ehrvorstellungen knüpften an die militär- und nationalideologischen Traditionen der Wilhelminischen Zeit und der Kriegsjahre an und bargen deshalb politische Risiken. So konnten "Kriegerehrungen" als demonstratives Votum gegen die Weimarer Republik mißbraucht werden. Außerdem fehlte in der verfassungs- und staatspolitischen Realität der Weimarer Republik ein Integrations- und Ausgleichspotential, wie es bis 1918 u.a. das Kaisertum darstellte. Dessen Verlust, außerdem die traditionell unscharfen Grenzen zwischen kirchlichen und staatlich-nationalen Orientierungsmustern begünstigten eine pseudoreligiöse, synkretistische Aufwertung des "Vaterlandes" und des Kriegstodes. Die Lücke, die die emotionale und bewußtseinsmäßige Autorität des Kaisers hinterlassen hatte, konnte die neue Weimarer Republik nur schwer ausfüllen. So wurde die neue Reichsverfassung, ihre Erklärung: "Alle Gewalt geht vom Volke aus", als blasphemische Antithese zur alten Ordnung "von Gottes Gnaden" gesehen - ein wichtiger Grund, daß Kirchen in einer vorwiegend ablehnenden Grundhaltung und Distanz zur Weimarer Republik verharrten, obwohl ihnen die Verfassung mehr Freiheiten garantierte als je zuvor (vgl. Art. 136 bis 141 der Reichsverfassung). Zu solcher Abwehrhaltung konnte auch das Gefallenengedächtnis beitragen durch die Aktualisierung des Kriegs- und Fronterlebnisses, seiner irrationalen und diffusen Elemente. Weitere Impulse religiöser Gefallenenehrung gingen von der katholischen liturgischen Reformbewegung und ihren Gemeinschaftsvorstellungen aus, die gleichermaßen Kirchenarchitektur und Denkmalsgestaltung beeinflußten.[123]

Die "Kriegerehrungen" der Weimarer Zeit blieben nicht unwidersprochen. Kritische Stimmen verlangten anstelle aufwendiger Denkmalsstiftung alternative Konzepte: praktische Hilfen für Kriegshinterbliebene und -krüppel, zumal die Kriegsopferfürsorge nur schrittweise in den zwanziger Jahren ihre Hilfsdienste entfalten konnte. Gegen den Revanchismus mancher Kriegervereine richteten sich Störaktionen und Gegenveranstaltungen von Sozialdemokraten und anderen politischen Vereinigungen. Militär- und kriegskritische Positionen traten verstärkt hervor in "modernen" Denkmalsstilen (vgl. "Ehrenmäler" von Ernst Barlach, Käthe Kollwitz, die Bildkritik des Kruzifix von George Grosz oder das "Opfer-Denkmal" von Benno Elkan). In der Masse aber war die Denkmalsentwicklung deutscher Kommunen, Verbände, Parteien, Kirchengemeinden, Landes- und Regierungsbehörden einer konservativen, militärkonformen und apolitischen Sinngebung des Kriegertodes verpflichtet, indem sie ihn "aus der irdisch-konkreten Sphäre in eine entweder historische oder transzendente Perspektive" verlagerte.[124] Sie entlastete den hohen Rechtfertigungsbedarf am Trauma von Kriegsniederlage, "Revolution" und deren Folgen. Sie stellte vor allem für die Kirchen eine fundamentale Herausforderung dar. Dazu sollte die Rückbesinnung auf die früheren pastoralen Vorstellungen, auf die sittlich-religiöse, nationale Sinnstiftung des Krieges und seiner unermeßlichen "Opfer" einen Ausweg bieten als rechtfertigender religiöser Trost (vgl. die Neuveröffentlichung der Kriegspredigten als "Denkmäler"). Gleich einer "versteinerten Kriegspredigt" aktualisierten das kirchliche Kriegs- und Gefallenengedächtnis die feldseelsorglichen, kriegstheologischen Lehrtraditionen der verschiedenen Konfessionen, zugleich auch wieder das Kriegserlebnis. Daraufhin nahm die Zahl christlicher Motive und der Stiftungen kirchlicher Gemeinden erheblich zu. Nunmehr erlangte das Eiserne Kreuz generellen Zugang auch in katholischen Kirchen. Historisch-nationale, germanisierende oder klassizistische Formen wurden mehr bei Kommunen bevorzugt. Die verschiedenen Stilrichtungen galten aber gleichermaßen als Ausdruck zeitloser Gültigkeit. Es gab wohl kaum eine Gemeinde, aus der keine Kriegsopfer bekannt waren. Die neuen Kriegsgräber wurden nach früherem Vorbild wieder unter reichsgesetzlichen Schutz gestellt. Für deren Gestaltung und Pflege sorgten kommunale und staatliche Behörden. Je nach federführender Behörde oder Stiftung blieben die herkömmlichen Bezeichnungen der Gefallenen als "Söhne", "Helden" oder "Kameraden" unverändert aktuell, daneben "Opfer".[125] In der Weimarer Zeit erlangte die Gedenkliteratur eine weitere Steigerung. Von Städten, Kirchen, Kultus- oder Dorfgemeinden, Vereinen, Schulen, Berufsgruppen und Firmen erschienen sogenannte "Gedenkbücher", die als "alternative Formen des Gedächtnisses" neben Kriegerdenkmälern zunehmende Bedeutung erhielten. In diesem Zusammenhang sind inhaltlich gleichgerichtete populärwissenschaftliche Schriften erwähnenswert: Memoiren, Erinnerungen, Regimentsgeschichten usw., die in ihrem Anspruch wie auch in der Gestaltung Denkmalscharakter aufweisen. So bearbeitete Wilhelm Müller-Loebnitz, Oberstleutnant a.D., eine Reihe landsmannschaftlich orientierter Gedenkpublikationen, darunter "Das Ehrenbuch der Westfalen", die mit besonderen, autoritativen Widmungen des Reichspräsidenten v. Hindenburg und anderer ehemaliger hoher Befehlshaber ausgestattet waren und in mehreren Auflagen erschienen.[126] Populäre Gestaltungsmittel dieser Veröffentlichungen waren neben Porträts, dokumentarischen Photographien, Frontgemälden vor allem die Abbildungen von Kriegerdenkmälern und -gräbern. Den starken Einfluß der Gedenkliteratur zeigte beispielhaft das Memorienwerk "Ohne Waffe" des westfälischen katholischen Kriegspfarrers Josef Menke, das - zu Unrecht - als Gegenschrift zu Remarques Roman "Im Westen nichts Neues" empfunden wurde.[127] In der literarischen Verarbeitung des Kriegsgeschehens erlangte Ernst Jünger herausragende Bedeutung. In seinem Werk: "Der Kampf als inneres Erlebnis" übertraf er zum Beispiel Remarque in der Darstellung der Kriegsschlachten, ihrer Brutalität, hielt aber an einer sittlich-positiven Bewertung des Krieges fest.[128]

Der "Volksbund Deutsche Kriegsgräberfürsorge" seit 1919

Volksbund Deutsche Kriegsgräberfürsorge, e. V.

Aufruf!

Mehr als zwei Millionen Deutsche gaben ihr Leben für das Vaterland. Ihre Gräber liegen verlassen in fremder Erde, fern der Heimat. Nicht eine deutsche Hand bewahrt sie vor trauriger Verödung oder langsamen Verfall.

Wohl haben die den Vertrag von Versailles abschließenden Regierungen sich verpflichtet, dafür Sorge zu tragen, daß die Grabstätten der Gefallenen mit Achtung behandelt und instand gehalten werden. Aber die auf Grund dieses Vertrages geleistete Arbeit kann niemals die liebevolle Pflege ersetzen, welche die besorgten Angehörigen den fernen Gräbern geben möchten. Hier erwachsen der privaten Fürsorge große und ehrenvolle Aufgaben. Sie schließt das Volk zu tätiger Mitarbeit zusammen und ist somit der Ausdruck des geeinten Volkswillens. Sie trägt den Gedanken der Kriegsgräberfürsorge von Volk zu Volk und bereitet so den Boden vor für eine Fürsorge, der die gemeinsame Totenehrung jenseits allen Völkerhasses heilige Pflicht ist.

Aus diesem Gedanken heraus hat sich - ähnlich wie in anderen Ländern - im Deutschen Reich der

"Volksbund Deutsche Kriegsgräberfürsorge"

mit Einverständnis der zuständigen Reichszentralbehörden gebildet. Er hat Beziehungen zu den Vertretungen außerdeutscher Staaten angeknüpft und aus Orten, in denen deutsche Krieger zur letzten Ruhe gebettet wurden, Nachrichten über den Zustand der deutschen Friedhöfe erhalten. Der Volksbund will auf die Kriegsgräberfürsorge im Reichsgebiete und im Auslande fördernd einwirken und den Angehörigen der Gefallenen und Verstorbenen die Erfüllung besonderer Wünsche für die Pflege und den Schmuck der deutschen Gräber vermitteln.

Der Volksbund erwartet, daß alle Volksgenossen, ohne Unterschied des Bekenntnisses und der Partei, sich zusammenschließen und einig dahin streben, daß die vaterländischen und ethischen Ziele erreicht werden. Trage jeder dazu bei, jeder, der um einen lieben Gefallenen trauert, aber auch jeder, dem das große Leid erspart blieb.

An das ganze deutsche Volk ergeht der Ruf:

Vergeßt die Toten nicht, die mit dem Opfer ihres Lebens die Heimat vor den Schrecken des Krieges bewahrten!

Sorgt alle mit, daß die Ehrenstätten der Gefallenen würdig erhalten bleiben!

Helft alle mit, daß die Angehörigen aus der Ungewißheit über den Zustand der fernen Kriegsgräber erlöst werden!

Einigt Euch zur ernsten Pflicht der Totenehrung![129]

Nach dem Kriegsende war das Reichsinnenministerium bemüht, die Kriegergräberpflege einheitlich und effektiv zu gestalten und übertrug sie dem neuen "Zentralnachweisamt für Kriegsverluste und Kriegergräber". Es förderte das Engagement der Städte und Gemeinden bei der Schmückung und künstlerischen Gestaltung der Kriegergräber vor Ort - bei fortgesetzter Tätigkeit der staatlichen "Beratungsstellen" durch zusätzliche finanzielle Zuschüsse. Aufgrund der leeren Kassen sah man sich aber außerstande, die Aufgaben insgesamt zu finanzieren. In diese Lücken trat der Ende November 1919 gegründete "Volksbund Deutsche Kriegsgräberfürsorge e.V.". Es handelt sich gemäß Selbstverständnis und Struktur der Mitgliedschaft um einen Verein der "privaten Fürsorge", der nach dem Muster der Freien Wohlfahrtspflege und früherer, ähnlicher Vereinigungen[129] tätig sein sollte.

Mit dem vorliegenden ersten Aufruf trat der Volksbund erstmals in die Öffentlichkeit, um für Unterstützung (durch Mitgliedschaft, Spenden, aktive Mitarbeit im Verein vor Ort) in der Bevölkerung zu werben:

1. Der Aufruf schildert einleitend die aktuelle Situation (Zeile 3-16): Millionen Gräber von Toten, die "ihr Leben für das Vaterland" verloren (Zeile 3), deren Ruhestätten aber dennoch "verlassen in fremder Erde, fern der Heimat" verwahrlost blieben. Obwohl der "Vertrag von Versailles" (Teil VI: Bestimmungen über Kriegsgefangene und Soldatengräber/Art. 225) ausdrücklich eine respektvolle Erhaltung der Kriegergräber forderte, konnte die völkerrechtlich erzwungene Pflichtarbeit nicht annähernden Ersatz bieten für "die liebevolle Pflege ..., welche die besorgten Angehörigen den fernen Gräbern geben möchte" (Zeile 9 f.).

2. Nach der eingangs geschilderten Notlage wurde die Perspektive "privater Fürsorge" geboten (Zeile 11). Mit diesem Hinweis griff der Volksbund gängige zeitgenössische Lösungsmodelle für soziale Probleme im Grenzbereich halb privater, halb öffentlicher Belange auf. Dort wirkten Verbände, Einrichtungen der "privaten Fürsorge" resp. Freien Wohlfahrtspflege aus eigenständiger, freier Initiative, in autonomer Aufgabengestaltung, mit eigenen finanziellen Mitteln (z.B. Spenden), vorwiegend ehrenamtlichen Mitarbeitern, freilich auch mit dem Wohlwollen und der Unterstützung staatlicher In-

stanzen (zum Beispiel: Deutsches Rotes Kreuz, Caritas, Innere Mission, Zentralwohlfahrtsstelle der Juden in Deutschland). Nach dem Muster "privater Fürsorge" sollte ein neuer "Fürsorge"-Verein bzw. -verband einen Ausweg aus den Problemen der Kriegsgräberpflege schaffen.

3. Der Volksbund beanspruchte seine Kompetenz im In- und Ausland. Zugleich rief er zu ehrenamtlicher "tätiger Mitarbeit" auf (Zeile 12), zu Vereinsbeitritt wie überhaupt zu intensiver Hilfe "aller" (Zeile 17-39). Wiederholt propagierte er die Kriegsgräberfürsorge als "nationale" Angelegenheit, als "Ehre" und "Pflicht" für "alle" Deutschen ungeachtet des Bekenntnisses und der Partei (Zeile 11, 17-39).

4. Die attraktive Namensliste des "Verwaltungsrates" am Schluß des "Aufrufes" zeugte von einer ebenfalls werbenden, "großartigen Spannweite der Anteilnahme" mit prominenten Namen aus Politik, Beamtenschaft, Militär, Kirchen, jüdischen Gemeinden, Banken, der Großindustrie, Kunst, der deutschen Gewerkvereine, der christlichen Gewerkschaften sowie der freien Fürsorgeverbände.[129] Dazu gehörten auch die Feldpröpste Schlegel und Joeppen, ferner Dr. Strake von der "Kirchlichen Kriegshilfe". Insgesamt unterstrich die Namensliste den überkonfessionellen Charakter des Volksbundes. Das erklärte überparteiliche Selbstverständnis war im herkömmlich-"vaterländischen", d.h. tendenziell konservativen Sinn zu verstehen, der die Sozialdemokraten ausschloß.

Der Aufruf betonte die national-deutsche Orientierung als konstitutives Element der neuen "Kriegsgräberfürsorge", deren inhaltliche, ideologische Bindungen mehrfach mit dem militärischen "Ehr"-Begriff umschrieben wurde (vgl. Zeile 11, 15, 39)! "Ehre" galt als nationale Dankespflicht für den Gefallenentod (Zeile 9, 11 f., 36, 39), als Ausdruck "liebevoller" Beziehung sowie als "ernste", sogar als quasireligiöse "heilige Pflicht" (Zeile 16, 39). Dabei wurde der Gefallenentod nicht als einfaches Ergebnis militärischer Waffenwirkung bewertet, sondern als Zeichen vorbildlich-nationaler Gesinnung (Zeile 3), als Anlaß privater und öffentlicher Trauer (Zeile 3-10, 27 f., 31 f.), insbesondere auch als national-religiöses "Opfer" dafür, daß "... die Heimat vor den Schrecken des Krieges ..." bewahrt blieb (Zeile 35 f.)! Die wiederholte, programmatische Betonung der nationalen "Ehrenpflicht" ermöglichte die Fortführung und Bekräftigung der traditionellen Wertvorstellungen und der früheren "Totenehrung".

Sowohl in der Wortwahl der "Kriegerehrung" als auch in den Gestaltungsgrundsätzen für die neuen Kriegerfriedhöfe war das Vorbild militärischer Gräberfürsorge sichtbar. Die Friedhöfe sollten nach dem Willen des Volksbundes ein Abbild des Soldatenlebens sein "... unter dem gleichen Schicksal ... unter dem Gesetz der Kameradschaft, das die Sonderbehandlung eines einzelnen Grabes in der Art der Bepflanzung oder der Form des Grabzeichens ausschließt ...", ungeachtet der militärischen Rangverhältnisse, der sozialen Herkunft o.ä.[130] Individuelle Wünsche und Ausdrucksformen waren prinzipiell dem kollektiven, militärischen und nationalen Wertgefüge unterworfen.

Der Volksbund konnte auf vielfältige Unterstützung bauen. Das Reichsinnenministerium betonte zwar seine vorrangige Zuständigkeit und Verantwortung für die Kriegerfriedhöfe, befürwortete aber die Aktivitäten des Volksbundes als "wertvolle Ergänzung der amtlichen Fürsorge".[131] Besonderer Wertschätzung erfreute sich der Volksbund nicht nur bei zivilen Staatsbehörden, sondern auch beim Militär.

So waren ranghohe Offiziere des früheren Kriegsheeres und der Reichswehr im "Verwaltungsrat" vertreten, mancher Mitarbeiter und Gründungsinitiator war während des Krieges als "Gräberoffizier" tätig gewesen, so daß eine personelle und sachliche Kontinuität zu militärischen Instanzen gegeben war.[131] Die Verbandsarbeit entwickelte sich zunächst in Preußen - einschließlich Westfalen - auf Landes- und Ortsebene in besonderen Schwerpunkten: Schutz, Schmuck und Pflege von Gräbern, einschlägige unentgeltliche Beratung, Organisation von Gräberfahrten, die Errichtung von Grabdenkmälern, die Hilfe für unbemittelte Kriegshinterbliebene, insbesondere die Initiativen für den Volkstrauertag seit 1921 (am zweiten Sonntag vor dem 1. Advent).[132] Das erklärte, vorrangige Ziel, die deutschen Kriegerfriedhöfe im Ausland zu gestalten und zu betreuen, unterlag seit April 1923 - gemäß Beschluß der Reichsregierung - der Verantwortung des Auswärtigen Amtes. In dessen Rahmen konnte der Volksbund seit Ende der zwanziger Jahre eine umfassende Gräberpflege entfalten, so besonders in Frankreich und Belgien, in Ansätzen auch in Polen und Rumänien. Dabei stützte er sich auch auf Patenschaften, die von Städten, Kriegervereinen etc. für einzelne Friedhofsanlagen übernommen wurden.

An der innerdeutschen Bewußtseinsbildung war der Volksbund maßgeblich beteiligt. So griff er 1931 in die einschlägige Diskussion ein mit der eindrucksvollen Veröffentlichung des "Deutschen Ehrenhains für die Helden von 1914/18", einer bilanzähnlichen, umfassenden Bilddokumentation von Ehrenmälern aus dem ganzen Reich. Deren Abbildungen verliehen dem Buch des Volksbundes einen denkmalsähnlichen Charakter als "Monumentalwerk". Dessen Betrachtung empfahl Ernst Bergmann in seinem Geleitwort mit der "... überwältigenden Fülle ebenso liebevoll wie künstlerisch vollendet gestalteter Erinnerungs- und Weihestätten zu einem Erlebnis von nie geahnter Gewalt" - im Dienst einer "Wiederauferstehung Deutschlands".[132]

Gefallenenehrung - Kriegerandachtsmal/-gedächtniskapelle - in Lipperode 1920
Kirchlich-religiöse Aufwertung des Gefallenentodes

Bei Kriegsende gab es wohl kaum eine Ortsgemeinde, die keine gefallenen Angehörigen zu beklagen hatte. Dabei waren von Amts wegen die Kirchengemeinden berufen, das Gefallenenbegräbnis bzw. -gedächtnis religiös zu gestalten. Dazu waren mancherorts schon in den Kriegsjahren Denkmalspläne entworfen, die an die Tradition des innerkirchlichen Aufstellungsortes anknüpften und sogleich nach Kriegsende verwirklicht werden konnten. Nach dem Vorbild der früheren Gedenktafeln für Gefallene der Befreiungskriege, der nationalen Einigungs- und Kolonialkriege wurden nach dem Ersten Weltkrieg "Ehrentafeln" in den Kirchen angebracht - Namenslisten der Gefallenen unter dem Zeichen des Eisernen Kreuzes mit der Aufforderung zum Gebet und dem Verweis auf das "Vaterland". Doch es gab auch aufwendige Formen, zum Beispiel Kirchenfenster, liturgische memorative Stiftungen, Totenzettel, Ehrenhaine, figürliche Mäler bis hin zu Neugestaltung oder Neubau von Kapellen.

Nach dem Ersten Weltkrieg wurden "relativ zahlreich" Kapellen oder innerkirchliche Räume für das Gefallenengedächtnis geschaffen.[133] So entstand in der katholischen Pfarrkirche St. Michael in Lipperode, einer Exklave des Freistaates Lippe in preußischem Gebiet, eine sogenannte "Gedächtniskapelle" unmittelbar neben dem Chorraum. Diese räumliche Anordnung der Kriegerkapelle neben dem Hauptaltar mit dem Tabernakel, d.h. neben dem "Allerheiligsten", war Ausdruck höchster Wertschätzung für die insgesamt 15 Gefallenen der Pfarrgemeinde.

Die Kapelle war als neugotischer Andachtsraum vom Paderborner Dombaumeister Karl Matern konzipiert. (Die Kirche war erst im Jahre 1904 gebaut

44. Gedächtniskapelle in Lipperode 1920

und eingeweiht worden). Kurz nach Kriegsende, bereits am 6. Dezember 1918 wandte sich der Bildhauer Anton Mormann aus Wiedenbrück an Pfarrer Becker mit Vorschlägen. Im Februar 1919 schickte Matern Entwürfe für ein Glasfenster "für die Gedenkkappelle" mit Allegorien des Krieges. Ausserdem wurde auf einem altarähnlichen Vorbau ein Nischen- oder Andachtsbild mit einem naturalistischen Relief entworfen (vermutlich von Mormann und Becker gemeinsam): Zwei uniformierte Krieger treten vor die thronende "Mutter Gottes" mit dem segnenden Jesuskind. Künstler und Pfarrer verfolgten bestimmte Aussage: "Die gestellte Aufgabe ist, durch das Bildwerk die Zuflucht in den Kriegsnöten zu der Mutter Maria, der Himmelkönigin und ihrem göttlichen Kinde darzustellen ... Der gebückt stehende Krieger, der mit liebevollem Interesse der Trostspendung durch das Jesuskind zusieht, hat seinen verwundeten linken Arm in einer Binde. Mit der rechten Hand stützt er den schmerzenden Arm und hält zugleich seine Mütze, die er ehrfurchtsvoll abgenommen ... Der Verfertiger des Gedankenausdrucks in dem Bilde denkt sich den knienden Krieger ganz jung mit nur geringen Bartanfängen, weil das zu der Handlung und zu dem Jesukinde stimmungsvoll wirken wird. Der stehende Krieger als Kavallerist ist jedoch als gereifter Mann gedacht."[134] Das beabsichtige Angebot einer "Zuflucht in den Kriegsnöten" war kein Sonderfall, sondern deckte sich im wesentlichen mit anderen Denkmalsprojekten und mit den Intentionen der Paderborner Kirchenoberen sowie mit den früheren Grundlagen der kirchlich-religiösen, geistlich-seelsorgerischen Betreuung der Frontsoldaten. Ihnen sollte die Chance eingeräumt werden, auch unter Kriegsverhältnissen die Erinnerung und Zuversicht geordneter, friedvoller und menschenwürdiger Lebensbedingungen zu pflegen.

Die schließlich ausgeführte Denkmalskonzeption (Enthüllung im Mai 1920) beschrieb Martin Bach zutreffend: "Hier treten irdisch lebendige deutsche Krieger der himmlischen Gottesmutter und ihrem Sohn in einer vorbehaltlosen Realität und nahezu aufdringlicher Enge ganz selbstverständlich gegenüber, zwar nur etwa halblebensgroß, jedoch mit zahlreichen wirklichkeitssuggerierenden Detailnaturalismen in poetisch eingängiger Glaubwürdigkeit, wie es auch aus dem festen Glauben an den göttlichen Kriegsbeistand der Überlebenden und in der Heimat fromm Verbliebenen zu erklären ist. Die himmlische Mutter sitzt in junger, reiner, idealer Schönheit und mit reichfaltiger Gewandung auf ihrem Thron, der mittels eines Sockels auf eine nur leicht höhere Ebene würdigend gehoben ist. In ihrem Schoß thront das zarte Jesuskind. Der junge Krieger kniet zur Andacht nieder, mit aufgepflanztem Bajonett, sein Gewehr mit betenden Händen umfangend. Der Sohn Gottes legt seine Hand, geführt von der Linken der Himmelskönigin, auf die Stirn des jugendlichen Kriegers, seine Rechte segenhaft erhoben. - Mit einem Eisernen Kreuz an der Brust ausgezeichnet, steht der ältere verletzte, josefähnliche und gleichsam heiligmäßige Kavallerist eng im Rücken des Knienden, dessen differenziert geschilderte, ordentliche saubere Uniform und Ausrüstung mit feinen Faltungen, Riemchen, subtilen Stoffspan-

nungen mit ausführlicher Durchgestaltung gewürdigt wird und in enge
Wertbeziehung zur plastisch reichen, heiligen Gewandung der himmlischen
Figuren tritt ..."[134]
Die Darstellung und Erhebung uniformierter deutscher Krieger oberhalb ei-
nes altarähnlichen Vorbaus, wo traditionellerweise nur die göttlichen Perso-
nen oder kirchlich anerkannte "Heilige" zu sehen waren, korrespondierte mit
der Kriegstheologie. Deren Gleichstellung von Gefallenen und Märtyrer-
Heiligen belegte eine weitere Aufwertung des Militärs. Über das Ende des
Krieges hinaus wurden so kriegstheologische bzw. -ideologische Vorstellungen erneuert. Selbst dann, wenn in dem Relief nicht Gefallene, sondern
Überlebende gesehen werden, so erweist sich das Denkmal doch als besondere Verherrlichung des Militärs, des ordensgeschmückten, gläubigen, idealen Kämpfers. In diesem Sinne diente es als "Andachtsbild" sowohl zur religiösen Erbauung als auch zur pädagogischen Orientierung. Es sollte "... das
Ideal der marianischen Kriegsfrömmigkeit dem katholischen Gläubigen lehr-
haft veranschaulichen, sozusagen eine versteinerte Kriegspredigt ..."[134] und
belegt die fortdauernde Gültigkeit der innerkirchlichen Auffassung, daß der
Krieg die Menschen zu Gott führe. Kaum einem anderen "Berufsstand" wurde eine vergleichbare Aufmerksamkeit gewidmet! Dazu äußerte sich auch
der katholische Militärgeistliche Joseph Schärfl mit unmißverständlicher
Deutlichkeit: "Die hl. Kirche schaut mit Stolz ... auf den Kriegerstand, der
ihr nach dem Priesterstand so viele und so große Heilige gab; ... sie erklärt
den Tod auf dem Felde der Ehre für eine Art Martertod oder 'Bluttaufe',
welche die Sünden wegnimmt und einen Ehrenplatz im Himmel eröffnet ...
Seid stolz, deutsche Soldaten zu sein!"[135] Das dargestellte Beispiel gläubiger
(gefallener oder überlebender) Soldaten sollte zur Nachahmung anregen.
Dieser Absicht folgte auch die Raumgestaltung der "Kriegergedächtniskapelle": "Die enge intime, heilige Szene findet vor einem linienverzierten,
die Reinheit Mariens symbolisierenden Behang statt, eingelassen in eine
spitzbogige Nische, die sich am Kreuzgratgewölbe des kleinen Andachts-
raumes orientiert, in dem Marmortafeln mit den Namen der Toten inschriftlich aufforderten: 'Betet für die gestorbenen Krieger!'"[136]

Ehrenmal - Bernhardsbrunnen - in Lippstadt 1920
Kontinuität Wilhelminischer Tradition

Außer den Kirchengemeinden gab es weitere Stiftungen von Kommunal- und
Staatsbehörden, Hoch-/Schulen, Firmen, (Krieger-)Vereinen - von Ehren-
tafeln bis hin zu aufwendigen Ehrenmälern. Dazu waren schon in den
Kriegsjahren Intiativen vorbereitet, später aktualisiert oder fortgeführt wor-
den, so auch in Lippstadt. - Angeregt vom Reiterstandbild des Kopenhagener
Stadtgründers Bischof Absalon, sollte das Denkmal für den Lippstädter
Stadtgründer Bernhard schon 1914 errichtet werden. Den Entwurf hatte der

45. Bernhardsbrunnen
in Lippstadt

Objektskizze: Zweischalige Brunnenanlage mit zentraler Säule, darauf das
Bronzestandbild Bernhards II. zur Lippe in Ritterrüstung, die Linke auf das
Schwert gelegt, in der Rechten eine Urkundenrolle mit den Lippstadt im 12.
Jahrhundert verliehenen Stadtrechten, Inschrift auf der Außenfläche der un
teren Schale - zwischen hervortretenden Wappensteinen mit Eisernem Kreuz
und Reichsadler, Text· "Die dankbare Vaterstadt / ehrt ihre im Weltkriege
1914 - 1920 Gefal- / lenen Söhne durch dieses Denkmal".[137]

Düsseldorfer Bildhauer Albert Pehle, gebürtig aus Lippstadt, geschaffen.
Während des Krieges erfolgte eine Umdeutung des Konzepts zum Ehrenmal.[137]
Die Ausführung des ursprünglichen Planes verzögerte sich aber durch den
Kriegsausbruch und wurde bald darauf einer Änderung unterzogen: Es wurde ein Ehrenmal für die insgesamt 609 Gefallenen der Stadt. Die neue und
endgültige Intention wurde an der unteren Brunnenschale bekanntgegeben
durch die "Ehr"-Inschrift und die Wappensteine. Die Textwahl folgte patri-

archalischen Denkmustern, insbesondere der apolitischen Tradition konservativ-"vaterländischen Dankes", wie sie in der bisherigen Kriegerdenkmalsentwicklung dominierte.

Die inschriftliche Widmung "dieses Denkmals" für die "Gefallenen" verzichtete auf jede weitere Erläuterung des Standbildes, dessen Identifikation dem (unbefangenen?) Betrachter überlassen blieb: Sollte die Ritterfigur weiterhin Bernhard II. darstellen oder war sie als Idealbild der Gefallenen zu verstehen? Sollten Bernhard II. und die Gefallenen miteinander gleichgestellt werden? Konnten die ritterlich-kämpferischen Tugenden, zum Beispiel "Gottesfurcht, Tapferkeit und Treue", deren ideale Verkörperung Carl Laumanns in Bernhard II. erkannte, auch den Gefallenen unterstellt werden? Das ostmissionarische Engagement Bernhards II., in vielen heimatkundlichen Schriften erwähnt, motivierte die volkstümliche Phantasie zu unhistorischen Analogien zu deutschen Weltkriegssoldaten im Baltikum. Dies legte schon das semantische Umfeld des Eisernen Kreuzes nahe (vgl. die Vorstellung des mittelalterlichen Deutschen Ordens als Vorkämpfer national-deutscher Macht im Osten). In diesem Sinne wären die Gefallenen als ebenbürtige Kämpfer und Nachfolger Bernhards II. zu bewerten!?

Egal, wie die verschiedenen Fragen über den Zusammenhang von Ritterfigur und Gefallenengedächtnis zu beantworten waren, an den normativen national-deutschen, militärkonformen und konservativen Bindungen ließ die Inschrift keinen Zweifel. Die flankierenden Wappensteine hoben den reichsdeutschen Sinnbezug hervor, der den ursprünglichen, regionalen Charakter der Stiftung in ungebrochener Kontinuität auch über die Niederlage des Ersten Weltkrieges und über die "Revolution" hinaus in einen nationalen Rahmen stellte. Die relativ problemlose Umdeutung eines bürgerlich-konservativen Denkmals der Wilhelminischen Zeit zu einem Ehrenmal der Weimarer Zeit hatte zunächst finanzielle Gründe der Sparsamkeit, zumal eine (teure) Bronzefigur infolge fortwährender Rohstoffknappheit und alliierter Reparationsforderungen nach Kriegsende außerordentlich selten war. Darüber hinaus demonstrierte die Lippstädter Anlage die ungebrochene Kontinuität gesellschaftlich-politischer Interessen und Wertvorstellungen aus Wilhelminischer Zeit, ungeachtet der Kriegsjahre, der "Revolution", des staats- und verfassungspolitischen Wandels. Dieser hatte anscheinend auch auf die Aussagen der Anlage keinen ändernden Einfluß ausgeübt.

Krieger-Erinnerungsmal der jüdischen Kultusgemeinde in Recklinghausen Anfang zwanziger Jahre
Kontinuität deutsch-jüdischer Identität

Im Unterschied zu zeitgenössischen Ehrenmälern überwogen hier sepulkrale Charakteristika - in der obeliskähnlichen Gestaltung, dem Blumenschmuck sowie in der einfachen "Erinnerung" (anstatt "Dank" oder "Ehre"; vgl. Inschrift). Bemerkenswert war die beinahe gleichgroße Gestaltung von Davidstern und Eisernem Kreuz als Zeichen der sowohl religiös-jüdischen als auch national-deutschen Identität von Gefallenen und überlebenden Stiftern. Ähnliche, vorwiegend sepulkrale Gestaltungsmerkmale wurden bei Stiftungen von anderen jüdischen Kultusgemeinden bekannt sowie bei Gedenktafeln nach bekanntem Muster.

Ähnlich wie in Wilhelminischer Zeit hatten jüdische Kriegerdenkmäler des Weimarer Reiches eine wichtige politische Funktion, die national-deutsche

46. Kriegerdenkmal in Recklinghausen

Objektskizze: Obeliksähnlicher, mehrteiliger Gedenkstein (Sandstein) mit pyramidalem Oberteil, an den Ecken auf Kanonenkugeln ruhend, mit dreiteiligen Inschrifttafeln auf vorspringendem Unterteil: 1) "Zur Erinnerung an die fürs Vaterland 1914 - 1918 gefallenen Gemeindemitglieder" mit dem Eisernen Kreuz im Mittelfeld, 2) unter dem Davidstern: die Namen der Gefallenen, umrahmt von einem Perlkranz, rechts und links davon Ornamente, 3) Blumenrelief bis zum Oberteil des Gedenksteins reichend - vorspringender Sockelaufsatz mit Blumenschale unterhalb der Inschrifttafel.[138]

Gesinnung und Kampfbereitschaft des deutschen Judentums öffentlich zu beweisen und zu demonstrieren. "Gerade weil die deutschen Juden von einem neuen demokratischen Deutschland nach all den gemachten Erfahrungen allein eine Wende ihres Schicksals erwarteten, beteiligten sich viele an der politischen Arbeit in Revolution und Umbruch und zogen sich damit um so stärker den Haß der alten Gegner zu. Dieser Haß ... erfaßte die sich auflösende Armee, drang in die Freikorps und von dort in die Reichswehr und in jene Wehrverbände, mit denen die Reichswehr im Grenzschutz eng zusammenarbeitete, den Stahlhelm und später die SA."[139] Besonders deutlich wurde der Antisemitismus in der Reichswehr im militärisch-offiziellen Gefallenengedenken. Ranghohe, verantwortliche Reichswehroffiziere unterließen es, wirkungsvolle, überzeugende Maßnahmen gegen antisemitische Beschimpfungen und Diffamierungen jüdischer Weltkriegskämpfer und Gefallener zu ergreifen. Antisemitische Agitatoren erhielten sogar militäramtliche Hilfe und den Schutz des Reichswehrministeriums. Auch frühere, wiederholte Befehle vom Chef der Heeresleitung, die Reichswehr habe sich "... in der Judenfrage strengstens jeder Betätigung von Dienst wegen zu enthalten", trafen auf Gleichgültigkeit und die halbherzige Auffassung, die "Judenfrage" sei angeblich eine Privatangelegenheit.[139] - Erst im Zusammenhang mit diesen Auseinandersetzungen und Schwierigkeiten werden die Brisanz und der besondere gesellschaftlich-politische Stellenwert der Kriegerdenkmäler verständlich, die von jüdischen Gemeinden oder Bürger-Ausschüssen gestiftet und errichtet wurden.

Opferdenkmal - Trauernde Frau (Germania) - in Frankfurt/Main 1920

Alternativen zur vorherrschenden Denkmalspropaganda

Objektskizze: Überlebensgroße Frauenfigur aus dunklem Granit, den gebeugten, halb verschleierten Kopf auf die Linke gestützt, die Rechte an die nackte Brust gelegt, in sitzender Haltung mit gespreizten Füßen - auf zweiteiligem Sockel, dessen kleinerer Oberteil mit der Widmungsinschrift: "Den Opfern".[140]

Das Frankfurter Opferdenkmal wurde von Benno Elkan geschaffen. Die Enthüllung am 3. Oktober 1920 wurde ein "... Skandal ... Es gab da Eingaben an die Stadtverwaltung und Leserbriefe in den Zeitungen; denn mancher Mitbürger konnte sich nicht damit abfinden, daß 'das nackte Mensch' den Schmerz der Mutter Deutschland um die im Ersten Weltkrieg Gefallenen versinnbildlichen sollte. Elkan dozierte damals ..., der 'echte Künstler mit dem ihm eigenen hohen Gedankenpflug' eile seiner Zeit voraus; sie hole ihn jedoch alsbald ein, zuweilen überlebe er sie sogar."[140]
Sicher war es seiner starken und eigenständigen Persönlichkeit zu verdanken, daß sich Elkan gegen den Strom seiner Zeit durchzusetzen vermochte.

47. Opferdenkmal in Frankfurt/M. 1920

Er widersprach dem vorherrschenden Entwicklungstrend neuer Kriegerdenkmäler, der trotz unterschiedlicher Stilrichtungen - christliche Motive,
sepulkralarchitektonische, naturalistische oder germanisierend-klassizisti-
sche Formen - durchweg eine militärkonforme Bewertung des Krieges beibehielt. Demgegenüber wählte Elkan eine moderne, kubische Gestaltung der
menschlichen Betroffenheit und Trauer über Kriegsleid und -folgen. Elkan
schuf eine nationale Art "Mater dolorosa" - Deutschland als trauernde Mutter, wie das Denkmal von Zeitgenossen empfunden wurde. Er erreichte eine
hohe künstlerische Ausdruckskraft - die Frauengestalt in fast nackter und ge-
drückter, kauernder Haltung, die den Betrachter zur engagierten Stellungnahme herausforderte. Auch die Inschrift mit der lapidaren Widmung verstärkte den melancholischen Gesamteindruck der Trauer - ohne ablenkende,
"ehrende" Sinn- oder Wertbindung, wie sie den übrigen Kriegerdenkmälern
zumeist zu eigen war. Elkans Anspruch einer rein menschlichen Trauer und
der kubi(sti)sche Stil waren unter deutschen Ehrenmälern wohl einmalig.[140]
In Düsseldorf kam ein vergleichbares Regimentskriegerdenkmal von Jupp
Rübsam - acht Jahre später - zur Ausführung, ähnlich umstritten und bald
darauf unter nationalsozialistischer Herrschaft auch zerstört. - 1924 hatte

135

Karl Knappe Reliefs für die Seitenwände des Ehrenmals im Münchener Hofgarten entworfen: acht Grabwächter in kubistischen Formen - eine Anklage gegen den Krieg als Ursache von Tod und Vernichtung. - Aus Westfalen und Lippe wurden keine entsprechenden Objekte bekannt, soweit nicht Elkans Dortmunder Herkunft und Bindungen hier zu erwähnen sind.

Das Frankfurter "Opfer-Denkmal" bildete eine der seltenen Alternativen zur vorherrschenden Gefallenen-"Ehrung". Seine stilgeschichtliche und intentionale Sonderstellung belegte die kühne, künstlerische Eigenständigkeit Elkans und erlaubt einen Vergleich mit anderen modernen, expressionistischen Formen. Sie verbanden aber im Unterschied zum Kubismus die Trauer mit einer politischen Stellungnahme, so zum Beispiel Walter Gropius' Denkmal für die Märzgefallenen in Weimar oder das Gedächtnismal von Mies van der Rohe für Rosa Luxemburg und Karl Liebknecht in Berlin. - Auch konservative, militärkonforme Stifter entschieden sich für moderne Stile als Ausdruck ihres Anliegens, so beim Ehrenmal des 1.Westf. Feld-Artillerie-Regiments Nr.7 im Düsseldorfer Hofgarten, ein Gemeinschaftswerk des Architekten Stobbe, des Kunstmalers Bergmann und des Bildhauers Zieseniss aus dem Jahre 1928. Vier Blöcke trugen die Gefallenenwidmung, darüber Reliefs für Frieden, Krieg und Wiederaufbau, auf deren Spitze eine Granate im Augenblick ihrer Explosion zu sehen war.[141] - Die modernen, teils militärkritischen Denkmäler wurden kurze Zeit nach ihrer Errichtung infolge der nationalsozialistischen "Machtergeifung" zerstört oder beseitigt. Durch einen Glücksfall fiel Elkans Werk nicht der Zerstörungswut anheim, sondern überstand das "Dritte Reich" unversehrt in einem privaten Magazin (Neuaufstellung in Frankfurt: 1952/53).

Ehrenmal - St. Sebastian mit sterbendem Soldaten - in Nienberge 1921

Das Ehrenmal der Gemeinde Nienberge (bei Münster) wurde vom örtlichen Kriegerverein gestiftet und der Gemeinde im Oktober 1921 übergeben. Es wurde beim fünfundzwanzigjährigen Stiftungsfest des Vereins an der Südseite der katholischen Pfarrkirche auf einem Sockel errichtet, der folgende Inschrift trug: "Den Toten zur Ehre / den Lebenden zur / Mahnung".

Die Wahl des Motivs lag nahe, weil St. Sebastian in Nienberge seit Jahrhunderten als Pfarr- und Kirchenpatron von der Bevölkerung verehrt wurde. Darüber hinaus gehörte er zu jenen frühchristlichen Martyrer-"Heiligen", die als spezifisch "soldatisch" galten und deren Verehrung von Militär- und Kirchenbehörden vorzüglich gefördert wurde. Auf einem Sandstein-Sockel schufen Wilhelm Graskamp und Wagner eine naturalistische Figurengruppe mit antikisierenden und germanisierenden Anleihen: An einem säulenähnlichen, gebrochenen Marterpfahl[142] in Form eines westfälischen Eichenstammes war Sebastian, in idealisierend athletischer Gestalt, gebunden. Die Eiche galt als Symbol deutscher Stärke und Standhaftigkeit. Der Eichen-

*48. Ehrenmal in
Nienberge 1921*

stumpf wurde voller Lebenskraft mit neuen Eichenblättern an einem kleinen
Ast dargestellt, der gleich einem Siegerkranz über dem Kopf Sebastians
schwebte. Die Eiche verlegte den Ort des in einer Legende überlieferten Leidens Sebastians in die Gegenwart, in das westfälische Nienberge: selbstver-
gessen, die eigene Marter nicht achtend, neigt er sich dem am Boden liegenden deutschen Soldaten zu, blickt zu ihm mit schmerzerfülltem, ernstem
Gesicht herab und reicht ihm zum Trost und als Zeichen der Anteilnahme
die helfende, linke Hand. Der Soldat liegt in akkurater, ordnungsgemäßer
preußischer Uniform, Waffen und Helm "zum Gebet" abgelegt, die Hände
gefaltet. Das Gesicht des Soldaten ist von den Anstrengungen des Krieges
gezeichnet und andachtserfüllt.

Die andächtige Gebetshaltung des Uniformierten und die zuwendungsvolle
Neigung und Gestik des "Heiligen" ließen die Grenzen zwischen Himmli-
schem und Irdischem, zwischen Diesseits und Jenseits verblassen. So wurde
der Soldat in die himmlische Sphäre der christlichen Martyrer-"Heiligen"

aufgenommen. Diese Auffassung war von den Kirchenoberen auch andernorts sanktioniert und nicht auf die katholische Konfession beschränkt. Die Anerkennung lag seitens der kommunalen Gemeindebehörde in der finanziellen Unterstützung des Denkmalsprojektes vor und kirchlicherseits in der Erlaubnis, das Kriegerdenkmal an der Südseite der Kirche zu errichten. Dort diente es, ähnlich wie in Lipperode, der religiösen Erbauung und dem Gefallenengedächtnis, darüber hinaus dem öffentlichen, kommunalen Kriegergedenken. - In der Kirche wurde zusätzlich eine "Ehrentafel" aufgerichtet, auf der Namen und Photos der Gefallenen vor dem Hintergrund des Eisernen Kreuzes und des Lorbeerkranzes zu sehen waren, so daß der militärische Sinnbezug bürgerlicher- bzw. kirchlicherseits bekräftigt wurde. (In Kriegsgefangenschaft verstorbene Russen wurden in einem Friedhof des nahegelegenen Lagers mit eigenen Grabdenkmälern beigesetzt.)

Von der staatlichen "Kriegerehrung" zur Erhaltung der Kriegergräber 1922

1916 waren bereits "Staatliche Beratungsstellen" eingerichtet worden, die auf Landesebene unter der Aufsicht der Oberpräsidenten auf die Gestaltung von Krieger(grab)denkmälern einwirken sollten. Sie übernahmen die Aufgaben, die bislang vorrangig in Händen militärischer Behörden und freier Verbände lagen. Auch unter der neuen, zivilen Regie blieben militärisch einheitliche Gestaltungsgrundsätze unbestritten. Sie prägten maßgeblich die Beratungsarbeit, die im wesentlichen seit Kriegsende aufgenommen wurde. Als "gemeinnützige, staatlich begründete Einrichtung" hatten sie ihren Dienst unentgeltlich zu leisten an Gemeinden, Körperschaften und Einzelpersonen.[143] Außer einem Vertreter des Oberpräsidenten gehörten den Beratungsstellen Vertreter der Landesversicherungsanstalten, der Provinzialbehörden (Provinzialkonservator), der Universitäten und der Heimatvereine an. Sie fertigten Gutachten zu Denkmalsvorschlägen oder sogar eigene Entwürfe an, sammelten einschlägige Dokumentationen und Schriften. Durch die Befreiung von der Luxussteuer, die ihrem Ermessen unterlag, konnten sie ihren Empfehlungen zusätzlichen Nachdruck verleihen.
Das Ziel der Beratungsarbeit wurde in einem zeitgenössischen Merkblatt ausführlich als "Kriegerehrung" vorgestellt. Obwohl der Begriff der ideologischen Tradition des preußischen Heeres entstammte, sollte er eine Abkehr vom herkömmlichen Gefallenengedächtnis, den "Kriegerdenkmälern" der Kaiserzeit verdeutlichen, wie Gustav Wolf (Münster) formulierte:

"Wir wollen nicht 'Kriegerdenkmäler' errichten, wie es damals geschah. Was wir schaffen, sei 'Kriegerehrung' im besten Sinne dieses Wortes. - Eine Kriegerehrung kann die verschiedensten Formen annehmen. Sie kann in einer sozialen Einrichtung bestehen, der Linderung von Kriegswunden gewidmet; sie kann die Form einer Gedächtnisstätte im

freien Lande annehmen, oder die Gestalt eines Steinkreuzes oder nur einer hölzernen Tafel: Wie immer aber auch der Grundgedanke und das räumliche Ausmass der Kriegerehrung sei, nie soll sie Marktware aus dem Steinmetzgeschäft sein, nie Dutzenderzeugnis; stets soll sie dem Orte, der sie plant, als etwas Eigenes geschaffen werden.
Drei Forderungen sind vor allem an jede Ehrung zu stellen: sie soll in einfacher Gestalt in das heimatliche vorhandene Bild der Landschaft, der Ortschaft oder des Raumes hineinwachsen; sie soll zeitgemäss sein, dem bitteren Kriegsende und der Not der Gegenwart angemessen; sie soll ernsten Sinn tragen, damit die Nachkommen ein würdiges Bild von der Gedankenwelt der Zeitgenossen großer Weltgeschehnisse gewinnen."[143]

Ein zentrales Anliegen dieser "Kriegerehrung" war offenbar die Ernsthaftigkeit und Glaubwürdigkeit ("etwas Eigenes" anstatt "Marktware" oder "Dutzenderzeugnis"). Der Begriff umfaßte soziale Maßnahmen der Verwundetenfürsorge bis hin zur Pflege der Kriegergräber und der Errichtung von Denkmälern - sowohl als einfache Gedenktafeln, doch ebenso als aufwendige Gedächtnisstätten. Auffällig waren die "drei Forderungen", die "an jede Ehrung" zu stellen waren; denn sie deckten sich mit den Gestaltungsgrundsätzen der "Gräberfürsorge" des Ersten Weltkrieges, so das Gebot "einfacher Gestalt" nach dem Prinzip militärisch nationaler, kollektiver Einheitlichkeit, die Forderung einer "zeitgemäßen" Orientierung an Krieg und Frieden. Das Kriegsgeschehen sollte nicht oberflächlich hingenommen werden, sondern mit "ernstem Sinn" und "Würde" betrachtet werden.
Staatliche Beratung beschränkte sich nicht auf Denkmäler, sondern sie schloß ebenso Kriegergräber ein. Die Gräberfelder waren durch den Versailler Friedens-Vertrag vom 28. Juni 1919 unter völkerrechtlichen Schutz gestellt (Art. 225f.). Dazu beschloß der Reichstag am 29. Dezember 1922 ein Gesetz über die Erhaltung der Kriegergräber aus dem Weltkrieg. Es gab dem öffentlichen Gefallenengedächtnis richtungweisende Impulse.
Seit 1921 hatte das Reichsinnenministerium versucht, ein entsprechendes Gesetzesvorhaben einzuleiten. Eine Unterabteilung des Ministeriums, das "Zentralnachweisamt für Kriegsverluste und Kriegsgräber" hatte bereits am 24. Juni 1921 einen Entwurf erarbeitet. Zwei Motive waren dabei ausschlaggebend: der Anspruch des dauernden Ruherechts für alle Gefallenengräber ungeachtet der Nationalität und die Auffassung von der "hohen sittlichen Bedeutung des Soldatentodes im Kriege".[144] Nach langen Verhandlungen mit den Landesregierungen und verschiedenen Änderungen gaben der Reichsrat und - am 29. Dezember 1922 - auch der Reichstag ihre Zustimmung, so daß das Gesetz am 9. Januar 1923 publiziert werden konnte.[145] Das Gesetz sicherte wunschgemäß die "dauernde Erhaltung" der Kriegergräber ungeachtet der Nationalität, der militärdienstlichen Herkunft (Heer, Marine; §§ 1, 5; Abs. 2). Ausdrücklich eingeschlossen waren auch Angehörige des deutschen Heeresgefolges und Gefallene aus den Truppenverbänden, die nach dem

Waffenstillstand zu fortdauerndem militärischen Kampf gezwungen waren, zum Beispiel im Osten (§ 5, Absatz 1). In der "Sorge für die Erhaltung" konkurrierten Reich und Länder miteinander. Beachtlich war auch der ausdrückliche "Vorrang des dauernden Ruherechts" als eine "öffentliche Last" gegenüber "allen öffentlichen und privaten Rechten" (§ 3). Diese Regelung bedeutete einen Kompromiß in einer schwerwiegenden Kontroverse aus dem Vorfeld der Gesetzesberatungen: "inwieweit die Pflege der Kriegergräber eine öffentliche Angelegenheit oder die private Aufgabe der Hinterbliebenen sei".[146] An dem prinzipiellen und absoluten Vorrang des "Ruherechts" gegenüber "öffentlichen" wie "privaten Rechten" wurde kein Zweifel gelassen, so daß die Gräber/Friedhöfe grundsätzlich für jedermann "zugänglich zu erhalten" waren (§ 3, Absatz 2). Diese Bestimmung sicherte zugleich den öffentlichen Zutritt zu den Gräbern und deren Nutzung für öffentliche Propagandainteressen. So blieb den Gefallenen des Weltkrieges auch nach dem Tod keine "Privatsphäre" vergönnt.

Gesetz über die Erhaltung der Kriegergräber aus dem Weltkrieg. Vom 29. Dezember 1922.

Der Reichstag hat das folgende Gesetz beschlossen, das mit Zustimmung des Reichsrats hiermit verkündet wird:

§ 1
Die Gräber der im Reichsgebiete bestatteten deutschen Krieger (Kriegergräber) werden dauernd erhalten.

§ 2
Die Sorge für die Erhaltung der Kriegergräber obliegt in Ergänzung einer Pflege von anderer Seite dem Reiche und den Ländern ...

§ 3
... Das dauernde Ruherecht ist eine öffentliche Last, die allen öffentlichen und privaten Rechten im Range vorgeht und der Eintragung im Grundbuch nicht bedarf. Sie besteht in der Verpflichtung des jeweiligen Eigentümers des Grundstücks, die Gräber dauernd bestehen zu lassen, sie zugänglich zu erhalten und den Ländern eine Einwirkung auf ihre Instandsetzung und Erhaltung zu gestatten...

§ 5
Die Vorschriften dieses Gesetzes gelten für die Gräber aller Personen, die bei ihrem Tode Angehörige des ehemaligen deutschen Heeres oder der ehemaligen deutschen Marine oder des Heeresgefolges waren und deren Überreste seit dem 1. August 1914 innerhalb des Reichsgebiets bestattet worden sind. Gleichgestellt sind ihnen die Angehörigen der nach dem Waffenstillstande gegründeten deutschen Truppenverbände mit Ausnahme der Reichswehr, ferner die in der Gefangenschaft gestorbenen deut-

schen Zivilinternierten, deren Überreste in Deutschland bestattet worden sind.
Dieses Gesetz gilt auch für die im Reichsgebiete bestatteten Heeres- und Marineangehörigen der während des Weltkriegs mit dem Deutschen Reiche verbündeten Mächte. Es gilt ferner für die im Reichsgebiete bestatteten Heeres- und Marineangehörigen und Zivilinternierten der im Weltkrieg feindlichen Mächte.

Über die Frage, ob ein Grab im Einzelfalle als Kriegergrab im Sinne des Gesetzes anzusehen ist, entscheidet unter Ausschluß des Rechtswegs die oberste Landesbehörde nach Anhörung des Reichsministeriums des Innern.

Berlin, den 29. Dezember 1922.

Der Reichspräsident
Ebert
Der Reichsminister des Inneren
Oeser[145]

Das Gesetz enthielt wesentliche Gemeinsamkeiten mit dem erwähnten Vorläufer aus dem Jahre 1872: mit dem dauernden Ruherecht auf Kosten des "Reichs", der Unterordnung individueller, persönlicher Ansprüche oder Sonderwünsche unter die Intentionen militärischen bzw. nationalen Gefallenengedenkens. So wurden Soldaten-"Beruf" und -tod wieder mit einer besonderen Aufmerksamkeit oder Öffentlichkeit "geehrt". Egal, unter welchen tatsächlichen äußeren Bedingungen oder aus welchen persönlichen Gründen ein Soldat den Tod erlitt, ihm wurde später einfach eine nationale Opfergesinnung unterstellt, und dazu sollte sein Grab als "Beleg", zugleich als Verpflichtung der Nachlebenden zum Kampf- und Todesmut dienen. (Diese Tendenz verlor ihren Einfluß erst nach dem Zweiten Weltkrieg.) Aus diesem Grunde war das gewöhnliche Ruherecht bürgerlich-ziviler Friedhöfe (ca. 30 Jahre) unzureichend. Nur das "dauernde Ruherecht" konnte dem absoluten und zeitlosen Geltungsanspruch militärischer Prinzipien genügen. Das Gesetz garantierte die dauernde Erhaltung und militärkonforme Gestaltung von Kriegerfriedhöfen - auch in zivilen Gemeinden. Sicher bedeutete es keinen Verzicht des Staates auf freie oder private Denkmalsinitiativen. Sie standen ohnehin unter dem Einfluß (halb-)staatlicher Einrichtungen, zum Beispiel der "Beratungsstellen", zumal Kriegerfriedhöfe kraft der vorherrschenden Gestaltungsgrundsätze denkmalsähnlichen Charakter hatten.

49. Ehrenmal in Rüthen 1923

Ehrenkapelle - Pieta - und Ehrenfriedhof in Rüthen 1923/26

Schon während des Krieges wurde ein "Ehrenfriedhof" mit zentralem Denkmal in der Gemeinde geplant. 1919 hatte sich ein städtischer Ausschuß gebildet, an dem der Kriegerverein, die Wirtschaftliche Vereinigung Kriegs-
beschädigter, Angehörige der Toten und die Geistlichkeit mit beratender
Stimme beteiligt waren.[147]
Der Ausschuß beauftragte den Diplom-Ingenieur Max Sonnen mit den Entwurf eines Kapellenraums mit flankierenden Mauern in "ornamentloser und
klassizierender Schlichtheit", wie sie von den staatlichen und militärischen
Behörden als Ausdruck des schlicht-anspruchslosen, soldatischen Geistes
gefordert wurde. In der Kapelle sollte Kunstbildhauer Clemens Werming-
hausen aus Hannover (gebürtig aus Heddinghausen bei Rüthen) eine Pieta
errichten. Der Rüthener Stadtrat bewilligte "einen Großteil der Gelder" und
wandte sich in einem Spendenaufruf an die Bevölkerung, in dem er die
Kriegerehrung als "heilige Pflicht der Dankbarkeit" deklarierte.[147]
Die Pieta war ein beliebter Denkmalstyp. Er wurde von der Reformbewegung "Christliche Kunst" favorisiert. In seiner stilistischen Ausführung
waren drei Varianten verbreitet, die auch für das Verständnis und die ver-

gleichende Beurteilung des Rüthener Kunstwerks aufschlußreich sind: 1) Anstatt Christus wurden ein nackter Athlet oder ein uniformierter Gefallener dargestellt; 2) Anstelle Marias erschien eine zeitgenössisch gekleidete Frau oder Mutter und 3) wurden biblische Gestalten gelegentlich auch durch Weltkriegssoldaten ersetzt, so daß ein Kamerad dem anderen half. Stets wurde der christliche Typ realistisch oder auch klassizistisch abgewandelt. Grundlegendes Motiv war die Gleichsetzung von Christus mit dem deutschen Soldat, der Gottesmutter mit Angehörigen der Gefallenen. In Rüthen wurde eine "... kraftvoll derb stilisierte, leicht überlebensgroße mächtige 'Schmerzhafte Mutter' geschaffen mit einem athletischen Christus".[147] Am Sockel der Pieta wurde die Inschrift angebracht: "Schmerzhafte / Mutter / bitte für sie ". Der Querbalken, auf dem das Kapellendach ruht, erhielt die Aufforderung: "Ehre den Helden aus dem Kriege 1914/18".

Kritik entzündete sich an dem "wuchtigen und allzu weltlichen Ausdruck der heldisch-herben Gottesmutter", die wohl eher den Schmerz der Hinterbliebenen widerspiegeln sollte. Bei der Enthüllungsfeier am 22. Juni 1923 äußerte sich Pfarrer Peter Behrens zu den Intentionen der Denkmalserrichtung und wies "... auf den Leidensweg der in der Pietá dargestellten Gottesmutter hin und empfahl den trauernden Hinterbliebenen der Gefallenen, im Gedenken an den großen Leidensweg der Gottesmutter Trost zu suchen".[147] Diesen Gedanken griff die Sockelinschrift auf, indem sie die Gottesmutter als "Schmerzhafte ..." ansprach und der ganzen Anlage einen motivierenden Gebetscharakter verlieh. Diese Auffassung war in der katholischen Bevölkerung unbestritten (vgl. die volkstümlichen Bezeichnungen ("Schmerzensmutter" oder "Schmerzenskapelle".[147]) So, wie die Gottesmutter ihren Sohn

50. Ehrenfriedhof in Rüthen

für das Erlösungswerk der Menschheit geopfert und ihren Schmerz dem hohen Heilsplan unterstellt hatte, so sollten die überlebenden Angehörigen der Gefallenen zu einer ähnlichen Einstellung und Wertung angeregt werden. Dieser Zusammenhang setzte Maßstäbe für den bloß irdischen Schmerz um den Verlust der Gefallenen, relativierte oder linderte den Kriegertod und entlastete ihn von der Klage über seinen besonderen, vorschnellen und sinnlosen Charakter.

Die Gedanken- und Verhaltensmuster kriegstheologischer, christologischer Leidensheroik waren in der Marienfrömmigkeit, aber auch in anderen Motiven der Heiligenverehrung wirksam. Von Einfluß waren zudem lokale Traditionen. So hatte sich Pfarrer Ferdinand Schwarze (1894-1917) mit wechselndem Erfolg um die Anerkennung Rüthens als Wallfahrtsort mit dem jahrhundertealten Gnadenbild "Maria vom Stein" bemüht. Die Anlage fügte sich ein in ein Ensemble von Bildstöcken, die als Kreuzweg-Stationen der Passionsfrömmigkeit verpflichtet waren.

In der Friedhofsgestaltung wurden die Anforderungen der "Kriegerehrung" berücksichtigt, so vor allem in der Absonderung der Anlage vom zivilen Friedhof, der "schlichten" Denkmalskonzeption, dem Gleichheits- und Einheitsprinzip der Einzelgräber und in deren Ausrichtung auf das zentrale Monument. 1926 wurden die Gräber mit einheitlichen Namenskreuzen versehen, deren äußere Form dem Eisernen Kreuz nachempfunden war. - Im Jahre 1950 erfuhr die Anlage eine Widmungserweiterung für die Gefallenen des Zweiten Weltkrieges durch weitere, im rechten Winkel angeordnete Mauern mit Namenstafeln der Gefallenen und Toten der Gemeinde sowie durch Änderung der Kapellen-inschrift: "Den Toten der Weltkriege geweiht".[147]

Ehrenmal - Aufgebahrter, uniformierter Soldat in der mittelalterlichen Burgruine - in Hohensyburg 1925: eine "Totenburg"

In der stimmungsvollen Ruine des traditionsreichen Kernbaus der Hohensyburg gab die Gemeinde Syburg (heute Teil der Stadt Dortmund) das Ehrenmal in Auftrag (Entwurf und Ausführung: Fritz Bagdons und Carl Fink). Auf zweistufiger, sockelähnlicher Grundfläche wurde ein Katafalk (ca. 1 x 1 x 2,5 m) aufgerichtet mit der überlebensgroßen Figur eines "aufgebahrten Leichnams", eines liegenden Soldaten in Uniform mit Stahlhelm und Gewehr. Zu seinen Füßen breitet ein Adler seine Schwingen schützend über den Soldaten aus mit inzwischen mehrfach erneuertem Kopf. An den alten Burgmauern des Kernbaus wurden Namenslisten der Gefallenen angebracht auf einer Tafel mit der Widmungsinschrift am unteren Rand: "Zum ehrenden Gedenken / der im Weltkriege 1914 - 1918 gefallenen / Söhne der Gemeinde Syburg".[148] (Später folgte eine Widmungserweiterung durch eine weitere Tafel mit Überschrift "Opfer Weltkrieg 1939 - 1945"). Als Material diente Sandstein.

51. Ehrenmal in Hohensyburg 1925

Insgesamt dominierte die Klage über den Gefallenentod der Gemeindeange-hörigen - "Söhne" - und über die nationale Niederlage, augenfällig ins Bild gesetzt durch das Motiv des aufgebahrten Leichnams, den Adler und die Ku-lisse der Burgruine als erläuternder historisierender Metaphorik. Sie gab der Denkmalsaussage zugleich einen provozierenden, gleichnishaften Charakter: mit der nationalen, militärischen Machtentfaltung und der Kriegsniederlage verhalte es sich so, wie mit dem (noch immer respektheischenden) Zustand des mittelalterlichen Wehrbaues. Zu solch historisierendem Vergleich moch-ten die weitverbreitete, volkstümliche Burgenromantik, aber auch die Materialwahl anregen; denn der erste, vielleicht oberflächliche Eindruck suggerierte, das sandsteinerne Denkmal sei angeblich ein Teil der Burgruine gleichen Materials - ein Sinnbild der Geschichtsverbundenheit deutschen Soldatentums. Das Ehrenmal wurde inmitten einer Gebäuderuine errichtet, die einen Zugang nur durch einen Türbogen erlaubte. Diese Exklusivität ent-sprach so den modernen Konzepten einer "Totenburg"[149] und fügte sich bei-nahe nahtlos ein in das Ensemble des benachbarten Provinzial(kaiser)denk-mals und des Vincke-Turms.

Ehrenmal - Pyramide auf Kanonenkugeln - in Münster 1925

Am 3. Mai 1925 wurde den Gefallenen des 1. Westfälischen Infanterie-Regi-ments Nr. 13 in Münster ein Ehrenmal errichtet. Dazu konzipierte Heinrich Bäumer eine Mischform aus Pyramide und Obelisk über Kanonenkugeln auf einer Bodenplatte, deren Fläche mit den (verlängerten) Außenlinien des Monuments übereinstimmte.[150] Die Spitze des Monuments akzentuierte das Eiserne Kreuz, das den historischen Bezug zum Weltkrieg und zur preußisch-deutschen Militärtradition hervorhob. Zwei Reliefs wurden als Erläuterung hinzugefügt: an der Schauseite zum Aegidiiwall ein Löwe als Sinnbild soldatischer Tugenden und an der Rückseite zum Aasee ein Bildnis "..., das auf Deutschlands Wiederhebung nach der Weltkriegsniederlage abzielt ... Ein durch Nacktheit und athletischen Körperbau heroisierter Krieger mit schwerem Schwert ist im Begriff sich zu erheben. Der Stahlhelm mit Lorbeerkranz charakterisiert ihn als verdienten Kämpfer des Ersten Weltkrieges."[150] Die Inschrift über dem Löwenrelief "Treue um Treue" betonte wiederum den Vorbildcharakter des Gefallenentodes als Treueverpflichtung für die Überlebenden. Später wurde hinzugefügt: "Ehre den Toten / beider Weltkriege". Für seine künstlerische Orientierung bezog Bäumer vermutlich Anleihen bei

52. Ehrenmal in Münster 1925

den antikisierenden Projekten in Wicres und in Münster am Landeshaus. In der Wahl des Aufstellungsortes folgte es dem zeitgenössischen historisierenden Empfinden: im Blickfeld der historischen Stadtmauer.

Seit Ende der fünfziger Jahre dient das Denkmal als gemeinsame Gedenkstätte der Stadt, des Volksbundes Deutsche Kriegsgräberfürsorge (Bezirksverband Münster), der Traditionsverbände der "Dreizehner" und des Kürassierregiments Nr. 4, des Ringes deutscher Soldatenverbände sowie des I. Korpskommandos der Bundeswehr anläßlich des Volkstrauertages.

Ehrenmal - Nackter Krieger auf altar- oder sarkophagähnlichem Block in der mittelalterlichen Burgruine - in Volmarstein 1926

Nationales Pathos und Revanche anstatt Trauer?

Objektskizze: Nackte, sitzende Krieger-Bronzefigur mit Stahlhelm, mit einem Kurzschwert zur Linken auf einen Felsen gestützt, die Rechte den Füßen aufgelegt, zu Füßen ein Adler (Bronze) - auf einem altar- oder sarkophagähnlichen Sandsteinblock mit mehrfach gegliederten Seitenflächen, die verschiedene Inschriften tragen: Namenslisten der Gefallenen und die Widmung: "Heimatfern starben den Tod / Volmarsteins tapfere Söhne / Frei auf den Bergen wohnt / Dankbarkeit, Liebe und Treu", auf drei Querbalken,

53. Ehrenmal in Volmarstein 1926

147

darunter mehrstufige, breitflächige Sockelböschung inmitten des Burg-
platzes Volmarstein oberhalb der gleichnamigen Gemeinde.[151]

Für das Denkmal lagen sehr unterschiedliche Entwürfe vor, die teils auch die
Ortsmitte als Aufstellungsort vorsahen. Den Vorrang erhielt dann das Konzept "Schildwacht" von August Stößlein aus Dresden. Mittels Anböschung
und vielfach untergliedertem Unterbau wurde die Anlage insgesamt erhöht
und "vergrößert", um so den Proportionen der Burgruine gerecht zu werden.
Nach zeitgenössischem Verständnis sollten Burg und Ehrenmal einen einheitlichen Wirkungskomplex bilden. In der "Weiherede" am 31. Oktober
1926, dem Reformationstag, an dem das Ehrenmal der Gemeinde und der
Bürgerschaft in Volmarstein übergeben wurde, meinte Pastor Lambeck:
"Hier, da in verwitterten Mauerresten Volmarsteins große Vergangenheit
aus alten Zeiten erinnerungsmächtig vor uns emporsteigt ..., hier wollen wir
heute das Ruhmesdenkmal dem Gedächtnis der Helden weihen ... Jahrhundertelang hat dieser Bergfried in eherner Kraft von stolzer Höhe herab-
geschaut auf das Kommen und Gehen, auf das Werden und Vergehen all der
Menschen .... Und nun soll er selbst werden ... eine Stätte heiligen Friedens,
heiliger Erinnerung."[151]
Aus dieser Sicht stellten Burg und Ehrenmal eine intentionale Einheit dar.
Die mittelalterliche Burgruine diente dabei als Metapher national-deutschen
Heldentums und erhielt sogar "heilige" Bedeutung. Wer wollte, konnte in
der Burgruine auch ein Sinnbild für den militärischen Niedergang des Deutschen Reiches, doch ebenso für dessen noch ungebrochenes Kräftepotential
sehen.
So bezeichnete Lambeck die Gefallenen als Vorbild, das zur Dankbarkeit
und Nacheiferung verpflichte: "... wollen wir in heißer Dankbarkeit, in heilig
ernster Treue schauen auf sie alle, die da ruhen in stiller Erde, auf das große
schlafende Heer in Ost und West, in Süd und Nord ... Möge ... dieses Ehrenmal allezeit unser Gewissen schärfen, unseren Mut beleben, unseren Tat-
willen festigen. Möge es ... unsere Hände zu heiligem Schwur erheben lassen: Euer Sterben soll unser Leben werden. Euer Heldengeist und Opfermut, eure Treue und Liebe, euer Glaube und Siegeswille sollen fortleben in
uns, auf daß wir fähig und tüchtig werden zum heiligen Kampfe um unseres
Volkes Leben und Zukunft, zum heiligen Kampf für unseren Gott und unser
Vaterland, zum heiligen Kampf um deutsche Treue, deutsche Reinheit, deutsche Gewissenhaftigkeit, deutsche Glaubenskraft ... Daß es geschehe, dazu
segne der allmächtige Gott ... diesen Denkstein, daß er fort und fort neues
Leben künde, neues Leben wecke ..."[151] In seiner Weiherede betonte Lambeck einmal neu den althergebrachten exklusiven Sinnzusammenhang von
Christentum (vgl. "unseren Gott") und national-deutschem Militär, so daß
das Ehrenmal auch "ein Ruhmesmal zur Ehre Gottes" werde.
Die Intentionen der Denkmalsstifter, für die Lambeck sprach, sollten in der
künstlerischen Konzeption dauerhaft zum Ausdruck kommen. Sie enthielt
deutliche Parallelen zu anderen Ehrenmälern dieser Zeit, so vor allem in

dem sarkophagähnlichen Unterbau, dem Aufstellungsort inmitten einer mittelalterlichen Burgruine, die nach der Niederlage von 1918 stärker noch als zuvor als Sinnbild der national-deutschen Verhältnisse gesehen wurde, ferner in der patriarchalischen "Dankes"-Widmung (Inschrift), dem Verweis auf ferne Grabesstätten, der Aufforderung zur Nachahmung des Gefallenenvorbildes und dessen Glorifizierung, schließlich in der Exklusivität von Christentum, deutscher Nation und ihrer militärischen Kraft. Auch der jugendliche, antikisch-nackte Krieger war unter zeitgenössischen Stiftungen oft zu sehen.[152] Er galt als Ausdruck tugendhafter, vollendeter Pflichterfüllung und Jugendkraft, dessen Vorbild für Deutschlands Wiederaufstieg aus der demütigenden Niederlage hervorgehoben werden sollte. In diesem Sinn suggerierte das Ehrenmal eine "Auferstehung" des früheren Bewußtseins in den Überlebenden. Ähnliche, antikisierende Entwürfe führten mancherorts auch zu heftigen Kontroversen. In Lüdenscheid zum Beispiel führten entsprechende Bestrebungen sogar zum Eklat, der die Denkmalserrichtung um Jahre verzögerte und schließlich einen Bedeutungswandel herbeiführte: von ursprünglicher Trauer hin zum profanen Auferstehungsmotiv.[152] Nationales Pathos und Revanche waren beabsichtigt anstatt Trauer um die Gefallenen und deren tatsächliche Todesursachen.

Ungeachtet der zeitgenössischen Vorstellungen ermöglichte die künstlerische Konzeption des Volmarsteiner Ehrenmals durchaus andere Interpretationen, so vor allem in der Frage, ob die Anlage einen prospektiven oder retrospektiven Anspruch vertrete: Nach den Worten Lambecks und dem Willen der Stifter stellte die Kriegerfigur die Jugend Deutschlands dar, in der "Heldengeist und Opfermut ..." der Gefallenen fortleben würden, um den Anspruch auf die nationale Zukunft zu propagieren. Demgegenüber verwies die Inschrift auf die Gefallenen: "Heimatfern starben den Tod / Volmarsteins Söhne ..." Die Ambivalenz der Aussagen begünstigte einen Bedeutungswandel, so daß das Ehrenmal auch in die spätere, bundesdeutsche Trauerarbeit am Ort einbezogen wurde. Am 15. November 1959 erfolgte eine Widmungserweiterung für die Gefallenen des Zweiten Weltkrieges mit den entsprechenden Namenstafeln im Umfeld.

Kriegerkapelle und Grabesstätte von Feldpropst Joeppen in Hüls 1925/27

Gefallenengedächtnis und Traditionsbewußtsein in der katholischen Militärseelsorge

1927 verstarb der frühere Katholische Feldpropst der preußischen Armee und Marinepropst Bischof Heinrich Joeppen in seiner Heimatpfarrei St. Cyriakus in Hüls. Er wurde in der Pfarrkirche des Ortes beigesetzt: in der Kriegerkapelle neben dem südlichen Haupteingang der Kirche. Die Gestaltung erfolgte nach seinen Wünschen: Die Kapelle wurde durch ein schmiedeeisernes Gitter von der Kirchenhalle abgetrennt. Gegenüber dem Kapelleneingang wurde eine marmorverkleidete Nische angelegt - mit dem Porträtrelief Joeppens und der Inschrift in goldfarbenen Buchstaben: "Hier ruht / der Hochwürdigste / Dr. theol. Heinrich Joeppen / Titularbischof von Cisamo / Feldpropst der Armee / und Marinepropst / geb. zu Hüls / 9.3.1853 - gest. zu Hüls / 22.2.1927 / R.I.P.", darunter die Grabplatte, rechts und links der Nische Marmortafeln mit Namenslisten der Gefallenen, geordnet nach Kriegs- und Todesjahren.[153]

54. Kriegerkapelle in Hüls bei Krefeld 1927

55. Fenster der Krieger-
kapelle in Hüls 1925

An der Südseite der Kapelle war 1925 ein buntes, bleiverglastes Fenster zum fünfzigjährigen Priesterjubiläum Joeppens vom Kriegerverein am Orte gestiftet worden - mit drei Bildszenen (von links nach rechts): 1. Joeppen als Priester vor dem Altar bei der Kommunionausteilung an zwei kniende preußische Soldaten, oben Engel mit Schriftband (darunter die Zahl 1875 für das Jahr der Priesterweihe), unten der biblische Sinnspruch: "Brot, das lebt und spendet Leben", darunter Kelch und Stola als Zeichen des priesterlichen Standes sowie ein siegelähnliches Bild mit Umschrift zur Persönlichkeit Joeppens, 2. Kaiser Heinrich II. im Krönungsmantel mit Krone, Heiligennimbus, mit dem Szepter in der Rechten, den Bamberger Dom, seine Stiftung, in der Linken, darüber Engel mit Schriftband: "St. Heinrich", unten das reichsdeutsche Adler-Emblem auf quadratischem Feld mit dem Eisernen Kreuz an den vier Ecken, darunter die Widmungsinschrift: "Dem hochwürdigsten Herrn / Bischof und Feldpropst i.R. / Heinrich Joeppen zu seinem / goldenen Priesterjubiläum / von ehemaligen Feldzugssoldaten / gestiftet", - 3. Thronende Maria-Königin mit Jesus-Kind über knienden, betenden Soldaten in Felduniform, darunter: "In Kampf und Not / Maria hat geholfen", oben Engel mit Schriftband (darauf die Jahreszahl "1925", das Jahr der Fensterstiftung und des goldenen Priesterjubiläums von Joeppen), unten die Insignien des Bischofs, das Bischofswappen Joeppens, umgeben von einem Schriftband mit Namen und Titel Joeppens - zwischen den verschiedenen Bildelementen reiche Ornamentik, im Oberteil des Fensters das Symbol des Heiligen Geistes.[153]

Mit Porträtrelief und Inschrift war die Grabanlage Joeppens mit anderen Grabstätten seiner Zeit vergleichbar, zum Beispiel mit der Bischof Assmanns, eines seiner Amtsvorgänger. Die räumliche Zuordnung des Grabes inmitten der "Kriegergedächtnisstätte" stellte sein Wirken als Seelsorger und Bischof in einen idealisierenden Sinnbezug zum Gefallenentod.[153] Dazu gab die Fensterstiftung der Kapelle ergänzende Erläuterungen über die Idee des "christlichen Staates". Für das Zentrum im Mittelfeld des Kirchenfensters wurde die mittelalterliche Gestalt Kaiser Heinrichs II. ausgewählt. Er galt den Stiftern als ideale Verkörperung des christlichen Kaisertums; denn der Nimbus wies den Kaiser als Heiligen, d.h. in völliger Übereinstimmung mit dem göttlichen Heilswirken, aus. Dieser Gedanke wurde zusätzlich betont durch den bildhaften Verweis auf den von Heinrich II. gestifteten Bamberger Kaiserdom - das hervorragende Sinnbild für die ideale Harmonie der geistlichen und weltlichen Macht (vgl. die symbolträchtige Dom-Architektur mit den beiden gleichgroßen Chören und mit dem gleichgewichtigen Gegenüber von Papstgrab - Clemens II. - und Kaisergrab - Heinrich II.) Ihnen wurden die neudeutschen Reichsembleme nachgeordnet (vgl. ungewöhnlich periphere Position und geringe Größe des Eisernen Kreuzes). Die flankierenden Bildszenen erläuterten und bekräftigten die zentrale Botschaft des Mittelfeldes - wiederum in der Gegenüberstellung von geistlicher und weltlicher Macht: der Seelsorger Joeppen mit dem Brot des ewigen Lebens bzw. die verständnisvolle, hilfreiche Mutter Gottes mit dem Jesuskind - jeweils vor knienden Soldaten. Die Parallelen in der Figurenordnung der beiden Bildflächen betonten jeweils Christus in den Gestalten des eucharistischen Brotes und des Jesuskindes als Mittelpunkt gläubigen Soldatenlebens. Aus dieser Sichtweise belehrte das Fenster über die Eucharistiefeier, die priesterliche Seelsorge sowie über die himmlische Fürbittfunktion Mariens - jeweils als Teil des übernatürlichen, göttlichen Heilswirkens. Und in diesen Heilsplan bezog das Fenster offensichtlich auch das Ideal des christlichen Kaisertums unter dem Zeichen des Heiligen Geistes ein. Darin lag die eigentliche, belehrende Kernaussage des Figurenprogrammes, so daß das Zentrum des Fensters dem heiligen Kaiser vorzubehalten war anstatt der ranghöheren Gottesmutter. Dieser Heilsidee des "christlichen Staates" sah sich Joeppen in seinem militärgeistlichen Wirken, seinem Lebenswerk, offenbar verpflichtet.

Da Feldpropst Joeppen keine Memoiren oder sonstige Aufzeichnungen hinterließ, gewann die Kriegerkapelle von Hüls zusätzliche Bedeutung als Traditionsstätte, die das Selbstverständnis des ranghöchsten katholischen Militärgeistlichen, außerdem die kirchenoffizielle Sichtweise der Kriegsseelsorge widerspiegelte. Wer wollte, konnte in der Kriegerkapelle auch ein Bekenntnis zur monarchischen Staatsform erkennen. Deutlich erschienen der rechtfertigende Trost und die Fortführung der kriegstheologischen Tradition, die ähnlich das Engagement anderer ehemaliger Feldgeistlicher bei Denkmalsinitiativen prägte.[154] Erstaunlich selten waren damals noch Memoiren oder vergleichbare Publikationen katholischer Militärseelsorger.

Die Wilhelmshavener Marine-Garnisonkirche und das Marinedenkmal in Laboe
Gefallenengedächtnis und Traditionsbewußtsein in der evangelischen Militärseelsorge

An das humanitäre und religiöse Engagement der evangelischen Kirchen erinnerten zahlreiche Schriften, kirchenoffizielle Darstellungen der evangelischen Militärseelsorge im Krieg, Predigtpublikationen und Memoiren.[155] Von Bedeutung war ebenso die Mitwirkung ehemaliger Feldgeistlicher am kirchlich religiösen Gefallenengedächtnis.

Für die Marine versuchte zum Beispiel der evangelische Wehrkreispfarrer Ludwig Müller, die evangelische Marine-Garnisonkirche in Wilhelmshaven zu einer "Ruhmes- und Gedächtnishalle der alten Kaiserlichen Marine" zu gestalten.[156] Sie sollte besonders die Jugend dazu mahnen, "... an die Heldentaten der Väter zu denken und nachzueifern in der Überwindung des eigenen Ichs zum Ruhm des Vaterlandes". Müller sammelte Rettungsringe, Namensschilder, Flaggen, Bugwappen, Steuerräder, Kronen, Bojen und sonstige Teile von Kriegsschiffen. Alte Kriegsfahnen wurden neben dem Altar aufgehängt, außerdem ein Heldengedenkbuch mit den Namen der Kriegsopfer aus der gesamten deutschen Kriegsmarine. Über dem Buch war eine Inschrift auf eichener Tafel zu lesen: "Mit wehender Flagge sanken wir vor dem Feinde." - Über dem Altar befand sich ein Gemälde des Hamburger Malers Professor Schnarrs-Alquist, das am zehnjährigen Jahrestag der Skagerrak-Schlacht enthüllt wurde: ein Kreuz als autoritatives Sinnzeichen über den Naturgewalten der aufgewühlten, stürmischen See.[156]

Das Wilhelmshavener Gefallenen- und Kriegsgedächtnis gab Aufschluß über wichtige Grundlagen der zeitgenössischen militärischen Traditionspflege in der Marine. Sicher waren das persönliche Engagement Müllers, seine Motive und die konkreten Gestaltungsformen nicht ungewöhnlich. Die Erinnerung an Gefallene durch deren namentliche Erwähnung auf Gedenktafeln oder in Gedenkbüchern, der militärpädagogische, "ewige" Anspruch zur Nachahmung bei der Toten-"Ehrung", deren Verherrlichung als "Helden", die museale Präsentation von Relikten aus dem Umfeld der Kriegstoten, von Fahnen, Gemälden etc. fügten sich beinahe nahtlos in die herkömmlichen Formen militär- und marinekirchlicher Symbolik ein (vgl. die Übereinstimmung mit den überkonfessionellen Gestaltungsformen des Gefallenengedächtnisses und des Garnisonkirchenbaus in Wilhelminischer Zeit). - In dem

Bestreben, aller Gefallenen der deutschen Kriegsmarine zu gedenken, lag eine Parallele zu der schon erwähnten nationalen Gedenkstätte an der Kieler Garnisonkirche, wo Kaiser Wilhelm II. im Jahre 1900 bereits eine ähnliche überkonfessionelle Intention verfolgt hatte, "ein einheitliches Erinnerungszeichen" der deutschen Kriegsmarine insgesamt zu widmen. Während die Gedenkstätten andernorts in Weimarer Zeit nicht selten eine einfache Widmungserweiterung für die Gefallenen des Ersten Weltkrieges erfuhren, wurde der gleichermaßen umfassende Anspruch für alle Kriegstoten der deutschen Seestreitkräfte in Kiel nicht mehr beibehalten. Wenn aber künftig Wilhelmshaven - anstatt Kiel - den Anspruch einer religiös-nationalen Krieger-"Ehrung" für die gesamte Kriegsmarine erhob, so waren dafür drei Gründe ausschlaggebend: 1. Die lokale, überkonfessionelle Tradition der ältesten deutschen Marinegarnisonkirche ermutigte den evangelischen Wehrkreispfarrer Müller - ehemals Marinestationspfarrer der Nordsee -, sich in Wilhelmshaven persönlich für die Ausgestaltung der Kirche zur nationalen Gedenkstätte zu engagieren. 2. Allerdings konnte Müller keinen Ersatz

56. Marineehrenmal in Laboe

schaffen für die Autorität dessen, der die Kieler Gedenkstätte (Kruzifix-gruppe an der Paulus-Kirche) gestiftet hatte, des Königs und Kaisers. Der Verlust des Kaisertums hatte ein Vakuum hinterlassen hinsichtlich seiner staats- und gesellschaftspolitischen Bedeutung, seiner psychologisch-inte-grativen, normativen Funktion. Dies schloß offenbar die einfache Fort-führung der früheren, kaiserlichen Stiftung in Kiel aus, so daß für das marineeigene Gefallenengedächtnis nur ein anderer Ort in Betracht kam. Ohnehin stand die Kieler Pauluskirche seit 1924/25 nicht mehr der Marine zur Verfügung, nachdem sie von der zivilen Heilig-Geist-Gemeinde über-nommen worden war. 3. Dennoch verlangte das erwähnte Trauma von Kriegsniederlage und "Revolution" ein eigenes "Helden"- bzw. "Opfer"-Ge-dächtnis für die Marine. Es sollte maßgeblich bestimmt sein durch die For-men und Inhalte traditioneller, überkonfessioneller und "marinekirchlicher" Symbolik, außerdem durch eine quasireligiöse, nationale Dimension, um so der existentiellen Herausforderung und der bisher unvorstellbaren zahlenmä-ßigen Größenordnung der Kriegstoten gerecht zu werden.

Aus diesen drei Gründen war die Wilhelmshavener Gedenkstätte sympto-matisch für die in Weimarer Zeit vorherrschenden kirchlich-religiösen Ma-rinetraditionen. Die Betonung der überkonfessionellen, marineeigenen Merkmale profilierte eine markante Sonderstellung der Marineseelsorge in-nerhalb der evangelischen und der katholischen Gesamtkirche. Andererseits war in den Kirchen, unter Zivil- und Militärgeistlichkeit der verschiedenen christlichen Bekenntnisse die hohe sittliche Bewertung des Soldatenberufs und seines todesmutigen Einsatzes unbestritten. Christlich(konfessionell)er Glaubensvollzug und Kriegseinsatz wurden in idealisierender Einheit gese-hen. Rückblickend erklärte dazu Franz Albert, der katholische Wehrkreis-pfarrer der Hafenstadt Stettin: "Wer vor dem Feinde stirbt, der stirbt nie, dem ist der unauslöschliche Dank seines Vaterlandes geweiht; dem winkt neben dem kriegerischen Lorbeer irdischen Heldenruhms die unvergängliche Palme ewigen Siegerlohns. Denn wo der Glaube an Gott und die Liebe zum Vaterlande sich zu dem größten Opfer zusammenfanden, das ein Mensch für seine Brüder zu bringen vermag, da war der Tod auf dem Felde der Ehre ein heiliges Sterben, das die Weihe der Religion und der christliche Glaube nicht umsonst in höhere Regionen hebt."[157] Solche Auffassungen stellten kei-ne seltene Ausnahme dar, sondern sie spiegelten die vorherrschenden kriegs-theologischen Lehrtraditionen und das durch die Feldseelsorge des vergan-genen Krieges geprägte Amtsbewußtsein wider. Sie wurden später, in den dreißiger Jahren, in katholischen, kirchenamtlich autorisierten Gedenk-schriften demonstrativ erneuert.

Die verschiedenartigen Formen kirchlich-religiösen Gefallenen- und Kriegs-gedenkens offenbarten eine tendenziell zunehmende, (pseudo)religiöse Auf-wertung militärischer und nationaler Wertvorstellungen, die offener und mu-tiger als zuvor erschien und sich nicht mehr auf eine bloß "christliche" Ge-staltung beschränkte. Für entsprechende außerchristliche Stiftungen setzten sich die zumeist lokalen Kriegervereine ein. Überregionale Bedeutung gewann der Marinebund, der am 3. Juni 1926 die Errichtung des Marine-Denkmals in Laboe bei Kiel beschloß (Grundsteinlegung am 8. August 1927). Es bestand im Wesentlichen aus zwei Teilen: dem Leuchtturm, der wie ein richtungsweisender, respekterheischender Zeigefinger oder auch als kraftvoller Schiffskiel empfunden werden konnte, und einem ringförmigen Ehrenfriedhof.[158] Diese Gestaltung diente einer eindrucksvollen Vergegenwärtigung des Kriegserlebnisses. Der profane Charakter schloß quasireligiöse Anleihen ein, indem das Innere eine kryptaähnliche Weihehalle erhielt. In ihr wurde ein "Ehrenbuch" mit den Namen aller Marine-Gefallenen ausgestellt, so daß in Laboe wieder ein ähnlicher, umfassender Anspruch wie in Wilhelmshaven erhoben wurde. Über diesen Zusammenhang resümierte später der Kunsthistoriker Martin Bach in einer vergleichenden Betrachtung: Er bezeichnete die Wilhelmshavener Marine-Garnisonkirche und deren Ausgestaltung zur nationalen Gedächtnisstätte als "überkonfessionellreligiöse Variante des Nationaldenkmals der deutschen Marine" in Laboe.[158]

"Kriegerehrung"/Monstranz in Drewer 1926

Synkretistische Tendenzen in Liturgie und Gefallenengedächtnis?

Eine außergewöhnliche Form des Gefallenengedenkens wählte die katholische Pfarrgemeinde St. Hubertus in Drewer (bei Soest). Dort wurde eine Monstranz geschaffen mit einer Widmungsinschrift (an der Unterseite des Fußes): "Ihren gefallenen Heldensöhnen. Zur dankbaren Erinnerung die Gemeinde Drewer 1926". Der Gemeindevorsteher bezeichnete sie später als offizielle "Kriegerehrung" neben den beiden "Ehrentafeln" in der Kirche und in der Volksschule am Ort.[159]

Abgesehen vom Titel des "Heldensohnes" in der Widmung enthielt die Stiftung keinerlei direkte Bezüge zur zeitgenössischen "Kriegerehrung". Stattdessen waren der "Dank" und die "Erinnerung" an die Gefallenen anscheinend mehr einem kirchlich religiösen Sinnbezug verpflichtet - unter Verzicht auf die sonst übliche staats- und militäroffizielle "christliche" Symbolik; denn die Monstranz diente primär als liturgisches Gerät, um das "Allerheiligste" vor den Gläubigen zur Anbetung auszustellen - während des Gottesdienstes oder einer Prozession. Dazu sollte die künstlerische Gestaltung einen erbaulichen und anschaulichen Beitrag leisten:

Mit der Grundform eines neugotischen Kreuzes lenkte sie die Aufmerksamkeit der Gläubigen auf die Passion, den Kreuzestod Jesu Christi. Dazu ergänzend wurden Emaille-Medaillons um das Hostienfenster gruppiert in folgender Anordnung: (siehe folgende Seite) Osterlamm und Pelikan erinnerten an den Opfertod Christi, wie er schon dem Anbetungsgedanken der "Allgegenwart Gottes", nach katholischer Glaubenslehre in der Brotgestalt der Hostie, zu Grunde lag. Als Zeugen und Verkünder dieser Heilsbotschaft erschienen die vier Evangelisten Matthäus, Markus, Lukas und Johannes. In diesem übernatürlichen Heilszusammenhang reihten sich die vier Heiligen

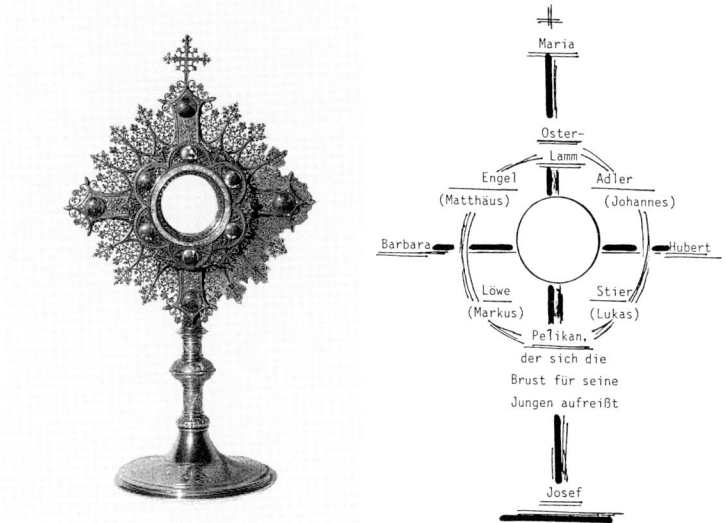

57. Monstranz in Drewer 1926   *58. Programm der Medaillons*

ein, die der lokalen zivilen wie auch der militärischen Frömmigkeit zuzuordnen waren. Zwischen den Kreuzarmen war reiches Filigranwerk strahlenähnlich gebündelt mit neugotisch verspielten Kreuzformen, Edelsteinen, Blüten- und Pflanzenornamenten, um die gnadenhafte Ausstrahlung des Allerheiligsten, der biblischen Verkündigung und der Heiligen hervorzuheben.

Wer nach dem Sinnzusammenhang von Gefallenenehrung und Monstranz-Stiftung (das heißt der Anbetung) fragt, mag eine Antwort in der christlich katholischen Jenseitshoffnung finden. Sie prägte das kirchliche Totengedächtnis. So lag es nahe, der insgesamt 22 Gefallenen der kleinen Dorfgemeinde vor allem im Gebet zu gedenken, so daß der Soldatentod als Impuls zu vermehrter Gebetsfrömmigkeit zu verstehen war. Dabei konnte der Passionsgedanke Trost spenden, relativierte jedoch zugleich Kriegsleiden und -not. - Eine andere Möglichkeit bot die kriegstheologische Bewertung der Gefallenen als Märtyrer und Heilige: traditionelle militärisch-kirchliche Inhalte in ungewöhnlicher Form? Der Einfluß solch synkretistischer Vorstellungen in der volkstümlichen unbefangenen Frömmigkeit ließ die Monstranz wie ein Weihegeschenk oder eine Votivgabe erscheinen, um die Fürbitte der "Heiligen" vor Gott zu erflehen oder für deren Erhörung zu danken.[160] So konnte die Monstranz als Votivgabe bzw. "Dank" an die Gefallenen (analog den Heiligen) für deren Opfertod und Fürbitte aufgefaßt werden?

157

Ehrenmal - Tempelanlage mit aufgebahrtem, uniformiertem Krieger - in Oerlinghausen 1930

Auf Initiative des Verbandes ehemaliger Angehöriger des Königs-Infanterie-Regiments (6. Lothringisches Nr. 145) wurde ein Ehrenmal der Gemeinde Oerlinghausen (bei Detmold) errichtet. Das Regiment war in den Jahren 1890 bis 1918 in Lothringen stationiert und hatte sich ähnlich wie andere Truppen in Elsaß-Lothringen vorzugsweise aus den preußischen Provinzen rekrutiert. Während des Ersten Weltkrieges wurden die "Ersatzbataillone" mehrerer Metzer Regimenter zur Auffüllung der Gefallenenlücken in lippischen Orten stationiert, so das Ers. Btl. 98 in Horn und Blomberg, das Ers. Btl. 67 in Bad Salzuflen, Schoetmar und Lage, das Ers. Btl. 145 in Oerlinghausen. Für die Gefallenen dieser Truppen konnte seit 1918 kein Denkmal mehr in Metz, dem früheren Garnisonsort, errichtet werden. Stattdessen kamen nun Aufstellungsplätze in den Heimatgemeinden in Betracht. In Horn wurde zum Beispiel schon 1925 eine festungsähnliche Anlage geschaffen mit dem quasireligiösen Sinnspruch: "Unsterblich wie Euer Heldentum ist unser Glaube an Deutschland".[161] Fünf Jahre später entstand auch in Oerlinghausen eine imposante Anlage.

Die Stadtgemeinde Oerlinghausen hatte dazu einen vorteilhaften Platz zur Verfügung gestellt, den damals noch unbewaldeten, weithin sichtbaren Tönsberg, einen Höhenrücken des Teutoburger Waldes, das "Wahrzeichen

59. Ehrenmal in Oerlinghausen 1930

der Stadt" - "auf dem höchsten Punkte des Kammes",[162] im Gelände einer germanisch sächsischen Befestigung. Der besondere historische Charakter des Ortes regte zu einer germanisierenden Konzeption an, die der Bielefelder Stadtbaurat Streich, ein ehemaliger Regimentsangehöriger, entwarf: eine offene Tempelanlage mit Sandstein-Pfeilern und einem Architrav (auf einer Fläche von 7,2 x 12,5 Metern). Auf dessen Innenseite wurde eine Inschrift angebracht: "Wanderer hemme den Schritt / schirmend der Heimat heiligen Boden / starben die Tapferen unbesiegt / beuge dich vor des Opfers Größe".

Der Oerlinghauser Bildhauer Berthold Müller schuf eine überlebensgroße Bronzeplastik, die Liegefigur eines Gefallenen mit Gewehr, bedeckt mit einer Fahne mit der altpreußischen Devise "Pro Gloria et Patria", den preußischen Staatsemblemen (gekrönter Adler mit Schwert und Blitzen, Krone und Lorbeerzweigen). Die Bronzeplastik liegt auf einer Tumba mit einer Randschrift auf der etwas abgesetzten Deckplatte: "Das Königs Inf. Rgt. Nr. 145 seinen gefallenen Helden" - "111 Offiziere, 125 Feldwebel und Vizefeldwebel, 3300 Unteroffiziere und Mannschaften fielen vom Königs-Infanterie-Regimente". Eine jüngere Inschrifttafel erinnert: "Das Königs-Infanterie-Regiment (6. Lothringisches) 145 stand 1890-1914 in Metz. Es fand seine neue Heimat in Oerlinghausen", wo offensichtlich die Regimentstradition von der Stadt beansprucht wurde. Dazu erklärte Bürgermeister August Reuter anläßlich der feierlichen Einweihung des "Ehrenmals" am 31. August

60. Ehrenmal in Oerlinghausen (Ausschnitt)

1930: "Ich übernehme das Denkmal des Königs-Infanterie-Regiments hiermit in die Obhut der Stadt Oerlinghausen. Ich verbürge mich dafür mit der ganzen gesetzlichen Macht des Bürgermeisteramtes, daß diesem Denkmal aller Schutz der staatlichen und kommunalen Autorität zuteil wird ..."[163] Nach zeitgenössischem Empfinden galt das Denkmal als besonders gelungene Anwendung offiziell propagierter Gestaltungsgrundsätze in seinem schlichten Charakter: "... ein würdiges Denkmal. Da stört kein Prunk, keine Pose. Eine Weihestätte ist dies Monument, ein Raum, der Ergriffenheit verbreitet und mehr als das ... Und wie harmonisch fügt sich das Mal in die Tönsberg-Landschaft ein, aus der es gewissermaßen emporgewachsen ist. Denn die ragenden gelben und rötlichen Säulen sind aus Osning-Sandstein und nicht weit von der Stelle gebrochen, wo sie jetzt stehen."[164] So war das Denkmal auch seiner Umgebung angepaßt, wie es immer wieder gefordert wurde. Lediglich die Erwähnung der militärischen Dienstgrade in der Inschrift wurde als störend empfunden, weil sie das Gleichheitsprinzip verletzte. Der Verzicht auf Namenslisten entsprach dem Zeitgeschmack wegen der großen Zahl der Gefallenen.[164] Beachtlich war die exklusiv militärische Wirkung der Anlage: "Ich gehe durch die niedere Umwallung, die absondert, aber nicht trennt, und trete ein in die Ehrenhalle, in deren Hintergrunde sich ein Sarkophag erhebt. Auf ihm ruht im Tode ausgestreckt die wunderbar ergreifende jugendliche Gestalt eines Kriegers, halb verdeckt unter dem Tuch seiner Fahne."[164] Was hier geschaffen wurde "..., steht weit ab von den Normal-Denkmälern aller Art. Es ist aber auch kein Werk, welches in erster Linie einen ästhetischen Gedanken verkörpern soll, an dem das Gemüt nur mäßig beteiligt ist". Es "... kann sich getrost mit dem Hermannsdenkmal messen, nicht in den Größenverhältnissen, wohl aber in der Idee. Denn auch im Oerlinghausener Mal fühlt man, daß die Schöpfer mit ihrem Herzen bei der Sache waren."[164] Bereits ein Jahr nach der Einweihung nahm der Leipziger Professor Ernst Bergmann das Oerlinghausener Denkmal in die Mustersammlung: "Deutscher Ehrenhain für die Helden von 1914/1918" auf, herausgegeben vom Volksbund Deutsche Kriegsgräberfürsorge.

Ehrenmal - Michael/Drachentöter - in Aplerbeck 1930
Innen- und Außenansicht historischer Identität

Im Auftrag der "Militärischen Vereinigung Aplerbeck" (heute Stadtteil von Dortmund) entwarf Walter Becker ein Ehrenmal, das 1930 an der evangelischen Georgskirche (auf einem angesetzten Strebepfeiler an der Nordwestecke) aufgestellt wurde. Die Wahl des Aufstellungsortes zeugte von hoher Wertschätzung, weil das Kirchengebäude das älteste erhaltene Gotteshaus in Dortmund war. Obwohl seit 1888 zur Ruine verfallen, war es aber 1928 wiedererstellt und als evangelische Pfarrkirche neueröffnet worden.[165]
Das Ehrenmal bestand aus der Michaelsfigur auf dem Strebepfeiler des Kirchturms und - darunter - Namenstafeln im Anschluß an eine Reihe von

61. Ehrenmal in
Aplerbeck 1930

Grabsteinen aus dem 16. bis 18. Jahrhundert. Hauptmotiv des Denkmals war der Erzengel Michael beim Kampf mit dem Drachen: "In heroischer Nacktheit, nur mit einem Überwurf spärlich verhüllt, rammt der Erzengel mit dynamischer Gebärde einen Baumstamm diagonal von seinem Körper dem ihm zu Füßen liegenden Drachen in den Rachen. So überzeitlich das Motiv und die Gewandung, so ist der grimmig entschlossene Gesichtsausdruck doch ganz zeitgebunden ... er erscheint ... wie Jung-Siegfried und als Retter und Rächer des Vaterlands ..."[165] In seiner Gestalt erinnerte er auch an Illustrationen evangelischer Kriegspredigten.

Unübersehbar - aus Travertin mit einer Gesamthöhe von sechs Metern plaziert -, verfehlte es seine Wirkung nicht, so daß die Georgspfarrkirche im Volksmund sogar als "Michaelsbau" firmierte.[165] Kirche und Denkmal wurden anscheinend als untrennbare Einheit empfunden, die einen zeittypischen Ausdruck historisch kultureller Identität darstellte - in der Innen- wie Aussenansicht des Gotteshauses, dessen innere Werte nach außen wehrhaft behauptet waren. Mit dieser Bedeutung korrespondierte auch die synkretistische Ambivalenz der Denkmalsfigur - als Michael und/oder Siegfried. Solche Mehrdeutigkeit erläuterte Klaus Vondung als Degradation eines

Symbols: "Neben der formalen Identität der symbolischen Bilder sind dies in erster Linie schematische und strukturelle Gemeinsamkeiten: Erhalten geblieben sind Handlungsmuster, Rollenfunktionen, Stellenwert der Ereignisse, Requisitarium sowie die Beziehungen, in denen die einzelnen Elemente im Gesamtgefüge zueinander stehen."[166] Dieser Vorgang prägte wesentlich die zeitgenössische Denkmalsrezeption und wurde begünstigt durch die stetige Aufwertung von Soldaten auf Ehrenmälern - analog biblischen, heiligen und historischen Gestalten. Es wurde zunehmend schwerer, zwischen Soldaten-, Krieger-, Heiligen-, Christusmotiven o.a. zweifelsfrei zu differenzieren - angesichts wechselseitiger Anleihen und der unklaren Grenzen von national-"christlichen", militärisch-überkonfessionellen und kirchlich-bekenntnishaften Normen. Dazu ließen sich beliebig viele Beispiele betrachten, etwa das Nebeneinander verschiedener "Fahnenträger" (Christus oder Soldat), nicht zuletzt der "Drachentöter" (Michael oder Siegfried). Ungeachtet der jeweiligen, formalen Identität waren ihnen nach zeitgenössischem Verständnis doch bestimmte Deutungsmuster gemeinsam: Sieg und Überlegenheit! Dazu boten Kriegserinnerungen, aktuelle Sorgen und Nöte die passenden "Feindbilder". Luden sie nicht zu einfachen Denkschemata ein, in denen der Kampf von Michael/Siegfried mit dem Drachen zum Beispiel einfach auf den Weltkrieg oder eine Revanche zu übertragen war?

Opferdenkmal - Eisenkreuze auf Altar - in Dortmund 1931
Erweiterung der Denkmalswürde

Sollten Denkmalswürde und öffentliche Anerkennung ausschließlich den Streitkräften vorbehalten sein? Schon während des Krieges mußten einschlägige Bestimmungen zu dieser Frage mehrfach ergänzt werden. Die blutigen Auseinandersetzungen, die über das formelle Kriegsende hinaus geführt wurden, zum Beispiel die "Freikorps-Kämpfe", blutige bürgerkriegsähnliche Kämpfe und der Widerstand gegen die Besatzungsmacht verlangten ebenfalls eine mehrfache Erweiterung des "denkmalswürdigen" Personenkreises. Dazu gehörten zum Beispiel sechs Personen, die während des "Ruhrkampfes" in der sogenannten "Dortmunder Bartholomäus-Nacht" am 10. Juni 1923 von der französischen Besatzung zu Unrecht erschossen worden waren. Ihnen widmete 1931 ein Bürgerausschuß ein eigenes Denkmal: ein altarähnlicher Sockel aus Naturstein (ca. 9,5 x 5 x 5 m) mit der Inschrift "Sonntag, den 10. Juni 1923, wurden sechs Dortmunder Bürger als schuldlose Opfer der französischen Besatzung niedergeschossen. Ihr Schicksal ist uns Mahnung, als höchstes Gut zu wahren die Freiheit."[167] Über den Sockel ragten sechs hohe Eisenkreuze empor, ähnlich dem Schlageter-Denkmal in Düsseldorf.[167] Der Entwurf griff offensichtlich auf religiöse Ausdrucksmittel zurück: den Altar-Typus, den Opfer-Begriff, die Kreuze. Dabei zielte die Inschrift sowohl auf die Trauer um die "Opfer" als auch vor allem auf die politische "Mahnung" zur wirkungsvollen Sicherung der "Freiheit". - Zweifellos

62. Opferdenkmal in Dortmund 1931

hatte der "Ruhrkampf" gegen die französische Besatzung einer außerordentlichen Militanz Vorschub geleistet, die sich insbesondere radikale Kräfte zu eigen machten.

Ehrenmal - Neue Wache - in Berlin 1931
"Weihestätte für die Toten" oder Reichsehrenmal?

Seit dem Ersten Weltkrieg waren bereits mehrere Pläne für ein zentrales "Reichsehrenmal" gescheitert. Auch in der Weimarer Zeit gab es verschiedene Initiativen: einen Aufruf von Reichspräsident Ebert am 3. August 1924, dem zehnten Jahrestag des Kriegsausbruches, Denkschriften, die Einrichtung eines "Reichsausschusses ." im Frühjahr 1928, aufwendige Entwürfe, Reichstagsbeschlüsse sowie heftige Diskussionen in Presse und Öffentlichkeit. Unüberbrückbare Gegensätze verhinderten jedoch eine frühzeitige Realisierung: Streit um Alternativen (Invalidenheime, ggf. Aufschub auf spätere Zeiten), Konkurrenz verschiedener Aufstellungsorte, von Interessengruppen (Krieger- und Künstlerverbände), von Landes- und Reichsregierungen und der politischen Parteien. Als der Reichstag schließlich am 15. Dezember 1928 beschloß, das Vorhaben ruhen zu lassen, bis das Deutsche Reich von fremdländischen Besatzungstruppen "befreit" sei, ergriff das preußische Staatsministerium die Initiative, das Baudenkmal der Neuen Wache von Friedrich von Schinkel zu einem Landes-Ehrenmal zu bestimmen.[168] Die

Neue Wache war in der früheren Diskussion im Jahre 1925 gelegentlich schon vorgeschlagen worden, dann aber in den Hintergrund geraten.

Zu dem erneuten, ernsthaften Bemühen der preußischen Regierung - inmitten der Landes- bzw. Reichshauptstadt - konnte das Reichsinnenministerium nicht schweigen, sondern es mußte sich, nolens volens, an den neuen Plänen beteiligen. Freilich vermied die preußische Regierung den Begriff des "Reichsehrenmals" und betonte stattdessen den Charakter einer "Weihestätte für die Toten", die zugleich das Ziel ranghoher Staatsbesucher werden solle.

Mit Einwilligung von Reichspräsident von Hindenburg wurde 1930 ein beschränkter Wettbewerb ausgeschrieben, an dem sich bekannte Künstler beteiligten: Erich Blunck, Hans Grube, Ludwig Mies van der Rohe, Hans Poelzig und Heinrich Tessenow. Sie ließen den Außenbau unverändert und konzipierten ausschließlich den Innenraum. Die Ausführung erfolgte nach dem preisgekrönten Entwurf von Tessenow: ein schlichter Raum, beleuchtet durch eine runde Dachöffnung, mit einem silbernen Eichenkranz auf einem schwarzen Granit-Kubus im Mittelpunkt. Am 2. Juni 1931 fand die Einweihung statt in Anwesenheit von Repräsentanten politischer, militärischer, kirchlicher Autoritäten - allen voran Reichspräsident von Hindenburg. Er nahm eine Parade von Truppenteilen und Abordnungen ab: Reichswehr, Marine, Schutzpolizei, Kriegervereine u.a.; 101 Salutschüsse, das Glockengeläut des Doms am Lustgarten und der St. Hedwigs-Kathedrale. Der preußische Ministerpräsident Otto Braun übergab das Ehrenmal dem Reich, das

63. Neue Wache in Berlin

durch Reichswehrminister Wilhelm Groener vertreten wurde. In seiner Ansprache verknüpfte Braun militärideologische Motive "selbstloser Hingabe an Volk und Vaterland", "Ehre", "Blut-Opfer" mit pazifistischen Ansprüchen, daß der "Gang der Geschichte" künftig Kriege vermeide.[168] Insgesamt folgte die Feier aber dem traditionellen Sinnzusammenhang von Patriotismus, Militär und Christentum.

Wenig später wurde die Neue Wache bevorzugter Ort der nationalsozialistischen Staats- und Propagandaauftritte zum "Heldengedenktag". In dieser neuen Funktion konkurrierte es mit dem Tannenberg-Ehrenmal in Ostpreußen und wurde so de facto zu einem "Reichsehrenmal".

8. Nationalsozialismus und Zweiter Weltkrieg
1933 - 1939 - 1945

Als das Berliner Reichstagsgebäude 1933, kurz nach der "Machtergreifung" der Nationalsozialisten, abgebrannt war, wurde - sicher nicht zufällig - eine Garnisonkirche als Ausweichstätte der national-deutschen Volksvertretung ausgewählt. Die Potsdamer Garnisonkirche mit der Grabstätte des preußischen Königshauses galt als der Inbegriff der preußisch-deutschen Militärtradition und des Kriegsgedenkens. Dabei schien der traditionelle, exklusive Zusammenhang christlich-überkonfessioneller, militärischer und nationaler Wertvorstellungen ungebrochen. Der Staatsakt der Reichstagsneueröffnung am 21. März 1933 war bereits aufschlußreich für die neue Ausrichtung des deutschen Totengedenkens, weil die nationale Versammlung damals auch als Ehrerbietung und Bekenntnis zu den preußisch-monarchischen, konservativen Traditionen des (preußisch-)deutschen Nationalstaates empfunden wurde, vor allem zu dem vermeintlichen "Vermächtnis" Friedrichs des Großen - dem zentralen Symbol preußisch-deutscher Militärtradition. So war die Neueröffnung des Reichstages an seinem Grabe eine Gedächtnisfeier deutschen Kriegergedenkens überhaupt.

64. "Der Tag von Potsdam" 1933

Diese Atmosphäre nutzten die Nationalsozialisten zu einer geschickten Aufwertung ihrer toten Kampfgenossen: Während der (ausschließlich!) christlich konfessionellen Gottesdienste, die der Reichstagsversammlung vorangestellt waren, gedachte der nationalsozialistische "Führer" und Reichskanzler Adolf Hitler demonstrativ der ermordeten Extremisten unter seinem SA-Kameraden auf dem Berliner Luisenstädtischen Friedhof. Hitler und seine Parteigenossen verwandten das nationale Prestige der Potsdamer Szenerie, um eine scheinbar deckungsgleiche Harmonie vorzutäuschen zwischen preußisch-deutscher Militärtradition, d.h. national-deutschem Wesen, und dem Nationalsozialismus, vor allem seinen paramilitärischen, verbrecherischen Kampfgruppen (vgl. Hitlers tiefe Verbeugung vor dem Reichspräsidenten). So degradierten Hitler und seine Anhänger die militärische Tradition Preußens an einer der bedeutendsten Gedenkstätten, der Potsdamer Garnisonkirche, zu einer Statistenfunktion, nachdem schon der demokratischen zivilen Tradition ca. neun Monate zuvor im "Preußenschlag" die Macht entzogen worden war.[169]

"In Deutschland setzte 1933 ein öffentliches Herausstellen der bewaffneten Macht in einem Ausmaß ein, wie es zuvor im In- und Ausland noch nicht zu beobachten war. Obwohl die zahllosen Neuaufstellungen, Verbandsteilungen, die Einführung neuer Waffen und Fahrzeuge sowie die damit verbundenen ungeheuren Organisations- und Ausbildungsaufgaben eine geradezu hektische Beanspruchung fast aller Soldaten auslösten, wurden insbesondere das Heer und die gänzlich neu aufgestellte Luftwaffe zu den verschiedensten politischen Veranstaltungen hinzugezogen. Die wichtigsten jährlich wiederkehrenden Anlässe dazu waren: der Heldengedenktag, Hitlers Geburtstag - seitdem er Staatsoberhaupt war ..., die häufiger gewordenen Staatsbesuche ausländischer Gäste, die zahlreichen Manöver, die besonders attraktiven Flugvorführungen der neuen Luftwaffe und große Trauerfeiern. Das hervorragendste Beispiel für letztere war die Gedenkfeier für den verstorbenen Reichspräsidenten Paul von Hindenburg im Tannenberg-Denkmal am 7. August 1934."[170]

Reichsehrenmal Tannenberg: eine "Totenburg"

Bei Tannenberg in Ostpreußen, am Ort der erfolgreichen strategischen Schlacht von 1914 gegen russische Truppen, war in den Jahren 1924 bis 1927 ein National-Ehrenmal nach Entwürfen der Brüder Walter und Johannes Krüger errichtet worden: "ein aus dem germanischen Stonehenge entwickeltes gewaltiges Mauerachteck", für dessen Architektur aber wahrscheinlich das Stauferschloß Castel del Monte Kaiser Friedrichs II. in Süditalien ebenso wichtig gewesen war.[171] Nach dem Willen Hindenburgs sollte in Anlehnung an das Kreuzberg-Nationaldenkmal die grundlegende Aussage der Anlage in der Widmungsinschrift ausgedrückt werden: "Den Gefallenen zum ehrenden Gedächtnis, den Lebenden zu ernster Mahnung, den kommen-

65. Reichsehrenmal Tannenberg

den Geschlechtern zur Nacheiferung".[171] Der ganze Komplex wirkte im wesentlichen durch die Aufreihung von acht Türmen gegenüber den horizontalen Linien der verbindenden Mauern: Die Türme waren verschiedenen Themenschwerpunkten gewidmet und sollten dazu entsprechende Materialien darbieten über die Person Hindenburgs, über die beteiligten Feldherren, die Fahnen der betroffenen Truppenverbände an der Schlacht bei Tannenberg, mit kirchlichen Weiheräumen, Archiv etc. Als Mittelpunkt wurde ein quadratischer Grabhügel mit großem christlichen Kreuz für zwanzig unbekannte deutsche Soldaten erkoren. Für die politische Tendenz des Unternehmens war die Einweihungsfeier am 18. September 1927 besonders aufschlußreich. Das Festkomitee rief jedermann auf "..., der sich zu dem in dem Bau des Tannenberg-Denkmals verkörperten Gedanken der Gefallenen-Ehrung und Stärkung des Deutschtums bekennt", zu einem "Festtage des ganzen deutschen Volkes über alle Klüfte und Parteiungen hinweg".[171] Doch wurde der Rabbiner an einer Ansprache zum Einweihungs-Feldgottesdienst gehindert, jüdische Frontkämpferbünde und das sozialdemokratische Reichsbanner erhielten keine Einladung, zumal namhafte Sozialdemokraten grundsätzliche Bedenken gegen Schlachtdenkmäler erhoben. Sie hielten die ungelösten sozialen und kulturellen Kriegsfolgen, die ausstehende finanzielle Versorgung der Kriegshinterbliebenen und -behinderten für dringender.
Die germanisierende Konzeption Tannenbergs bot der nationalsozialistischen Propaganda unmittelbare Anknüpfungspunkte zur totalen, hemmungslosen Indienstnahme deutschen Krieg(er)gedenkens, insbesondere für die

66. *Reichsehrenmal Tannenberg*

neue Kriegsvorbereitung. In diesem Sinne wurde die Bestattung Hindenburgs am 7. August 1934 als Reichspräsident, Generalfeldmarschall des Kriegsheeres und Sieger der Tannenberger Schlacht musterhaft inszeniert als ein "'Zweiter Tag von Potsdam' ... Noch einmal sollte vorgeführt werden, daß die alte Größe und die neue Kraft sich vermählt hatten."[172] Dabei blieben allerdings manche Dissonanzen nicht verborgen. So rief Hitler in seiner Ansprache vor der Grabesstätte: "Toter Feldherr, geh nun ein in Walhall!" Dagegen betonte Feldbischof Franz Dohrmann in seiner anschließenden Rede die christliche Überzeugung Hindenburgs, die doch allseits bekannt war.[173]

Auf Dauer aber sorgten einige Änderungen der Anlage für eine Denkmalsrezeption, die vollkommen nationalsozialistischer Erwartung entsprach: die Umbettung der zwanzig anonymen Toten aus dem Zentrum in die Gruft Hindenburgs als "Blutzeugen", die Umgestaltung des "Ehrenfriedhofs" zum Aufmarschplatz, Ersatz des zentralen christlichen Kreuzes durch das Eiserne Kreuz, Ausstellungen über das Auslandsdeutschtum zur Demonstration deutscher Gebietsansprüche und Revanchepläne, Betonung propagandistischer Aufgaben des Ehrenmals durch die Einrichtung einer Jugendherberge und einer Sportkampfstätte, Erhebung Tannenbergs 1936 zum "Reichsehrenmal".

Mit seinem arena- oder festungsähnlichen Gesamtcharakter war es nach zeitgenössischem Empfinden der Ausdruck deutscher Abwehrkraft im Osten gegen Polen und Rußland. Es errang eine vielfältige wirkungsgeschichtliche Bedeutung: für die Errichtung eines polnischen Nationaldenkmals zum 550.

Jahrestag des "polnischen" Sieges über den Deutschen Ritterorden, in Deutschland für die Entwicklung eines neuen Denkmalstypes, der sogenannten "Totenburg".[174] In ihr verknüpften und verdichteten sich verschiedene ideengeschichtliche Strukturen national-deutschen Kriegergedenkens u.a. aus preußisch-deutscher Militärtradition, der irrationalen und national-wehrhaften Attitüde historisierender Burgenromantik sowie (pseudo-)religiöse Elemente. Daraus entstand eine architektonische Mischform neuen Typs - nach außen wie eine Burg, im Innern eine Art Sakral- oder Weiheraum, der in der Regel nur durch einen einzigen, schmalen Zugang erreichbar war als Ausdruck des exklusiven, besonderen Weihecharakters.[174] Dazu gab es bereits einige entwicklungsgeschichtliche Vorstufen, zum Beispiel Kriegerkapellen und tempelähnliche Bauten (vgl. auch das Ehrenmal in der Hohensyburg). Seit Ende der zwanziger Jahre setzte sich der neue Denkmalstyp mehr und mehr durch und wurde bald darauf von nationalsozialistischer Seite vereinnahmt. Dazu forderte der Chefideologe Alfred Rosenberg: "Die Heldendenkmäler werden ... zu Wallfahrtsorten einer neuen Religion gestaltet werden."[175]

Das Bestreben, mit der nationalsozialistischen "neuen Religion" die christlichen Kirchen und andere religiöse Anschauungen zu verdrängen, führte zu einem "Bildersturm", zur Schleifung oder zum Ersatz zahlreicher Kriegerdenkmäler, die als unzeitgemäß galten, gelegentlich auch zur konkurrierenden Errichtung neuer Denkmäler. Die Initiative sollte von den Kirchen weg hin zu den kommunalen bzw. staatlichen Behörden verlagert werden. Besondere Erlasse verboten zum Beispiel die katholischen Pietamotive. Kriegerisch-martialische Formen wurden bevorzugt. In einigen Neuauflagen von Denkmalsbüchern wurde der kirchliche Beitrag über die Kriegsseelsorge 1914/18 verschwiegen - im Zuge der Bemühungen, den kirchlichen Einfluß in der Wehrmacht ganz einzuschränken. Eine Reaktion darauf war die verstärkte Publikation katholischer Gedenkliteratur.

Die kirchliche Denkmalserrichtung kam in einigen Gegenden fast zum Erliegen. Kriegerdenkmäler jüdischer Kultusgemeinden wurden zerstört, jüdische Grabdenkmäler geschändet. Aus der Wehrmacht wie auch aus den großen Frontkämpferverbänden "Kyffhäuser" und "Stahlhelm" wurden Juden noch vor der "Nürnberger Gesetzen" ausgeschlossen.[176] Hilferufe an Reichspräsident von Hindenburg führten zu keinem Erfolg. 1932 noch war ein "Gedenkbuch für die jüdischen Gefallenen ..." mit einem Geleitwort Hindenburgs erschienen.[177] Ein Jahr zuvor hatte der Volksbund Deutsche Kriegsgräberfürsorge noch eine beachtliche Anzahl jüdischer Kriegerdenkmäler als Vorbild empfohlen.[177] Der Volksbund wurde jedoch im Zuge einer Satzungsänderung 1933 umstrukturiert. Er verlor den bisher aus Wahlen bestimmten Vorstand (künftig ersetzt durch den "Bundesführer"), die überkonfessionelle Konzeption (unter Einschluß jüdischer Gründungsmitglieder) und das Prinzip parteipolitischer Neutralität.[178] Der totalitäre Machtanspruch der Nationalsozialisten ertrug keine alternativen Sinnangebote und strebte eine "Gleichschaltung" des gesamten Denkmalswesens an, so daß eine neue

Qualität der Propaganda erzielt wurde mit der Absicht lückenloser Indoktrination, wie sie vor allem während des Krieges entfesselt wurde.

Ehrenmal - Uniformierte Krieger - in Dortmund 1934

Auf mehrstufiger Grundfläche wurde ein quaderförmiger Sockel mit zwei überlebensgroßen, uniformierten Soldaten aufgerichtet (Gesamthöhe: vier Meter) vor dem attraktiven Hintergrund eines Laubwaldes in Dortmund-Kley/Oespel. Beide Figuren sind in paralleler, kampfbereiter Körperhaltung zu sehen: Die rechte Hand ist demonstrativ zum Griff an die Waffe zur linken Seite gelegt. Beide Figuren verdeutlichen das zeitgenössische Wunschbild nationalsozialistischer "Gleichschaltung". Regungslose Gesichtszüge, Stahlhelm, Mantel und Stiefel erlauben keine menschlichen Charakterzüge, sondern sie unterstreichen unmißverständlich die Dominanz militärischer Uniformität. Auf Inschriften wurde verzichtet, so daß die eigentliche Aussage der Anlage, deren Widmung - entweder für die Gefallenen des Ersten Weltkrieges oder eher für die Überlebenden - unklar blieb. "Der Stil vertritt eine in jenen Jahren verbreitete Mischung aus pathetisch-expressiver Ver-

67. Ehrenmal in Dortmund 1934

171

einfachung und dem heroischen Vergröbern der offiziellen Kunst des Nazi-Reiches. Das Denkmal gilt denn auch weniger der Trauer um die Toten des Ersten Weltkrieges als vielmehr dem Gedanken der Rache und einer neuen Wehrbereitschaft."[179] Die Aggressivität der Anlage, die den späteren, alliierten Denkmalssturz überstand, provozierte seither immer wieder zu politisch motivierten, kriegskritischen Gegendarstellungen und entsprechenden Graffiti.

Ehrenmal - Fahnenträger - in Suttrop 1936

In der kleinen Gemeinde Suttrop bei Soest wurde am 1. September 1936 ein Kriegerdenkmal enthüllt: ein überlebensgroßer Krieger mit geschwellter Brust, zeitgenössischem Stahlhelm, den Kopf trotzig auf die festumschlossene, aufrechtgehaltene, ruhig hängende Fahne gerichtet, in der Linken ein Lorbeerkranz. Die Statue war von F. Rellecke aus Berlin, gebürtig aus Belecke, einem Nachbarort, in Bronze geschaffen und auf einem sandsteinverkleideten Sockel errichtet, auf dem die Kriegsjahre, das Eiserne Kreuz und laut Presseberichten die Inschrift (vom Schwert des Hermannsdenkmals) zu lesen war: "Deutschlands Einigkeit meine Stärke, meine Stärke Deutschlands Macht". Die Mauer rechts und links des Sockels trug die Namen der Gefallenen des Ersten Weltkrieges. In der Denkmalsfigur spiegelte sich das stolze Bewußtsein neuer nationaler, militärischer Machtentfaltung (vgl. Wiedereinführung der Allgemeinen Wehrpflicht 1935, Rück-

68. Ehrenmal in Suttrop 1936

172

kehr des Saarlandes unter deutsche Oberhoheit, Einmarsch deutscher Truppen in die bislang entmilitarisierte Zone des Rheinlandes) wieder. Der Fahnenträger zeigte Stolz, Traditionsverbundenheit und Kampfbereitschaft - mit einer von Kriegsstürmen (noch) unbewegten Fahne. Im Vergleich zu früheren Stiftungen der Weimarer Zeit war das Standbild weniger den zivilen als den militärischen Traditionen verwandt. Der Fahnenträger sollte "... an alle die Männer (erinnern), die vier Jahre lang aushielten, also an Gefallene und Überlebende gleichermaßen".[180] In ideologischer Zuspitzung deuteten Pressekommentare die Denkmalsweihe als Erinnerung an den "Frontgeist": "Aus diesem Frontgeist sei der Nationalsozialismus entstanden, emporge-wachsen an der Kraft eines schlichten Soldaten, der aber die Dinge wie kein zweiter gesehen ... und beherrscht habe."[180]

Der Suttroper Weltkriegssoldat wurde quasi zum "Vorkämpfer" des Nationalsozialismus deklariert. Konsequenterweise stellte man die Parteigänger Hitlers, die in blutigen Auseinandersetzungen ihr Leben verloren hatten, mit den Gefallenen früherer Kriege gleich. Dieser Tendenz entsprach die verbreitete Doppeldeutigkeit der Denkmalsfiguren dieser Zeit, ob nun die Toten inschriftlich genannt wurden oder die Stifter sich selbst als Kriegsteilnehmer und Überlebende darstellten. Dazu gab es Ansätze vor allem bei früheren Regimentsdenkmälern, die den Gefallenentod als verpflichtendes Beispiel zur Nachfolge bewerteten. Mehr und mehr verloren die Belange des Gefallenengedächtnis an Bedeutung gegenüber Krieger- und Kriegsgedenken überhaupt, egal, ob die bedachten Personen nun lebendig oder gefallen waren. Die Glorifizierung des Krieges oder des einfachen Soldaten hatte den unbedingten Vorrang. Alles, was ihn "wie keinen zweiten" auszeichnete, wurde ausschließlich als vorteilhaft und erstrebenswert suggeriert. So bezeichnete Martin Lezius zum Beispiel die Uniform der Denkmalsfigur sicher nicht zufällig als "Ehrenkleid" des Soldaten, so daß nun schon die bloße Zugehörigkeit zum Militär als "ehren"-voll bzw. denkmalwürdig behauptet wurde, was bisher auf den Personenkreis der Gefallenen beschränkt war![181]

Das Suttroper Denkmal war kein Sonderfall. Später wurde die Aussage ergänzt durch eine zusätzliche religiöse Dimension (Veränderung des Sockels, Reliefs von Edmund Brockmann: drei Posaunenengel über Gräbern [vgl. Offenbarung 11, 15, Matthäus 24,31 auch 1. Korinther 15,52]). Zwei neue Inschriftensteine unterstrichen religiöse und trauernde Motive. Sie trugen folgende Inschriften: "+ + + ... 1939-1945 + + + /Die da starben / ruhen in Gottes Hand / und werden mit uns / + + + auferstehen / zum ewigen Leben", dazu das Gemeindewappen mit der Aufforderung: "Grüss uns / die Heimat / die wir getreu / bis in den Tod / mehr als das Leben geliebt ..."[181] Die alte Sockelinschrift wurde beseitigt. Anstatt früherer Gleichsetzung von Gefallenen und Märtyrern wurde nun eine vorsichtigere Aussage gewählt, die die Toten in die christliche Auferstehungshoffnung einbezog. Die Behauptung der integren Kampfesgesinnung oder der "Heimat"-Liebe der Gefallenen blendete allerdings den Zwang und den Terror der NS-Herrschaft aus, die zum Kriegsdienst keine Alternative erlaubten.

Gedenkliteratur über die katholische Kriegsseelsorge 1935 -1939

Gefallenengedächtnis und Kriegserinnerungen im Schatten des Nationalsozialismus

Kontinuität "deutsch"-katholischer Identität

In den Jahren 1935 bis 1939 erschienen einige Gedenkpublikationen, die von katholischen Geistlichen verfaßt worden waren. Sie veröffentlichten Kriegserinnerungen, reklamierten das religiöse, humanitäre und theologische Engagement der Kirchen, insbesondere von Feldgeistlichen und kirchlichen Vereinen während des Ersten Weltkrieges. Sie brachten eine Mischung aus lehrhaften und eindrucksvollen, teils auch unterhaltsamen Beiträgen über die Feldseelsorge und das religiöse Kriegserleben, das auch in Abbildungen dokumentiert wurde. Gegenüber den nationalsozialistischen Kräften profilierten sie eine katholisch-kirchliche Position in zwei Spannungsfeldern: in der prinzipiellen Bewertung der Feldseelsorge des Ersten Weltkrieges bzw. der neuen Wehrmacht einerseits und andererseits im Gefallenengedächtnis. Indem die neuen Schriften Aufgaben und Leistungskraft der Feldgeistlichkeit darlegten, widersprachen sie dem nationalsozialistischen Ziel in einem zentralen Bereich, dem Versuch nämlich, den kirchlichen Einfluß zu bekämpfen, die Wehrmachtsseelsorge einzuschränken bzw. völlig aufzuheben. Mit der auffälligen Betonung militärischer Pflichten- und Tugendkataloge verwischten sie freilich die Grenzen zwischen pastoralen, militärideologischen und nationalistischen Anforderungen. Andererseits bezeugten sie indirekt auch einen defensiven Charakter und einen seit der "Machtergreifung" anscheinend plötzlich gestiegenen Rechtfertigungsbedarf. Auffällig war jedenfalls der Zeitpunkt der Publikationen - in den Jahren 1935 bis 1939 -, denn "auch nach der Einführung der 'Wehrmachtsseelsorge' blieb die Präsenz der Kirche ... ein Stein des Anstoßes ..."[182] (Zuvor - in Weimarer Zeit - waren nur vereinzelte vergleichbare katholische Publikationen erschienen.) Aus diesem Grunde war die neue Gedenkliteratur der dreißiger Jahre eine Gegendarstellung gegen die restriktiven nationalsozialistischen Bedingungen der Militärseelsorge:

1935   Ebener: Die katholische Seelsorge der badischen Truppen. In: Wilhelm Müller-Loebnitz (Bearb.): Die Badener im Weltkrieg. Karlsruhe, 1935
Josef Kiera: Im Land des Euphrat und Tigris. Kriegserinnerungen von J. K., früherem Divisionspfarrer der VI. deutsch-türkischen Armee in Bagdad und Mossul. Breslau, 1935

1936   Karl Egger: Seele im Sturm. Kriegserleben eines Feldgeistlichen. Innsbruck, 1936
Balthasar Meier: Kardinal Dr. Michael Faulhaber als bayerischer Feldpropst. In: Michael Hartig (Hrsg.): Erntegaben, gesammelt und dargeboten von Priestern der Erzdiözese München-Freising. München, 1936

1937 Joh. Albert Aich (Hrsg.): Im Dienste zweier Könige, das Heldenbuch der Kriegstheologen. Breslau, 1937

1938 Ludwig Börst (Darst.): Die Theologen der Erzdiözese München und Freising im Weltkrieg 1914 - 1918, ein Beitrag zur Geschichte der Erzdiözese München und Freising. Hrsg. vom Erzbischöflichen Ordinariat. München, 1938
Viktor Lipusch (Bearb.): Österreich-Ungarns katholische Militärseelsorge im Weltkriege. Hrsg. unter dem Protektorat des Fürstbischofs von Seckau und Militärvikars Ferdinand von Pawlikowski. Wien, 1938
Rainer Spitzl: Die Rainer, als Feldkurat mit dem Infanterie-Regiment 59 im Weltkrieg. Innsbruck/Wien/München, 1938

1939 Ludwig Börst (Bearb.): Die Theologen der Erzdiözese Bamberg im Weltkrieg 1914-1918. Kriegsgeschichte der katholischen Theologen. Hrsg. vom Erzbischöflichen Ordinariat. Band 4. Speyer, 1939

Mit ihrer populären Gestaltung und mit zahlreichen Abbildungen von Begräbnissen und Krieger(grab)denkmälern reihten sie sich in die zeitgenössische außerkirchliche Gedenkliteratur ein. Der Anspruch auf das öffentliche Gefallenengedächtnis wurde besonders von Joh. Albert Aich und Viktor

69. Gefallenendenkmal im Stephansdom in Wien 1938

Lipusch hervorgehoben. So stellte Lipusch seinem Werk das Foto eines Denkmals voran, daß im Wiener Stephansdom an die im Weltkrieg gefallenen und verstorbenen Militärgeistlichen erinnerte. Sinnfällig erklärte der Wiener Kardinal-Erzbischof Innitzer das Buch zu einem "Ehrenmal"![183] Nach seinen Wünschen sollte das Buch zu einem "... Gedenkwerk jenen toten Priestern und all ihren Mitbrüdern errichtet werden; es soll berichten über die Tätigkeit der katholischen Feldgeistlichen und soll so eine wertvolle Ergänzung all jener Werke bilden, die von den schweren Jahren 1914 - 1918 berichten". Ähnliche wohlwollende Worte veröffentlichten auch andere Kirchenobere aus Österreich, Ungarn und Südtirol! An hohen Erwartungen ließen sie keinen Zweifel. So schrieb der amtierende Feldbischof von Ungarn Stefan Stász: "Dies Buch wird Blätter enthalten, welche die schönsten und kühnsten Gedichte der Heldensagen und Mythologien weit, himmelhoch übertreffen!"[183] Ausführlich - auf über 600 Seiten wurden Erinnerungen österreichisch-ungarischer, bayerischer und anderer deutscher Feldgeistlicher dargeboten, die so das Kriegserleben vergegenwärtigten. Sie standen in der Tradition kirchenoffizieller Predigtpublikationen aus dem gesamten deutsch(österreichisch)en Raum. Zu diesem umfassenden Anspruch und seinem systematischen Charakter gab es bisher kaum vergleichbare kirchliche Darstellungen, allenfalls von Martin Schian auf evangelischer Seite.[184] Solche "Ergänzung" (vgl. Innitzer) war ausdrücklich gewollt. Einmal neu brachten das Kriegs- und Gefallenengedächtnis nach zeitgenössischem Empfinden das evangelische und das katholische "Deutschland" zueinander. Diese Vorstellungen begünstigten eine Atmosphäre, die für den nationalsozialistischen "Anschluß" Österreichs an das Deutsche Reich mißbraucht werden konnte.

Die kirchlichen Veröffentlichungen erneuerten die kriegstheologischen und bewußtseinsmäßigen Traditionen, zum Beispiel das Festhalten an der "recht-

70. Feldgeistlicher bei der Beerdigung 1916

mäßigen Obrigkeit" und der positiven theologischen Bewertung des Kriegswesens. Religiös motivierte Verweigerung des Militärdienstes, wie sie früher bis zum Ersten Weltkrieg noch einigen religiösen Gruppen zugestanden worden war, kam nicht in Betracht.[185] Unbestritten waren ebenso das Gebot recht- bzw. eidgemäßer Pflichterfüllung und Befehlsausführung, patriotischer Solidarität und nationaler Identifikation bis 1938 bei der Erweiterung des Deutschen Reichs durch Österreich und das Sudetenland, später im vermeintlichen Kampf gegen den "gottlosen" Bolschewismus. Auch die spätere Besetzung des "heimgekehrten" Elsaß, seit August 1940 unter einer deutschen Zivilverwaltung, weckte kirchlicherseits nationalpatriotische Hoffnungen, obwohl der Terror des nationalsozialistischen Regimes, zum Beispiel die Judendeportation und die Mißhandlungen der deutschstämmigen bzw. -sprachigen Zivilbevölkerung unvergleichbar neue politische Bedingungen schuf. Sie schlossen die alten militärkirchlichen Traditionen nur vordergründig ein und duldeten deren Fortführung allenfalls nach Maßgabe der machtpolitischen Beziehungen zwischen den Streitkräften und dem NS-Regime. Deutlich zeigte sich dieser Wandel in der öffentlichen Bewertung der "November-Revolution" von 1918: Wurde sie in Weimarer Zeit noch kontrovers, in den Veröffentlichungen von Martin Schian zum Beispiel sachlich distanziert und differenziert besprochen, so diente sie der NS-Propaganda als Anlaß zu neuerlichen antijüdischen Pogromen. Im Jahre 1938 wurde die Symbolik des "9. November" dazu mißbraucht, um demonstrativ das Pogrom der sogenannten "Reichskristallnacht" durchzuführen, Auftakt zum Holocaust, der massenhaften Judenvernichtung, die im Zweiten Weltkrieg schließlich eskalierte. Dieser Zusammenhang zeigte überdeutlich einen tiefgreifenden Bewußtseins- und Strukturwandel, insbesondere den Bruch in der preußisch-deutschen Militärgeschichte. Die früher geübte Duldung Andersdenkender, u.a. der Mennoniten und ihrer religiös begründeten Ablehnung des Waffendienstes, jüdischer Militärpersonen und Feldrabbiner, war aufgegeben, teils in ihr Gegenteil verkehrt. Demgegenüber sollte die oberflächliche Erneuerung mancher Traditionen, zum Beispiel der Ordensstiftung des Eisernen Kreuzes zu Beginn des Zweiten Weltkrieges, deren angebliche Harmonie mit dem NS-Regime propagieren.

Erneuerung des Eisernen Kreuzes 1939

Bei Ausbruch des Zweiten Weltkrieges im September 1939 herrschte - anders als 1914 - keine überstürmende Begeisterung. "... nicht die Nation war wie 1914 von der Notwendigkeit eines Krieges überzeugt, der Krieg stellte sich vielmehr als ideologisch erzeugte 'Notwendigkeit' zum Zwecke der Probe auf die geschichtliche Einmaligkeit und Richtigkeit der Intuitionen Hitlers dar."[186] Kriegs- und Kampfesbereitschaft entsprachen in Deutschland weniger einem nationalen, öffentlich vorherrschenden Konsens, sondern beruhten vielmehr auf der langjährig-verbreiteten nationalsozialistischen Propaganda, auf dem hemmungslosen Terror gegen innenpolitische Gegner und auf dem geschickten Mißbrauch politisch relevanter Stimmungen, vor allem der preußisch-deutschen, konservativen Traditionen. Dazu wurde gleich zu Kriegsbeginn die Ordensstiftung des Eisernen Kreuzes "erneuert".

Verordnung über die Erneuerung des Eisernen Kreuzes.
Vom 1. September 1939.

Nachdem ich mich entschlossen habe, das Deutsche Volk zur Abwehr gegen die ihm drohenden Angriffe zu den Waffen zu rufen, erneuere ich eingedenk der heldenmütigen Kämpfe, die Deutschlands Söhne in den früheren großen Kriegen zum Schutze der Heimat bestanden haben, den Orden des Eisernen Kreuzes.

Artikel 1
Das Eiserne Kreuz wird in folgender Abstufung und Reihenfolge verliehen:
Eisernes Kreuz 2. Klasse,
Eisernes Kreuz 1. Klasse,
Ritterkreuz des Eisernen Kreuzes,
Großkreuz des Eisernen Kreuzes.

Artikel 2
(1) Das Eiserne Kreuz wird ausschließlich für besondere Tapferkeit vor dem Feinde und für hervorragende Verdienste in der Truppenführung verliehen.
(2) Die Verleihung einer höheren Klasse setzt den Besitz der vorangehenden Klasse voraus.

Artikel 3
Die Verleihung des Großkreuzes behalte ich mir vor für überragende Taten, die den Verlauf des Krieges entscheidend beeinflussen.

Artikel 4
(1) Die 2. Klasse und die 1. Klasse des Eisernen Kreuzes gleichen in Größe und Ausführung den bisherigen mit der Maßgabe, daß auf der Vorderseite das Hakenkreuz und die Jahreszahl 1939 angebracht sind.
(2) Die 2. Klasse wird an einem schwarz-weiß-roten Bande im Knopfloch oder an der Schnalle, die 1. Klasse ohne Band auf der linken Brustseite getragen.
(3) Das Ritterkreuz ist größer als das Eiserne Kreuz 1. Klasse und wird am Halse mit schwarz-weiß-rotem Bande getragen.
(4) Das Großkreuz ist etwa doppelt so groß wie das Eiserne Kreuz 1. Klasse, hat an der Stelle der silbernen eine goldene Einfassung und wird am Halse an einem breiteren schwarz-weiß-roten Bande getragen.

Artikel 5
Ist der Beliehene schon im Besitz einer oder beider Klassen des Eisernen Kreuzes des Weltkrieges, so erhält er an Stelle eines zweiten Kreuzes eine silberne Spange mit dem Hoheitszeichen und der Jahreszahl 1939 zu dem Eisernen Kreuz des Weltkrieges verliehen; die Spange wird beim Eisernen Kreuz 2. Klasse auf dem Bande getragen, beim Eisernen Kreuz 1. Klasse über dem Kreuz angesteckt.

Artikel 6
Der Beliehene erhält eine Besitzurkunde.

Artikel 7
Das Eiserne Kreuz verbleibt nach Ableben des Beliehenen als Erinnerungsstück den Hinterbliebenen.

Artikel 8
Die Durchführungsbestimmungen erläßt der Chef des Oberkommandos der Wehrmacht im Einverständnis mit dem Staatsminister und Chef der Präsidialkanzlei.

Berlin, den 1. September 1939.

Der Führer
Adolf Hitler

Der Chef des Oberkommandos der Wehrmacht
Keitel

Der Reichsminister des Innern
Frick

Der Staatsminister und Chef
der Präsidialkanzlei des Führers und Reichskanzlers
Dr. Meißner[187]

Die vorliegende Urkunde Hitlers[187] erweckte mit der Bezeichnung "Erneuerung" und den historisierenden, einleitenden Zeilen den Eindruck von Kontinuität. Freilich hatten sich die staats- und machtpolitischen Rahmenbedingungen, unter denen das Eiserne Kreuz 1914 und 1939 "erneuert" wurde, völlig verändert: Anstatt auf die Verfassung wurde der Fahneneid seit 1934 auf Hitler geschworen, er verpflichtete zu unbedingtem Gehorsam gegenüber der Person: "dem Führer des Deutschen Reiches und Volkes ..., dem Obersten Befehlshaber der Wehrmacht". Diese Titel deuteten die neue Machtfülle und (in einem formalistischen Sinne auch:) die Legitimation Hitlers an, vor allem seinen Anspruch auf bedingungslose, todesbereite Gefolgschaft. Dazu leistete die Ordens-"Erneuerung" des Eisernen Kreuzes einen wichtigen Beitrag. Das Eiserne Kreuz verstärkte die Illusion ungebrochener Kontinuität und Harmonie des Nationalsozialismus, seiner Kriegspolitik mit den preußisch-deutschen Traditionen. Das ideologische Muster autoritär-patriarchalischer und apolitischer Tendenzen militärischer und nationaler Wertmaßstäbe wurde beibehalten, so in dem Begriff "Deutschlands Söhne" und der Hierarchie der Ordensstufen. Ihre Bindung an den Nationalsozialismus wurde durch das Hakenkreuz inmitten des Eisernen Kreuzes äußerlich sichtbar. Die traditionelle Klasseneinteilung erhielt eine vielfache Ergänzung und Erweiterung: das Eiserne Kreuz 1. und 2. Klasse, Silberne Spange, Ritterkreuz, Großkreuz. Diese Differenzierung mochte einen Ersatz für die frühere Ordensvielfalt deutscher Bundesstaaten im Ersten Weltkrieg bieten. Angesichts dieser Lücken bedeutete die ausschließliche "Erneuerung" des preußischen Eisernen Kreuzes, versehen mit dem Hakenkreuz und der Jahreszahl 1939, eine wirkungsvolle Reduktion, die auf eine Zuspitzung der gewünschten Kriegsstimmung zielte.

Ordenspropaganda des Eisernen Kreuzes und Gräberfürsorge

Die Erneuerungsurkunde knüpfte wieder an Elemente der Denkmalspropaganda an: die alte Form des Eisernen Kreuzes, den Verweis auf das "Heldentum" und den absoluten Geltungsanspruch. Stärker als zuvor wurde die Form des Eisernen Kreuzes zur Gestaltung von Grabdenkmälern verwandt, wie sie der Wehrmachtsgräberdienst unterstützte. Er war nach dem Vorbild der militärischen "Gräberfürsorge" gemäß Genfer Abkommen vom 27. Juli 1929 geschaffen worden, im Unterschied zum Ersten Weltkrieg mit der Hilfe des Sanitätsdienstes anstatt kirchlicher Einrichtungen.[188] Unter der Regie des Wehrmachtsgräberdienstes betätigte sich der Volksbund Deutsche Kriegsgräberfürsorge bei der Gestaltung neuer Kriegerfriedhöfe. Die Wehrmachtführung beharrte aber darauf, daß das individuelle, durch ein Namenskreuz gekennzeichnete Einzelgrab die Regel blieb - anstelle der Zusammenfassung mehrerer Grabstätten unter einem Kreuz oder gar der völligen Anonymisierung, die der Volksbund anstrebte. Zur Verwirklichung nationalistischer Vorstellungen wurde 1941 der "Generalbaurat für die Gestaltung der deutschen Kriegerfriedhöfe" gegründet.[188] Bei der Wehrmacht verblieben das Begräbnis, die Erfassung der Gefallenen und der Verkehr mit den Hinterbliebenen. Wie schon im Ersten Weltkrieg wurden frühere Kriegerdenkmäler wieder zur Rohstoffgewinnung für die Rüstung eingeschmolzen.[189]

Tradition und Gefallenengedächtnis der Kriegsseelsorge unter nationalsozialistischem Druck

In seinem ersten Erlaß nach Kriegsbeginn, am 13. September 1939, gab der Evangelische Feldbischof Franz Dohrmann Empfehlungen für die Rede der Feldgeistlichen beim Soldatenbegräbnis: "Bezüglich der Rede ist grundsätzlich zu bedenken, daß der Pfarrer als Diener des Evangeliums ganz wahrhaftig und schlicht und als Kamerad über den toten Kameraden ohne Lobpreis vom 'Heldentod' reden soll. Er hat dabei weder einen Nekrolog zu halten, noch alle Gegangenen selig zu sprechen. Vielmehr hat er den Ernst des Todes, die Hoffnung der Auferstehung, die todüberwindende Kraft des christlichen Glaubens zu beteuern."[190] Ähnlich war auch der Katholische Feldgeneralvikar Georg Wehrtmann darauf bedacht, die kirchliche Position zu wahren.

Wenn die kirchlichen, öffentlichen Stellungnahmen zu den äußeren, militärischen Erfolgen Hitlers nicht ausdrücklich ein Bekenntnis zu Führer und Reich enthielten, mußten sie doch im regimekonformen Sinn aufgenommen werden. "Der Gedanke an nationale Gesinnungsdokumentation mag manchem Kirchenführer zweckmäßig erschienen sein, um schlimmeren Zugriffen vorzubeugen - aber nationale Akklamation ... 1938/39 ... lief auf die Dokumentation mindestens der Anerkennung eines möglichen Nebeneinanders mit der religionsfeindlichen Weltanschauung hinaus, die letztlich hinter der anlaufenden Außenpolitik der Gewinnung neuen 'Lebensraumes' stand ..."[191] Die NS-Propaganda mochte zwar manche Illusionen und Hoffnungen wecken auf eine Fortführung oder gar Vollendung national deutscher Tradition. Die Leere solcher Erwartungen zeigte sich aber nicht zuletzt in den kirchlich religiösen Belangen, im Kernbereich der preußisch deutschen Militärtradition, der Feldseelsorge.

Zu den Restriktionen nationalsozialistischer Militärseelsorge-Politik gehörte die jahrelange systematische Vernachlässigung, so daß zum Beispiel für den Kriegseinsatz keine Vorkehrungen getroffen worden waren. Bei der Mobilmachung im September 1939 gab es sogar - anders als 1914 - weder Feldgesangbücher noch eine evangelische Agende. Diese Versäumnisse waren besonders erstaunlich, weil sie eine schwerwiegende, bewußte Unterlassung offenbarten und der Aufmerksamkeit der zuständigen Wehrmachtsbehörden seit Jahren nicht entgangen sein konnten. Dazu hatte es eine Fülle von Anhaltspunkten gegeben: die lebhafte Erinnerung an vergleichbare Defizite der Feldseelsorge in den Jahren 1914 bis 1918, ohnehin die vielfältigen Formen des Kriegsgedenkens, die allgemeine Wiederaufrüstung, der "kriegerische" Einsatz und Truppenbewegungen der Wehrmacht 1938 beim "Anschluß Österreichs", bei der Angliederung sudetendeutscher Gebiete im März 1939, auch beim Einmarsch in die "Rest-Tschechei".[192] Zeitlich parallel waren die Kirchen einer Welle von Verleumdungskampagnen, Verfolgungen und Verhaftungen ausgesetzt - auf Landes-, Provinz- und Ortspfarrebene. Massive Eingriffe und Behinderungen folgten seit 1939, indem zum Beispiel die her-

181

kömmliche, generelle "Militärfreiheit" der Geistlichen vom Waffendienst aufgehoben und ihnen jegliche kirchliche Amtshandlung in der Truppe sowie in Wehrmachtsuniform untersagt wurde. Überetatsmäßige Feldgeistlichenstellen wurden nicht geschaffen. Bereits zu Kriegsbeginn verbot das Oberkommando der Wehrmacht, Rekrutenvereidigungen mit Gottesdiensten oder den "militärischen Feiern mit religiöser Weihe" zu verbinden, und 1942 wurde die feldgeistliche Aufgabe der "militärischen Feier ..." ganz aufgehoben. Der traditionelle kirchlich-pastorale Schriftendienst, früher eine elementare Stütze heimatkirchlicher Bindungen und Präsenz an der Front, wurde systematisch bekämpft und unterdrückt. Dies galt ähnlich für wichtige, bisher geistliche Tätigkeitsbereiche der freien, kirchlichen Kriegswohlfahrtspflege, zum Beispiel die Truppenbetreuung und die Kriegsgräberfürsorge. In der Kranken- und Verwundetenpflege mußte die Mitwirkung zivilkirchlicher Kräfte, Ordensschwestern u. a. allerdings angesichts der Kriegsnot dennoch hingenommen werden. Ein vorherrschendes Ziel nationalsozialistischer Militärpolitik war die möglichst umfassende Isolierung oder Ausgrenzung kirchlicher Mitsprache. Wesentliche Aufgaben herkömmlicher Militärseelsorge, etwa ihr Beitrag zur offiziellen Militärpädagogik, wurden systematisch und grundsätzlich in Frage gestellt, seit 1941 sogar von Wehrmachts- und Heeresführung ausdrücklich verneint.[193] Neben einer Reihe von teils schon erwähnten Einzelverfügungen folgten die neuen "Richtlinien für die Durchführung der Feldseelsorge" vom 24. Mai 1942 dieser "Verkümmerungspolitik". Ein aufschlußreiches Mittel ihrer Durchsetzung war der Interkonfessionalismus nationalsozialistischer Prägung, der die überkonfessionellen Traditionen und Strukturen des preußisch-deutschen Militärs ihres unbefangen-"toleranten" und kirchlich-indifferenten Charakters beraubte, um sie für einen militanten Kirchenkampf zu mißbrauchen. Kirchlich-bekenntnishaften Belangen sollte ein möglichst geringer oder auch gar kein institutioneller Rückhalt gewährt werden, so daß der Feldgeistliche bei seiner Amtstätigkeit mehr und mehr auf das ausdrückliche, individuelle, religiöse Verlangen der Soldaten angewiesen war und in die Vereinzelung zurückgedrängt wurde. Dabei zeigte sich erneut das herausragende, humanitär religiöse Fundament seines Wirkens. Dazu schrieb Manfred Messerschmidt: "Gerade in der Beschränkung auf ihren geistlichen Auftrag, aber auch im schweigenden Kampf um seine Erfüllung blieb die Militärseelsorge vor allem im Feldheer lebensfähig, getragen nicht von oben, sondern von unten, von Pfarrern, Soldaten, Unteroffizieren und Offizieren ... Diese Position zu bewahren, betrachteten Dohrmann und auf katholischer Seite insbesondere der Feldgeneralvikar Wehrtmann als ihre Aufgabe. Bei zahllosen Frontreisen, Kriegspfarrerbesprechungen und Kontakten mit Frontkommandeuren arbeiteten sie in diesem Sinne und begegneten draußen vielfach einer Anerkennung, einem Interesse und einer Förderung, die gewiß nicht in der Absicht der 'Kirchenpolitiker' in OKW und OKH (= Oberkommandos der Wehrmacht bzw. des Heeres, d. Verf.) lagen."[194]

Die Wewelsburg - Terrorstätte und "Kultzentrum" der SS: "Mittelpunkt der Welt" und nationalsozialistischer Totenkult

Die nationalsozialistischen Vorstellungen einer "neuen Religion" artikulierten sich vorzüglich in einem Ahnen- und Totenkult. Dabei wurden die Gefallenen früherer Kriege einfach zu "Vorkämpfern" des Nationalsozialismus deklariert und mit Parteigängern Hitlers gleichgesetzt, die in blutigen Auseinandersetzungen den Tod erlitten hatten und seither als "Märtyrer der Bewegung" verehrt wurden. Dies betraf ebenso "Kultfiguren" aus den Freikorps-Kämpfen und dem "Ruhrkampf" gegen die französische Besatzungsmacht. Es entstanden neue "Totenburgen", die bis Kriegsbeginn zumeist verwirklicht waren und zu nationalsozialistischen Massenaufmärschen dienten. Darüber hinaus gab es innerhalb der SS (Schutz-Staffel)[195] aufschlußreiche Vorhaben eines besonderen Totenkults mit eigenen Bauvorhaben, die in Wewelsburg - vor allem während des Weltkrieges - einen besonders deutlichen Ausdruck fanden.

Als Heinrich Himmler, Reichsführer der SS, während des lippischen Wahlkampfes das "Land Hermanns und Widukinds" kennenlernte, suchte er dort nach einer "germanischen" Burg als ideologischer Schulungsstätte der SS-Führung. Schließlich gelang die langfristige Anmietung der halbverfallenen Wewelsburg bei Paderborn. Noch im Januar begann Himmlers Architekt, Hermann Bartels, mit Bauplänen und -arbeiten. Ein ideologisches und kultisches Zentrum, "Mittelpunkt der Welt", sollte die Burg werden.[196]

Von Anfang an war die Finanzierung unsicher, zumal die SS als Gliederung der NSDAP nicht rechtsfähig war und vermögensrechtlich dem Reichsschatzmeister der Partei unterstellt war. Auch die Sondereinheiten der Waffen-SS besaßen keinen Spielraum, da sie der Finanzhoheit des Reiches unterstanden. Die finanzielle Abhängigkeit der SS barg eine Fülle von Risiken, so daß die Wewelsburg-Pläne entweder ganz in Frage gestellt waren oder aber Himmlers Initiative entgleiten konnten. Aus diesem Grunde wurde das ganze Projekt seit 1935 geheimgehalten durch Presse- und Besuchsverbote für die Öffentlichkeit. Zudem gründete Himmler 1936 die "Gesellschaft zur Förderung und Pflege deutscher Kulturdenkmäler e.V.", um unabhängig von Partei und Staat seine Pläne realisieren zu können. Die Geschäftsleitung übernahm Oswald Pohl, der Verwaltungschef der SS. Der Verein finanzierte das Vorhaben seither durch Spenden großer Wirtschaftsunternehmen und Banken, firmierte künftig als Bauträger und leitete umfangreiche Grundstückserwerbungen ein.

Inzwischen hatte Bartels seine Pläne konkretisiert und einen Bauentwurf nach dem Vorbild mittelalterlicher Königspfalzen vorgelegt. In der Bauleitung ließ sich Himmler von diffusen Vorstellungen leiten, die aus einer Mischung aus pseudowissenschaftlichen Rassentheorien, Ahnen- und Totenkult, Runenverehrung und Germanenmystik herrührten. Eine Gruppe von Wissenschaftlern sinnierte unter Führung eines "Burghauptmanns" über das "germanische Erbe". Ohne Arbeitsanweisungen oder sonstige konzeptionelle

71. Wewelsburg - Planung 1944

Vorgaben bemühten sie sich um eine "wissenschaftliche" Begründung von Rassenideologie und "nordischer Weltanschauung". Sie waren aber durchaus ernst zu nehmen als "Extrakt eines weit verbreiteten deutsch-nationalen und deutsch-völkischen Gedankenguts", das dann die Anlage eines Konzentrationslagers in Wewelsburg zur Folge hatte![196]

Wegen der erwähnten Vereinsform der Baufinanzierung wurde das SS-Projekt der Wewelsburg 1939 nicht als kriegswichtige, private Baumaßnahme eingestuft, so daß seit Kriegsbeginn keine Arbeitskräfte oder Bezugsscheine für Baumaterialien freigegeben wurden. Aus diesem Grunde wurde das Konzentrationslager Wewelsburg-Niederhagen errichtet, um das Vorhaben der SS zu gewährleisten. Es stellte die Arbeitssklaven zum Ausbau des Wewelsburg-Projekts und diente zeitweilig auch als Hinrichtungsstätte der Gestapo. Im Mai 1939 trafen die ersten 100 Häftlinge ein, bewacht von Angehörigen der SS-Totenkopfverbände. Die Häftlinge wurden dem neueingerichteten KZ zugewiesen, um für die Bauarbeiten verfügbar zu sein. Sie bauten die beiden Untergeschosse des Nordturms in den Jahren 1940 bis 1942 aus. Sie mußten zum Beispiel "... die 'Gruft' fast fünf Meter tief aus dem Felsen herausschlagen unter den Bedingungen des Hungers, überlanger Arbeitszeiten, der Kälte und Feuchtigkeit und mit unzureichendem Werkzeug ... einer der Arbeitsplätze, an denen das geschah, was die SS 'Vernichtung durch Arbeit' nannte".[196]

Der Umbau der Wewelsburg erfolgte unter rücksichtslosem Einsatz von KZ-Häftlingen und unter Mißachtung der historischen Bausubstanz. Der große Nordturm erfuhr eine Neukonzeption, die in den beiden Untergeschossen fast vollständig verwirklicht wurde: Eine neue "Königspfalz der SS" sollte entstehen, um die SS-Führer rassisch "aufzunorden". Nach dem Muster mykenischer Kuppelgräber entstand im Kellergeschoß die schon erwähnte "Gruft", die für Totenfeiern gedacht war. Dort sollten vermutlich auch die

Urnen verstorbener SS-Führer beigesetzt werden. Im Erdgeschoß entstand eine "Säulenhalle" für Veranstaltungen der SS-Obergruppenführer. Während der Bauarbeiten wurde die Konzeption mehrfach verändert. Unter dem Eindruck des raschen und erfolgreichen Polen-Feldzuges im Winter 1939/40 beschloß Himmler eine gigantische neue Burganlage. Nach dem Sieg über Frankreich erhielt er am 12. Juni 1940 durch den "Erlaß des Führers und Reichskanzlers über bauliche Maßnahmen im Gebiet der Wewelsburg" freie Hand.[196] Was Himmler beabsichtigt, zeigt das Foto eines Baumodells: Zentrum der gigantischen Anlage sollte weiterhin der Nordturm der alten Burg sein. Er belegte wieder die zentrale Bedeutung des Totenkults in der "Gruft". Um sie herum sollte sich ein halbkreisförmiger, mehrgliedriger Kranz von Gebäudefluchten gruppieren, die als repräsentativer und ideologischer Mittelpunkt des SS-"Ordens" und der von ihm zu beherrschenden Welt gedacht war.[196] Die Neubauten führten den dreieckigen Grundriß der alten Wewelsburg fort. Zur Realisierung der Baupläne sollte das alte Dorf weichen. Aus Furcht vor Zwangsenteignung und -umsiedlung verkauften manche Bewohner ihr Anwesen und zogen nach Schlesien, um 1945 als "Heimatvertriebene" wieder an ihren Geburtsort zurückzukehren. - Das Kriegsgeschehen, die Niederlage bei Stalingrad 1943, erzwang zunächst die Einstellung der Bauarbeiten und verhinderte den planmäßigen Ausbau. Am Karsamstag 1945 wurde die Wewelsburg unmittelbar vor den anrückenden amerikanischen Truppen auf Himmlers Befehl in Brand gesetzt.

Gefallenengedächtnis/Krieger-Lourdeskapelle in Freckenhorst 1944/45
Hilflosigkeit, Ohnmacht und Hoffnung

Ungeachtet der vorherrschenden Denkmalspropaganda und des Terrors entstanden neue Formen des Gefallenengedächtnisses, so z.B. im Umfeld der Marienfrömmigkeit. Sie war im Zweiten Weltkrieg verbreitet - nicht nur in der katholischen Konfession (vgl. als Beispiel für viele die bekannte "Stalingrad-Madonna" des evangelischen Pfarrers Dr. Kurt Reuber). In der katholischen Gemeinde Freckenhorst prägte die Marienfrömmigkeit das kirchlich religiöse Gefallenengedächtnis, dem eigens die Lourdes-Kapelle gewidmet wurde. Sie ist durch eine zeitgenössische Postkarte überliefert. Die Postkarte führt den Blick entlang dem eigentlichen Gedächtnismal (rechts im Bild) auf eine durch Blumenschmuck und Felskulisse reich ausgestattete Nachbildung der Marienerscheinung von Lourdes. In einer Grotte des südfranzösischen Ortes, am Fuß der Pyrenäen, hatte die vierzehnjährige Bernadette Soubirous (vgl. Statue links im Bild) im Jahre 1858 über mehrere Marienerscheinungen berichtet in einer Gestalt, die inmitten des Bildes nachgestellt wurde. Am Ort des Geschehens entsprang eine Quelle (s. Bild unten), deren Wasser wunderbare Heilungen nachgesagt wurden. Lourdes entwickelte sich zu einem der bedeutendsten Marien-Wallfahrtsorte der Welt, bald auch mit der

72. Krieger-Lourdes-Kapelle in Freckenhorst 1945

kirchlich autorisierten Anerkennung. Papst Pius XI. sprach Bernadette Soubirous 1925 "selig" und 1933 "heilig" - bedeutende Impulse für das Gefallenengedächtnis. Ende 1944 bzw. Anfang des folgenden Jahres hatte "die Kirchengemeinde Freckenhorst ... die Lourdeskapelle in der Stiftskirche dem Gedächtnis der Gefallenen gewidmet. In der Kapelle wurde das bekannte Weiße Feldkreuz aufgestellt, und rings um das Kreuz ist in sinnvoller Weise für jeden Gefallenen ein kleines schlichtes Holzkreuz mit Namen, Geburts- und Todestag angebracht worden."[197] Wie eine Collage verknüpfte die Raumgestaltung der Gefallenengedächtniskapelle verschiedenartige Ausdruckselemente aus christlich-religiöser Kunst, Frömmigkeit und Brauchtum zu einem wirkungsvollen Ensemble. So erschien die menschlich-kindliche

186

73. Kruzifix und Gefallenen-Namenskreuze in der Krieger-Lourdes-Kapelle

Figur der Bernadette Soubirous als Fürbitterin und Hoffnungsträgerin - frei von jedweder Schuld, von Kriegsnot und Elend - vor der himmlischen Gestalt Mariens mit dem Blick (und den Bitten des Kindes) auf den Gekreuzigten bzw. die Gefallenenkreuze. Das Kreuz zeigte die religiöse Heilszuversicht - die Überwindung des Todes und das höchste Leidensopfer durch Christus, weit emporragend über den "Berg" der Gefallenenkreuze, die den Krieg als eine Art von neuem "Kalvarienberg" anklagten, doch zugleich auch relativierten. Die Gruppierung der Gefallenenkreuze bis in die Lourdes-Szene hinein konfrontierte die Mariengestalt auf eindringliche Weise mit dem Kriegsleid und dem Schmerz, der Trauer um die verlorenen Angehörigen - ein weitgehend spontaner, unpolitischer Ausdruck der Hilflosigkeit, der

Ohnmacht, aber auch der Hoffnung und der gläubigen Zuversicht auf eine bessere Welt im Jenseits wie im Diesseits. Solch religiös transzendierende Perspektive wußte sich eins mit den Verstorbenen, beschränkte sich nicht nur auf eine theologisch-geistliche Ebene, sondern erfüllte ebenso tiefe Gefühle und Sehnsüchte, deren Kraft sich dem Zugriff der nationalsozialistischen Machthaber schon auf Grund der Andersartigkeit entzog.

9. Alliierte Besatzung und bundesdeutscher Neubeginn
Mahnmäler und Opfermäler 1945-1961

Nach der bedingungslosen militärischen Kapitulation (7./9. Mai 1945) übernahmen die alliierten Besatzungsmächte die Regierungsgewalt in Deutschland. Bald nach der Teilung in Besatzungszonen verordnete der Alliierte Kontrollrat in Berlin unter dem 25. Februar 1946 die Auflösung Preußens, die einer Verurteilung preußisch-deutscher Militärtradition gleichkam. Noch konkreter war die Direktive vom 17. Mai 1946 zur "Beseitigung deutscher Denkmäler und Museen militärischen und nationalsozialistischen Charakters".

Diese Beschlüsse markierten eine grundlegende Zäsur in der einschlägigen deutschen Denkmalsentwicklung. Deren bisherige normative, national-(istisch)-ideologische Fundamente wurden zutiefst in Frage gestellt und einer peinlichen Revision unterzogen. Auch die frühzeitige Anlage fremder alliierter Soldatenfriedhöfe mit eigenen zentralen Monumenten auf deutschem Boden war ein wirkungsvolles Novum, das bisher unvorstellbar schien. Angesichts der Kriegsfolgen, vor allem der Vermißtensuche, der Ungewißheit über Kriegstote, -gräber, über die Opfer der NS-Gewaltherrschaft, der Flucht, politischer Verfolgung und des Widerstands förderten die West-Alliierten unmittelbar nach Einstellung der Kampfhandlungen die Reorganisation und das humanitäre Engagement der freien Wohlfahrtsverbände und ähnlicher Großvereine, so auch den Volksbund Deutsche Kriegsgräberfürsorge. In den Grundzügen seiner Arbeit, in der veränderten Satzung, in Gräbernachweis und -pflege, auch im späteren Engagement für den Volkstrauertag, knüpfte der Volksbund wieder an die Weimarer Zeit an[198] und erfuhr dazu die Anerkennung kirchlicher Behörden. In der Gestaltung der Kriegerfriedhöfe wirkten maßgeblich deutsche kommunale und staatliche Zivilbehörden im Rahmen ihres sukzessiven Neuaufbaus mit - zunächst unter alliierter Regie, doch in enger Orientierung an der Weimarer Zeit, zum Beispiel am Kriegergräbergesetz von 1922. Es wurde erst 1952 durch ein bundesdeutsches Gräbergesetz abgelöst, das das dauernde Ruherecht auf einen erweiterten Personenkreis bezog: auf Gefallene der deutschen Truppen, ihrer Verbündeten und Gegner, die Opfer der NS-Gewaltherrschaft, insbesondere des Holocaust, ferner die Opfer des Widerstandes, der Verfolgung, Zwangsarbeit, Gefangenschaft, Vertreibung, des "zivilen" Todes aus Waffenwirkung und aus anderen kriegsbedingten Ursachen. Diese Komplexität fand ihren sinnfälligen Niederschlag in einer neuen Denkmalsformen- und Typenvielfalt.

Die Gräberfelder der verschiedenartigen Totengruppen konfrontierten dauerhaft mit der Hinterlassenschaft der NS-Zeit, die den bundesdeutschen Neubeginn, die Staatsgründung der Bundesrepublik Deutschland 1949 überschattete. Eine einfache Fortführung herkömmlicher Traditionen und der Krieger-"Ehrung" schien zunächst unmöglich. Preußische, national-deutsche (Militär)Symbole waren durch Kriegsverbrechen und nationalsozialistischen Mißbrauch diskreditiert: "Sprachlosigkeit" war die Folge.[199] Deutliche Distanz forderten jedenfalls kirchliche Stimmen, so die Stuttgarter Schulderklärung des Vorläufigen Rates der Evangelischen Kirche in Deutschland, kirchenamtliche katholische und evangelische Kritik und Empfehlungen für Kriegsopfermale.[200] Die Kirchen erschienen als einzige Sachwalter einer integren, national-deutschen Kultur. Das Christentum bot sich als die "Alternative zum Nationalsozialismus" an:[201] Den großen christlichen Kirchen wurde die starke verfassungsrechtliche Stellung wortgetreu nach der Weimarer Reichsverfassung zuerkannt (vgl. Art. 140 GG, Art. 136-139, 141 WRV) und mittelbar, zusätzlich bekräftigt durch den Hinweis in der Präambel des Grundgesetzes auf die "Verantwortung vor Gott und Menschen".[202] Sie verlieh der neuen bundesdeutschen Staatsordnung wieder ein religiöses Fundament, das maßgeblich die Gestaltung neuer Denkmäler und das Totengedächtnis begünstigte.

"Manche Denkmäler griffen auf die Tradition des ersten Nationaldenkmals, den Inschriftentext des Berliner Kreuzbergdenkmals von 1819/21 zurück. Der ursprüngliche Wortlaut wurde etwas geändert: Anstatt "den künftigen Geschlechtern zur Nacheiferung" war nun zu lesen: "den Lebenden zur Mahnung". Eine deutlichere Stellungnahme (Mahnung zu ...!) blieb jedoch noch aus. Vielmehr war im Zuge der Teilung und der Wiederaufrüstung Deutschlands eine "Mahnung" zur "Wiedervereinigung in Frieden und Freiheit!" vorauszusetzen (vgl. auch die zahlreichen Vertriebenen- und Teilungsdenkmäler). Einer Remilitarisierung dienten apolitische, scheinbar christliche Deutungen von Bibelzitaten u.a.: "Niemand hat größere Liebe denn die, daß er sein Leben lässet für seine Brüder/Freunde" (Johannes 15,13) oder "Sei getreu bis in den Tod, so will ich dir die Krone des Lebens geben" (Offenbarung 2,10). Mittelbar lag darin wieder eine Verherrlichung nationaler, kollektiver und soldatischer Tugenden: Opfergeist, Liebe zur Gemeinschaft, Kameradschaft und Pflichterfüllung etc. Die oberflächlich "christliche" Sinngebung bot religiösen Trost, erfüllte aber zugleich propagandaähnliche Aufgaben, indem sie von politischen Problemen der Vergangenheit ablenkte. Darüber hinaus verharmlosten Bibelzitate in Denkmalsinschriften die Andersartigkeit des Kriegstodes, indem sie die Gleichheit aller Toten vor Gott betonten, so daß natürlicher und Kriegstod gleichartig erschienen. In der Gestaltung von Kriegerfriedhöfen waren die traditionellen Grundsätze maßgebend: die exklusive Einheitlichkeit, Gleichförmigkeit und Absonderung der neuen Gräberfelder.[203] Maßgebenden Einfluß hatte wieder der Volksbund Deutsche Kriegsgräberfürsorge, schon frühzeitig mit alliierter bzw. bundesdeutscher Unterstützung.

In Erwartung der deutschen Wiederbewaffnung setzte seit 1952 eine Welle neuer Denkmalserrichtungen ein. Als Stifter firmierten vorwiegend Krieger- und Traditionsverbände, die sich inzwischen reorganisiert hatten. Soweit soldatische Tugenden oder Inhalte zur Sprache kamen, waren sie an die neue freiheitlich-demokratische Wertordnung zu binden. Für die Kirchen eröffnete sich die Chance, die konfessionell-religiöse Position deutlicher, insbesondere freier als je zuvor sowohl im Bereich der Militärseelsorge als auch durch konkrete Äußerungen zur Denkmalsgestaltung zu profilieren. Sie empfahlen ausdrücklich auch die Beratung durch die Kasseler "Arbeitsgemeinschaft Denkmal und Friedhof e.V.", die 1951 nach Aufrufen von Bundespräsident Heuss, von Kardinalerzbischof Frings und Landesbischof Lilje gegründet worden war.[204] In Fortführung der früheren Staatlichen Beratungsstellen wirkten regionale Institutionen. Sie hielten an der "Ehrung" fest und forderten deren Anwendung für "Front und Heimat", d.h. für Soldaten und Ziviltote. Anstelle des "Ehrenmal"-Begriffes gab es aber auch andere Bezeichnungen, zum Beispiel "Kriegsopfermale" oder "Kriegsgedächtnis-Zeichen".[204] Sie deuteten so veränderte, intentionale Akzente an, die stärker als zuvor die Trauer und den Verlust der Toten und das Kriegsleid betonten.

Von der Gründung zweier deutscher Teilstaaten, der Bundesrepublik Deutschland und der DDR, und mit deren militärischer Rüstung waren auch einschlägige Traditionen betroffen. Dazu erklärte später in der Bundeswehr ein Traditionserlaß: "... für die Sichtbarmachung unseres Auftrages Symbole: Es sind das die schwarz-rot-goldenen Farben, der Bundesadler und das Eiserne Kreuz. Sie sind in unserer neuen Truppenfahne vereinigt", die der Bundespräsident erstmals im April 1965 an die Bataillone des Heeres in Münster verlieh.[205] Mit der Fahnenverleihung war eine eindeutige verfassungsmäßige Bindung des militärischen Auftrages der Bundeswehr beabsichtigt. Dabei diente das Eiserne Kreuz dazu, den Anspruch auf einen integren, unversehrten Teil der deutschen Militärgeschichte, ihre ethische Tradition und die militärischen Leistungen zu behaupten. Ausdrücklich wurde im Grundgesetz das Recht auf Kriegsdienstverweigerung aus Gewissensgründen verankert (Art. 12 GG). Vor dem Hintergrund einschlägiger Denkmalstraditionen und -neuerrichtungen konnte die Traditionspflege der Bundeswehr aber auch im restaurativen Sinne verstanden und mißbraucht werden - zum Beispiel bei Gedenkveranstaltungen vor (wiederaufgestellten) Kriegerdenkmälern der nationalsozialistischen Zeit (vgl. auch einfache Widmungserweiterung älterer Denkmäler). Allerdings war die althergebrachte Beschränkung auf Soldaten/Krieger nicht mehr aufrechtzuerhalten. In der Folge erwies sich die alte Bezeichnung "Kriegerdenkmal" als unzureichend. Statt dessen setzte sich der neue Begriff "Mahnmal" durch, wohl in Anlehnung an die erwähnten, seit 1945 verbreiteten Mahn-Inschriften. Mit dieser Entwicklung korrespondierte zugleich der Wechsel in den offiziellen Bezeichnungen der Gräbergesetze von "Kriegergräbern" (1922) über "Kriegsgräber" (1952) zu "Gräbern der Opfer von Krieg und Gewaltherrschaft" (1965). Anstelle herkömmlicher Bezeichnungen: Kameraden, Söhne etc. - trat mehr und mehr der Opferbegriff, der allerdings vieldeutig blieb. Er konnte das freiwillig erbrachte Opfer (sacrificium) bezeichnen - "... für das Vaterland" im Widerstand, doch ebenso im Dienste der NS-Ideologie. Andererseits konnte das passive Besiegtsein oder Getötetwordensein (victi) gemeint sein, so daß wieder Soldaten und Verfolgte zugleich betroffen waren. Der Begriffswandel vom "Kriegerdenkmal" zum "Mahnmal" erfolgte im Rahmen des erweiterten Personenkreises für die Denkmalswürde und schloß den generellen Verzicht auf eine Glorifizierung des Soldatentums ein. "Mahnmäler" wurden insbesondere auch den jüdischen Opfern des "Holocaust" gewidmet, dienten der moralischen Rechtfertigung, der Legitimation und dem internationalen Ansehen der (neugegründeten) Bundesrepublik Deutschland. Insgesamt aber wurden wesentliche Merkmale der traditionellen Denkmalskultur aufrechterhalten durch einfache Widmungserweiterung alter Objekte, die unveränderte Fortführung alter, ideologischer Gestaltungsgrundsätze der Kriegs-(toten)friedhöfe und der nur vordergründig in biblisch-christlichen Inschriften eingekleideten, militärischen Normen.

Sowjetisches Gefangenendenkmal - Obelisk mit Sowjetstern - in Stukenbrock 1945

In der Kriegsgräberstätte Stukenbrock (nördlich von Paderborn) wurden 65.000 russische Soldaten bestattet, die während der Kriegsjahre in deutschen Kriegsgefangenenlagern der Senne zu Tode kamen. Daran erinnert ein Denkmal, das von Überlebenden gestiftet wurde, in deutscher, englischer und russischer Inschrift auf Texttafeln des Sockels, über dem sich ein Obelisk erhebt, umgeben von russischen Sternen. An der Spitze des Monuments befand sich eine rote Fahne (in den fünfziger Jahren von bundesdeutscher Seite durch ein russisch-orthodoxes Kreuz ersetzt).[208] Unter dem Schutz einer Ehrenwache der 95. US-Infanteriedivision, einer Ehrengarde amerikanischer und russischer Offiziere wurde es schon am 13. Mai 1945 eingeweiht. Zwar gab es im Deutsch-Französischen Krieg und im Ersten Weltkrieg bereits (Grab-)Denkmäler für Kriegsgefangene aus deutschen Lagern. Doch von ihnen unterschied sich die Stukenbrocker Anlage in mehrfacher Hinsicht: die Präsenz fremder Truppen auf deutschem Boden, die selbstbewußte Stiftung durch die Kriegsgefangenen selbst, die gleich einem Siegesmal die Emblematik des früheren deutschen Kriegsgegners ca. 25 m hoch aufrichteten. Das Stukenbrocker Monument gehörte zu den frühesten Denkmalsneuerrichtungen unmittelbar nach Kriegsende und bedeutete ebenso eine schwerwiegende Anklage gegen die katastrophalen Verhältnisse, die den russischen Gefangenen in nazi-deutschen Lagern aufgezwungen wurden. Ähnliche Denkmäler entstanden an anderen Orten, zum Beispiel in Dortmund-Wambel (Hauptfriedhof - am Gottesacker). Dort entwarf F. J. Kraus aus Herne 1946/47 einen quadratischen Pfeiler (8 x 2 x 2 m) auf dreistufiger sockelähnlicher Grundfläche mit der ca. drei Meter hohen Relieffigur eines russischen Gefangenen auf der Frontseite. Als Bilderläuterung und Widmung fügte er wie in Stukenbrock drei Inschrifttafeln in russischer, englischer und deutscher Sprache hinzu: "Den in faschistischer Sklaverei umge-

*74. Sowjetisches
Gefallenendenkmal
in Stukenbrock
1945*

kommenen Kameraden zur ewigen Erinnerung vom Sowjetvolk 1941 - 1945". Auf halber Höhe des Pfeilers wurde der alles überragende Sowjetstern angebracht. Auf den umliegenden Rasenflächen erinnerten Inschriftplatten an die Jahre und die Zahl der Ermordeten.

Alliierter Denkmalssturz 1946

Kontrollrat

Direktive Nr. 30*)

Beseitigung deutscher Denkmäler und Museen militärischen und nationalsozialistischen Charakters
Der Kontrollrat verfügt wie folgt:

I. Von dem Zeitpunkt des Inkrafttretens dieser Direktive an ist untersagt und als gesetzwidrig erklärt die Planung, der Entwurf, die Errichtung, die Aufstellung und der Anschlag oder die sonstige Zurschaustellung von Gedenksteinen, Denkmälern, Plakaten, Statuen, Bauwerken, Straßen- oder Landstraßenschildern, Wahrzeichen, Gedenktafeln oder Abzeichen, die darauf abzielen, die deutsche militärische Tradition zu bewahren und lebendig zu erhalten, den Militarismus wachzurufen oder die Erinnerung an die nationalsozialistische Partei aufrechtzuerhalten, oder ihrem Wesen nach in der Verherrlichung von kriegerischen Ereignissen bestehen. Untersagt und als gesetzwidrig erklärt ist ferner das Offenhalten von Museen und Ausstellungen militärischen Charakters, die Errichtung, Ausstellung, der Anschlag oder sonstige Zurschaustellung an Gebäuden oder anderen Bauten von Gegenständen der obenerwähnten Art sowie die Wiedereröffnung von Museen oder Ausstellungen militärischen Charakters.

II. Sämtliche bestehenden Gedenksteine, Plakate, Statuen, Bauwerke, Straßen- oder Landstraßenschilder, Wahrzeichen, Gedenktafeln oder Abzeichen einer Art, deren Planung, Entwurf, Errichtung, Aufstellung, Anschlag oder sonstige Zurschaustellung § 1 dieser Direktive untersagt, sind bis zum 1. Januar 1947 vollständig zu zerstören und zu beseitigen. Ebenso sind sämtliche Museen und Ausstellungen militärischen Charakters in ganz Deutschland bis zum 1. Januar 1947 zu schließen und aufzulösen.
Nicht zu zerstören oder sonst zu beseitigen sind Gegenstände von wesentlichem Nutzen für die Allgemeinheit oder von großem architektonischen Wert, bei welchen der Zweck dieser Direktive dadurch erreicht werden kann, daß durch Entfernung der zu beanstandenden Teile oder durch anderweitige Maßnahmen der Charakter einer Gedenkstätte wirksam ausgemerzt wird.
Die zuständigen Militärbehörden benennen in jeder Zone örtliche deutsche Beamte, die innerhalb ihres Zuständigkeitsbereiches die Verantwortung für die Aufstellung vollständiger Verzeichnisse von Gedenkstätten tragen, die unter das Verbot nach § 1 dieser Direktive fallen und nach § II zur Vernichtung und Beseitigung bestimmt sind.
Ist nach Ansicht der verantwortlichen deutschen Beamten in Einzelfällen, wo es sich um Gegenstände von ausnehmend künstlerischem Wert handelt, eine Ausnahme von obiger Regel am Platze, so steht es ihnen frei,

ein entsprechendes Gesuch den zuständigen Militärbehörden zur Weiterleitung an den Zonenbefehlshaber zur Erwägung zu unterbreiten.[206]
*) Wirksamkeit verloren durch AHK Gesetz Nr. A-37 mit Wirkung vom 5. Mai 1955.

Diese "Direktive" wurde am 17. Mai 1946 beschlossen und hatte im Unterschied zu "Gesetzen" den Charakter einer Anweisung für den inneren Behördendienst.[206] Sie entstand aufgrund der alliierten Entnazifizierungsbemühungen und strebte einen grundlegenden Umschwung an, obwohl der beabsichtigte Bruch mit der "deutschen militärischen Tradition", dem "Militarismus" oder auch der bloßen "Erinnerung an die nationalsozialistische Partei" sicher nicht lückenlos zu verwirklichen war. Ausführlich war die Fülle verschiedenartiger Denkmäler und sinnverwandter Objekte benannt worden, deren Bedeutung als Propaganda-Medien ernst genommen wurde. Die alliierte Direktive verbot deren Neuplanung, -errichtung oder -aufstellung (vgl. I. Abschnitt) und befahl die Zerstörung "sämtlicher bestehender" Objekte sowie die Schließung einschlägiger Museen und ähnlicher Gedenkstätten (vgl. II. Abschnitt).

In Deutschland sollte nach alliierten Vorstellungen eine "Verherrlichung von kriegerischen Ereignissen" in Zukunft unmöglich sein (Abschnitt I.). Der globale Anspruch, "sämtliche" Medien des "Militarismus", der "Erinnerung" an die NSDAP oder der Kriegsverherrlichung beseitigen zu können, ohne eine zweifelsfreie Konkretisierung dieser Begriffe vorzunehmen, und das Einräumen gewisser Ausnahmen stellte die praktische Wirksamkeit der Direktive von Anfang an in Frage. So blieben in der Regel alle Kriegerdenkmäler erhalten, die nicht ausdrücklich und nachweislich von/für Nationalsozialisten initiiert, gestiftet oder errichtet waren, wie zum Beispiel das Denkmal der NS-Schulungsburg in Erwitte oder das Ahlener Ehrenmal von Adolf Wampers.[207] "Die Toleranz der Alliierten der Westzonen in der Anwendung des Beschlusses im Zusammenwirken mit den Ortsbehörden scheint eine Ursache dafür gewesen zu sein, daß die alten ... Weltkriegsdenkmäler später erweitert wurden und militaristische Denkmalskonzepte die Nachkriegszeit überlebten. Die Toleranz ... implizierte die Anerkennung der durch sie veranschaulichten vaterländischen weltlichen, teils religiösweltlichen Heroik."[207] Mancherorts begnügte man sich mit dem Ausmeißeln der Hakenkreuze. Die verschiedenen Kompromisse und Zugeständnisse wirkten teils als internationale Bestätigung traditioneller, deutscher Denkmalskonzepte - ganz im Gegensatz zu der erklärten Forderung, ein "Bewahren" der "deutschen militärischen Tradition" zu bekämpfen. Mit dem "Deutschland-Vertrag" von 1955 und der Souveränität der Bundesrepublik verlor die Direktive ihre Wirksamkeit. Dauerhaft aber blieb eine Verherrlichung nationalsozialistischer Embleme verboten. Sie wurde später als Straftatbestand in das Strafgesetzbuch der Bundesrepublik übernommen (vgl. § 86 StGB).

Kriegsopfermahnmal - Inschrifttafel - in Freckenhorst 1951
Im Schatten der Teilung Deutschlands und der Ost-West-
Konfrontation

Frühe bundesdeutsche Denkmalsinitiativen favorisierten überwiegend Inschrifttafeln, so auch in Freckenhorst. Dort wurde die frühere Denkmalsanlage aufgegeben und 1951 durch ein neues Projekt ersetzt - im Rahmen
der 1100-Jahr-Feier des Stifts. Den Feierlichkeiten gingen umfangreiche
Vorbereitungen, Restaurierungsarbeiten, ortsgeschichtliche Forschungen etc.
voran. Aus mehreren Gründen spiegelten sie das vorherrschende Kriegs- und
Geschichtsbewußtsein in Freckenhorst, zugleich im Münsterland und in
Westfalen. Die Jubiläumsfeier räumte dem Kriegsgedenken einen zentralen
Stellenwert ein, errang eine überregionale, positive Resonanz in Presse und
Besucherströmen, außerdem maßgebende Anerkennung durch die Anwesen-
heit höchster Würdenträger - Ministerpräsident Arnold, Landeshauptmann
Salzmann, der Münstersche Bischof Keller, Abt Buddenborg aus Gerleve
u.a. Das Freckenhorster Jubiläum, wie auch die zeitlich parallele 750-Jahr-
Feier Warendorfs, boten ihren besonderen zeittpyischen Reiz; denn der Blick
zurück über die Jahrhunderte, die Restaurierung alter Baudenkmäler und
Kirchenkunstschätze boten den attraktiven Kontrast zu den Schrecken von
Krieg, NS-Terror des soeben erst vergangenen "Tausendjährigen Reiches"
und ermutigten zu einem Neubeginn.
In Freckenhorst hatten Ausgrabungen die Fundamente eines Vorgängerbaues
der Petrikapelle aus dem 10. Jahrhundert freigelegt - mit der Grundmauer einer Apsis, die als Ort des neuen Kriegerdenkmals ausersehen wurde. Dort
sollten ein Kruzifix, darunter eine Inschrifttafel angebracht werden mit fol-
gendem Text: "Die ihr im Frieden / hier vorübergeht, / gedenket auch der /
Opfer aller Kriege! / 1813 • 1814 • 1815 / 1866 • 1870 • 1871 / achtzehn /
1914 • 1915 • 1916 / 1917 • 1918 / zweiundachtzig / 1939 • 1940 • 1941 •
1942 / 1943 • 1944 • 1945 / einhundertacht / so zählte Freckenhorst / je am
bittern Ende • / und jeder eine / glaubte / liebte / + hoffte + / bis er / für diese
Welt / erlosch +." Dieser Beschluß war Ausdruck höchster Wertschätzung
für das Gefallenengedächtnis, die sich vor allem in den mehrtägigen Feierlichkeiten vom Sonntag, dem 24. Juni, bis Samstag, dem 7. Juli 1951, nie-
derschlug. Dazu meinte Dechant Böggering: "Im Mittelpunkt der ... Festlichkeiten ... stehe die Petrikapelle, die Wiege des Christentums in Freckenhorst. Ihre Grundsteinlegung im Jahre 851 sei aber nicht nur Ursprung des
Stifts, sondern gleichzeitig auch der Stadt. So sollten kirchliche und politische Gemeinde zusammen ein Jubiläum feiern ... in einem zeitgemäßen Rahmen."[209] Der Samstag, der 30. Juni "... war dem Gedenken an unsere Gefallenen gewidmet. Es begann mit einem Leviten-Seelenamt in der Stiftskirche,
in der Domkapitular Friedrichs aus Münster predigte. Die evangelische Gemeinde gedachte der Toten in einem Gottesdienst in der Petrikapelle. Anschließend fand die feierliche Enthüllung und Einweihung des neuen Krie-

gerehrenmals statt. Ganz Freckenhorst nahm Anteil. Die Spitzen der Behörden, Fahnenabordnungen und Vertreter aller Vereine hatten sich in Festordnungen vor dem Denkmal aufgestellt. Vierzehn Fahnen flankierten die Apsis der Petrikapelle, in deren Giebelfeld Kreuz und Marmortafel nun das Andenken der toten Soldaten wachhalten sollten. Nach dem Choral 'Wir treten zum Beten...' nahm Bürgermeister Averhoff die Enthüllung des neuen Denkmals vor. Dechant Böggering segnete es ein. Vier Feuerwehr-Männer mit lodernden Fackeln hielten während des Einweihungsaktes die Ehrenwache."[210]

Nach einem Entwurf von Professor Gustav Wolf war das ganze Umfeld des Aufstellungsplatzes neugestaltet worden, so daß ein freier Blick schon von weitem auf die Petrikapelle mit dem neuen Denkmal möglich war. In ihrem Giebelfeld wurde "das alte Dechantenkreuz" aufgehängt, darunter die mar-

75. Kriegsopfer-Mahnmal in Freckenhorst 1951

morne Inschrifttafel von Willy Höckesfeld. Die Inschrift bezog die Gefallenen aller Kriege (seit 1813) ein. Die Namenstafeln für den Deutsch-Französischen Krieg vom "alten Kriegerdenkmal" (vgl. S. 72 f.) wurden im Innern der Petrikapelle angebracht, wo ebenfalls "das neue von Künstlerhand geschaffene Ehrenbuch der Stadt Freckenhorst" mit Namen und Photos der Gefallenen des Zweiten Weltkrieges einzusehen war.[211] Für die Absicht des neuen Gefallenengedenkens gab eine Ansprache wichtigen Aufschluß: "In einer Gedenkrede beschwor Dr. Hombrink ... das Andenken all jener Männer, die ihren von vaterländischem Geist getragenen Einsatz für Kinder, Frauen und Eltern und alles, was Heimat heißt, mit dem Tode besiegelt haben. Das Ehrenmal sollte den Lebenden Mahnung sein, diese Opfer nicht zu vergessen. Wenn die Gefallenen auch in fremder Erde ruhten, so sollten sie dennoch in unserer Liebe eingebettet sein. Der Redner schloß auch die Kriegsgefangenen und die Vermißten in diese Würdigung ein, gleichgültig ob ihre Heimat im Westen oder jenseits von Oder und Neiße war. Ihnen rief er zu: Kameraden in der Ferne, die ihr die Leiden der Gefangenschaft bis zum Übermenschlichen erdulden müßt, wir haben euch und eure Not nicht vergessen. Wenn je im Leben einer den Kelch des Leidens zur Neige hat leeren müssen, dann habt ihr das getan. Mag auch eine unbarmherzige und skrupellose Macht mitleidlos und jedem Gesetz und Recht zum Hohn euch die Rückkehr verweigern, wir vergessen euch nicht, und wir werden nicht aufhören, eure Rückkehr unerbittlich zu fordern. Unter den Klängen des vom Orchesterverein intonierten Liedes vom Guten Kameraden verlas Dr. Hombrink die Namen der im letzten Kriege gefallenen Freckenhorster: 108 Männer im besten Alter, 82 weitere gingen ihnen im Ersten Weltkrieg voraus, 14 waren es in den Einigungskriegen 1866, 1870/1, 21 in den Freiheitskriegen 1812/18; acht in den napoleonischen Feldzügen. 84 sind seit dem letzten Völkerringen vermißt und allein sieben Männer, Frauen und Kinder starben in den Tagen des Zusammenbruchs durch fremdvölkische Mörderhand. Die Feierstunde klang aus mit dem Gebet für die Gefallenen, nachdem zuvor einige Kränze niedergelegt worden waren."[211]
Die Ansprache wurde in Jubiläumsschriften verbreitet. Hombrink verband ausdrücklich die "Mahnung" des Denkmals, die Gefallenen nicht zu vergessen, mit der Klage über die Not deutscher Kriegsgefangener in sowjetrussischen Lagern und über das Flüchtlingselend. Den Gefallenen wie den Kriegsgefangenen wurde generell ein "von vaterländischem Geist getragener Einsatz" zuerkannt, ohne diesen Begriff weiter zu erläutern oder hinsichtlich des nationalsozialistischen Mißbrauchs zu problematisieren. Auf das Denkmal nahm er anscheinend keinen weiteren Bezug, abgesehen vom Aufzählen der Namen, dem Schlußgebet und von dem Vergleich mit dem "Kelch des Leidens". Ihn gestand er aber in höchstem Maße - "bis zur Neige" - den Flüchtlingen und Gefangenen zu anstatt den Gefallenen, auf die die Aussagen der Inschrifttafel an der Petrikapelle zielten. Auf diese Weise verknüpfte er das (vordergründige) Gefallenengedenken mit aktuellen politischen Interessen und antisowjetischen Akzenten, so daß die Gefallenen, ihr Leid oder

auch das Schicksal der Freckenhorster Juden weniger bzw. gar nicht zur Sprache kamen. Die Verbrechen der nationalsozialistischen Kriegsführung, insbesondere der Holocaust, wurden nicht erwähnt! So verwundert es nicht, daß die Begriffe "Gefallenendenkmal", "Ehrenmal" oder "Mahnmal" ungeachtet ihrer gegensätzlichen Inhalte in der Rede und in den Schriften gleichgesetzt wurden. Die Inschrifttafel ließ an der Petrikapelle aber eine andere Richtung erkennen, den Charakter eines "Kriegsopfermales", das vorwiegend kirchlich-religiösen Intentionen verpflichtet war.[212] Gerade das religiöse Anliegen des entheroisierten Opfergedenkens wurde später als vorbildlich gelobt und zur Nachahmung empfohlen, so von Gustav Wolf.[212] Trotzdem blieb der Einfluß traditioneller militärischer "Ehr"-vorstellungen in Freckenhorst wirksam (vgl. das "Ehrenbuch" in der Petrikapelle). Das Denkmal war in Verbindung mit dem "Ehrenbuch" eine wichtige Ergänzung der Lourdeskapelle (vgl. S. 185-188) und dokumentiert das Zusammenwirken von kirchlichen und politisch-öffentlichen Behörden.

Jüdisches Totenmal - Inschriftstele - in Dortmund um 1951

Auf einer Grundplatte, zu der fünf steinerne Stufen hinaufführen, wurde ein quaderförmiger Gedenkstein errichtet (Höhe: 2,5 m). Auf ihm wurden verschieden Inschriften angebracht - oben die mehrzeilige Widmung: "Den Toten / der / jüdischen Gemeinde / Dortmund / 1933 - 1945", darunter der Davidstern, zwei hebräische Zeilen und die religiöse Deutung: "Im Angesicht Gottes / eingedenk ihrer Lieben / mußten sie ihr Leben lassen / für den Glauben ihrer Väter".[213] Die Anlage wurde durch sechs, mit Ketten verbundene Begrenzungssteine eingefaßt, deren Aufschriften an die Vernichtungslager Auschwitz, Mauthausen, Theresienstadt, Buchenwald, Zamosch und Riga erinnern.

In Dortmund hatte sich im August 1945 wieder eine jüdische Gemeinde gebildet, für die zunächst soziale und humanitäre Fragen der politisch und rassisch Verfolgten im Vordergrund standen. Die wenigen Überlebenden des NS-Regimes gehörten ursprünglich anderen Gemeinden an und waren durch die Kriegswirren nach Dortmund gekommen. Wo ehemals 4200 jüdische Bürger lebten, wo drei eigenständige Synagogen erbaut worden waren, erreichte die Zahl der Gemeindemitglieder ab 1945 nicht annähernd die ehemalige Größe. So gehörten 1962 der jüdischen Gemeinde von Groß-Dortmund 420 Mitglieder an.[214] Seit 1956 besaß die neue Gemeinde auch eine eigene Synagoge. An den Plätzen der ehemaligen Synagogen wurden Gedenktafeln errichtet. Der Synagogenbau galt in Dortmund wie anderswo als Teil der sogenannten "Wiedergutmachung" des Holocaust. Ähnlich wurden die Grabdenkmäler jüdischer, ziviler Friedhöfe wiederhergestellt, soweit sie Grabschändungen von Nationalsozialisten bzw. die Bombenzerstörungen überstanden hatten.

76. *Jüdisches Totenmal in Dortmund um 1951*

**"Errichtung von Gedenkmalen für die Toten des letzten Welt-
krieges" - Denkschrift des Arbeitsausschusses des Evangelischen
Kirchenbautages in Berlin 1954**

Das Dokument ist im Zusammenhang der evangelischen innerkirchlichen
Kontroversen um die deutsche Wiederbewaffnung zu beurteilen. Diese Auseinandersetzungen führten zu einer bewußteren und kritischeren Haltung gegenüber herkömmlichen Formen des Kriegergedenkens. Die Empfehlungen
strebten eine "angemessene Einordnung eines solchen Males in die Bereiche
von Kirche oder Gottesacker" an - mit dem eindeutigen Vorrang kirchlich-
religiöser Belange. Als Leitmotiv künstlerisch-gestalterischer Entschlüsse
sollte die Auferstehungshoffnung dienen, die aber mit "Kriegerehrungen"
der Weimarer Zeit unvereinbar schien. Jegliche "Verbrämung" kriegerischen Geschehens durch religiöse Formen sollte vermieden werden, um ei-

ner pseudoreligiösen Aufwertung von "Volk und Vaterland" - gleich Gott -
entgegenzuwirken. Die Vorschläge für Denkmalsinschriften aus Bibelzitaten
implizierten eine Distanz gegenüber militärkonformen Inschriften. Zivile,
sepulkrale Sitten und Gebräuche (Gedächtnistage, Blumen- und Kerzen-
schmuck) sollten unterstützt werden. Je nach Gemeinde wurde auch die Errichtung einer Kriegerkapelle in Erwägung gezogen.

Errichtung von Gedenkmalen für die Toten des letzten Weltkrieges
Landeskirchenamt   Bielefeld, den 11.9.1954   Nr. 14250/A 8 - 01

Der Arbeitsausschuß des Evangelischen Kirchenbautages (Geschäftsstel-
le: Berlin-Charlottenburg, Jebensstraße 3) hat eine Denkschrift über die
Errichtung von Gedenkmalen für die Toten des letzten Weltkrieges erarbeitet, die wir auf die Bitte des Arbeitsausschusses hin nachstehend zum
Abdruck bringen:

Denkschrift
betr. die Errichtung von Gedenkmalen für die Toten des letzten Weltkrieges.

Vom Arbeitsausschuß des Evangelischen Kirchbautages erarbeitet auf
Grund einer Vorlage seines Mitglieds Pfarrer Christian Rietschel, Rade-
beul:
Den Toten des letzten Weltkrieges eine würdige Gedenkstätte zu errichten, ist ein Bestreben, das viele Gemeinden bewegt und das in jeder Hinsicht ernst genommen werden muß. Gilt es doch, über dem furchtbaren
Todesgeschehen des letzten Krieges die Botschaft des Evangeliums auf-
zurichten und zugleich die nicht zu vergessen, die dem Kriege zum Opfer
gefallen sind.
Das setzt aber voraus, daß Möglichkeit und Grenzen eines solchen Unternehmens sowohl nach der grundsätzlichen wie nach der praktischen Seite
hin erwogen werden:
Die Fragen der angemessenen Einordnung eines solchen Males in die Bereiche von Kirche oder Gottesacker und die seiner künstlerischen Gestaltung sind hierbei entscheidend. Sie werden zu einer rechten Lösung aber
nur führen, wenn sich alle Beteiligten, Gemeindevertretungen wie aus-
führende Künstler, den Sinn der Errichtung eines kirchlichen Gedenk-
males klargemacht haben. ...

2. Damit entfällt von vornherein jede Form christlicher "Verbrämung"
eines Geschehens, das seine Sinndeutung aus ganz anderen Bereichen
empfängt. Die Gestaltung von Gedenkmalen kann heute nicht mehr unter
dem Gedanken der Menschen- oder Heldenehrung geschehen, wie das
noch bei der Errichtung der "Ehrenmale" nach dem Ersten Weltkrieg üblich war. Das verbietet nicht nur die Pflicht der Wahrhaftigkeit, weil der

Krieg von der großen Masse unseres Volkes, die auch die große Masse der Toten gestellt hat, als ein unabwendbares Schicksal und Verhängnis empfunden wurde, sondern auch die Erkenntnis, daß Volk und Vaterland nicht neben Gott gestellt werden können, sondern erst von dort her ihre rechte Sinndeutung erfahren. Für die Entfaltung eines selbstsicheren nationalen Pathos ist bei der Schaffung christlicher Gedenkmale kein Platz, wohl aber für die Bekundung innerster Verbundenheit mit unserem deutschen Volk und Vaterland. Dem wird auch die Bezeichnung der Gedenkmale und -stätten Rechnung tragen müssen. Es sollte grundsätzlich nicht mehr von "Heldengedenkstätten" und "Kriegsehrenmalen", sondern nur von "Gedenk-" oder "Gedächtnismalen" und "-stätten" die Rede sein.

3. Dem Charakter des letzten Weltkrieges entsprechend sollten die Gedenkmale nicht nur den Soldaten gelten, die auf den Schlachtfeldern gefallen sind, sondern auch alle diejenigen mit einbeschließen, die in der Heimat am Kriege oder an den Folgen des Krieges zugrunde gegangen sind. Nur wo der Krieg als Gesamtgeschehen begriffen wird, tritt man in der rechten Haltung an die Aufgabe der Schaffung von Gedenkmalen heran. ...

7. Der Ort des Gedächtnismales ist nach den örtlichen Verhältnissen der Gemeinde zu bestimmen. Nur in seltenen Ausnahmefällen und wo besondere Voraussetzungen dafür gegeben sind, sollte der Kirchenraum selbst dazu dienen. Es geht nicht an, daß unsere Kirchen durch Gefallenen-Gedächtnismale vergangener Kriege langsam zu Gedenkhallen umgestaltet werden. Im Kirchenraum hat nur ein Name Geltung, der Name Jesus Christus. Keinesfalls darf das Gedenkmal im Altarraum, in der Nähe der Kanzel oder im Blickpunkt der feiernden Gemeinde stehen.

In der katholischen Kirche vollzog sich ein ähnlicher Bewußtseinswandel. So veröffentlichte der Paderborner Kunsthistoriker Alois Fuchs als "Berater ... des Generalvikariates" eine Reihe von Empfehlungen, in denen er sich von der Gefallenen-Verherrlichung der Weimarer Zeit distanzierte, ohne freilich den Begriff der "Kriegerehrung" aufzugeben. Fuchs faßte zusammen: "Schon nach dem Ersten Weltkrieg war man sich klar darüber, daß Kriegerdenkmäler, wie sie nach dem Kriege von 1870 überall entstanden waren, nicht mehr am Platze seien. Noch weit mehr muß das gelten für die Mahnmale, die man den Opfern des Zweiten Weltkrieges zu errichten gedenkt."[216] Trotz der evangelischen oder katholischen Vorbehalte wurden die traditionellen Vorstellungen der "Kriegerehrung" und des "Ehrenmals" weiterhin benutzt.

Mahnmal - Stele mit Bronzerelief-Platte (Phönix) - in Dortmund 1956

Das Mahnmal wurde von der Stadt Dortmund und vom Volksbund Deutsche Kriegsgräberfürsorge gemeinsam in Auftrag gegeben (Entwurf: Baurat Endlich, Architekt Herwarth Schulte, Bildhauer Heinrich Bayer, Ausführung der gesamten Anlage mit einer Höhe von 12 m von Carl Fink.) "Am Ostrand des Hauptfriedhofs ragt genau in der Achse der Hauptallee eine schlichte, aus Sandstein aufgemauerte Stele hoch auf. Eine Bronzeplatte trägt das Bildmotiv eines sich aus der Asche erhebenden Adlers, 'Phönix', vor der Silhouette der zerstörten Stadt. Die Inschrift lautet: 'Unser Opfer ist eure Verpflichtung/Frieden/1939 - 1945'. Vor dem Ehrenpfeiler steht ein steinerner Schrein, auf dem ein in Bronze gegossener Kranz liegt und der ein Ehrenbuch birgt mit den Namen der insgesamt 28.520 Dortmunder Opfer des Zweiten Weltkriegs, Soldaten, Bombentote, Vermißte. Um das Ehrenmal mit einem Vorplatz für Gedenkfeiern scharen sich Gräberfelder mit einheitlichen, einfachen Steinkreuzen."[217]

77. Mahnmal in Dortmund 1956

Die Gestaltung des kreisrunden Vorplatzes folgte Vorbildern der Weimarer Zeit, so zum Beispiel dem Düsseldorfer Schlageter-Denkmal mit einem in den Erdboden versenkten Gedenkstättenring, altarähnlichem Stein und Kreuz. Der Entwurf knüpfte an gottesdienstliche Intentionen an und zielte auf eine religiöse Leidensheroik.

Mahnmal - Geborstene Weltkugel - in Dahl 1959
Kriegsgedächtnis in der Konfrontation mit der atomaren Vernichtung

Ein beachtlicher Sonderfall gelang in der kleinen Gemeinde Dahl (Ennepe-Ruhrkreis) der evangelischen Kirche. Dort wurde 1959 ein Denkmal enthüllt, das über die Erinnerung an die Kriegstoten hinaus (vgl. Inschriftenplatte am Boden) den atomaren Bombentod thematisierte. Das Werk war von Ewald Mataré geschaffen worden: eine geborstene eiserne Erdkugel mit umlaufendem Schriftband: "Siehe ich mache alles neu. Offenbarung 21,5".[218] Auf den Bodenplatten wurden die Namen der Weltkriegstoten festgehalten. Auf diese Weise wurde der bisher vorherrschende Bezug auf Kriegstote erweitert durch die globale, existentielle Dimension, die zweifellos die atomare Zerstörung umfaßte. - Der Künstler, der während des Nationalsozialismus als entartet galt, hatte wenige Jahre zuvor in Hiroshima die Türen der Weltfriedenskirche entworfen.

78. Mahnmal in Dahl 1959

Ehrenmal/Grabesstätte in der Marinegarnisonkirche in Wilhelmshaven 1959

Gefallenengedächtnis in der Bundeswehrseelsorge

Die Bundeswehrseelsorge führte einschlägige Traditionen fort. Zweifellos war die bloße, institutionell verankerte Präsenz kirchlich-religiöser Betreuung in der Bundeswehr bereits ein wichtiges Zeichen der Kontinuität, die zudem auch in personeller Hinsicht deutlich wurde. - Was sich veränderte und was fortbestand, spiegelte sich zum Beispiel in der ältesten deutschen Marinegarnisonkirche in Wilhelmshaven wieder. Die älteren Garnisonkirchen in Potsdam und Berlin waren im Bombenhagel zerstört. Wiederaufbaufähige Ruinen, z.B. die Turmruine der Potsdamer Garnisonkirche wurden später auf Befehl des DDR-Regimes gesprengt.[219] Die Marinegarnisonkirche war durch Bomben im September 1942 schwer beschädigt worden und mußte trotz mancher Rettungsmaßnahmen im Herbst 1957 baupolizeilich geschlossen werden. Die evangelische Zivilkirchengemeinde zu Wilhelmshaven, deren Gotteshaus, die Christuskirche, völlig zerstört war, bemühte sich um die Wiederherstellung der Garnisonkirche und erhielt dazu seit 1956 auch die Unterstützung der Bundesregierung und des Evangelischen Militärbischofs. Gemäß der neuen Konzeption der Militärseelsorge war der bisherige "militärkirchliche" Sonderstatus nicht mehr aufrechtzuerhalten, sondern durch ein Arrangement mit der zivilen Ortskirchengemeinde abzulösen. So schloß die Bundesregierung als bisherige Inhaberin des Gebäudes einen Vertrag mit der (zivilen) Kirchengemeinde. Der Vertrag regelte die Übergabe des Gotteshauses an die Kirchengemeinde der zerstörten Christuskirche, sicherte der Marineseelsorge das dauernde Mitbenutzungsrecht und verpflichtete dazu "..., daß das Kirchengebäude auch künftig als Traditionsstätte der Marine ausgestaltet bleibe".[220] So gewährleistete der Übergabevertrag den Fortbestand der Garnisonkirche in ihrer weitestgehend ursprünglichen Architektur und Innengestaltung. Hinzu kamen Traditionsträger der (zerstörten) Christuskirche: ein steinernes Christusbild, eine Gefallenengedenktafel, die Grundsteinlegungsurkunde und die Fenster - ferner ein Marine-"Ehrenmal" für die Gefallenen des Ersten und Zweiten Weltkrieges. Am 20. Dezember 1959 fand die Neueinweihung statt unter dem künftigen Doppelnamen "Christus- und Garnisonkirche". Die Neubenennung entsprach dem Revisionskurs der Marineseelsorge hin zu einer gesamtkirchlich-integrativen Konzeption. Sie verlangte anscheinend keine Beseitigung oder Veränderung der herkömmlichen marineseelsorglichen Symbole, zum Beispiel der Gefallenengedenktafeln der Wilhelminischen und der Weimarer Zeit (darunter Traditionsobjekte der kaiserlichen Yacht "Hohenzollern"). Sie erhielten aber eine umfassende und zukunftsweisende Sinnstiftung: Mit diesem zentralen Anliegen wurde ein "Ehrenmal" für die Gefallenen beider Weltkriege errichtet, das sinnfällig den innerkirchlichen Stellenwert der "Marinetradition" und der Toten-"Ehrung" vor Augen führt. Das gesamte (!) linke Kirchen-

79. *Ehrenmal in der Christus- und Marine-Garnisonkirche Wilhelmshaven 1959*

querschiff wurde der neuen Gedenkstätte zuerkannt. Die Entwürfe schuf Marinedekan Ronneberger mit Unterstützung des Volksbundes Deutsche Kriegsgräberfürsorge e.V. Sie griffen formale und inhaltliche Vorstellungen der Weimarer Zeit auf, so den Begriff des "Ehrenmals".

Das "Ehrenmal" besteht im wesentlichen aus vier Teilen: 1. "Stellvertretend für all diejenigen, die nicht in ihre Heimaterde überführt werden konnten, ist unter einer bronzenen Platte ein unbekannter Seemann bestattet worden."[221] Die Bronzeplatte - mit Wellenlinien und aufgelegten Lorbeerblättern sowie einem Anker mit Kreuz als Zeichen für Glaube und Hoffnung - schuf Professor Geis (Berlin). 2. Die Grabesstätte wurde einem Fenster vorgelagert, in dem das Bildmotiv des Altarbildes neu interpretiert worden war. 3. An den Fensterseiten entstanden Wandnischen mit vorstehendem altarähnlichem Unterbau. In den Nischen wurden Denkmalsbücher ausgestellt mit den Namenslisten der Gefallenen beider Weltkriege, außerdem - nur für den Zweiten Weltkrieg - die Seetoten der Handelsmarine, ferner ein Buch mit Fotos und Namen aller U-Boot-Kommandanten des Ersten Weltkrieges. 4. Wandtafeln mit Schiffslisten und Eisernen Kreuzen. - Das Ehrenmal wurde vom übrigen Kirchenraum durch ein schmiedeeisernes Geländer abgegrenzt.

Das Ehrenmal beschränkte das Kriegsgedenken ausschließlich auf militärische Aspekte. Die Widmungsinschrift: "Sie alle starben für das Vaterland" suggerierte zudem eine scheinbar freiwillige Entscheidung "aller" Kriegstoten der Kriegsmarine "... für das Vaterland" und unterstellte ihnen so eine durchweg positive nationale Intention. Die Tragik des nationalsozialisti-schen Mißbrauchs, der Kriegsverbrechen, insbesondere des Holocaust, blie-ben ausgeblendet. Andererseits deutete die "Toten"-Bezeichnung auf eine Distanz zur früheren Nomenklatur (vgl. "Söhne", "Kameraden" u.a.).

Alles in allem stellte die neue Innengestaltung der Wilhelmshavener Gar-nisonkirche eine offizielle Gesamtbetrachtung deutscher Marinetradition dar - von den Anfängen in der Entstehungszeit des Kirchengebäudes im Jahre 1872 über die folgenden Epochen, aus denen Gefallenendenkmäler erhalten waren, bis zum bundesdeutschen Neubeginn. Herausragende positive Be-wertung erfuhren dabei Symbole der Wilhelminischen Zeit und der Weima-rer Zeit, ohne aber deren wechselnde staats- und verfassungspolitische Vor-aussetzungen zu erörtern.

Ähnliche Vorhaben zur Erneuerung früherer Marine(kirchen)traditionen gab es zum Beispiel an der Kieler Pauluskirche. Dort wurde das Kriegerdenkmal für die Toten des Torpedobootes "S 26" aus dem Jahre 1897, darunter der Kommandant Herzog Friedrich Wilhelm von Mecklenburg, neu errichtet. Die Initiative ging von den Fürstenhäusern beider Mecklenburg, Oldenburg, Holstein und Reuß aus. An der Enthüllung am 22.September 1957 waren au-ßer dem Hochadel namhafte Institutionen und Verbände beteiligt: die Stadt Kiel, Kameradschafts- und Traditionsverbände, der Verband Deutscher Sol-daten, die Landsmannschaft Mecklenburg, das Bundesministerium der Ver-teidigung, die Marinejugend, die Admiralität der ehemaligen Kaiserlichen, der Kriegs- und der neuen Bundesmarine, auch Vertreter der türkischen Ma-rine. Als prominentester Gast war vielleicht Großadmiral a.D. Raeder anzu-sehen. Die Denkmalsneuerrichtung galt als "Akt der Pietät und Treue" (Vizeadmiral a.D. Pfeiffer).[222] An der ehemaligen katholischen Marine-garnisonkirche in Kiel, am Turm der St. Heinrichskirche wurde ebenso ein Denkmal restauriert: eine Gedenktafel mit einer mehrsprachigen Inschrift zur Erinnerung an Admiral Graf von Spee und seine Söhne. Wieder in An-wesenheit hoher Verantwortungsträger aus Admiralität und Kirche betonte Prälat Kintzinger bei der kirchlichen Weihe am 8. Dezember 1961, die Tafel solle "weder eine Heldengedenkstätte noch ... Verherrlichung kriegerischer Ereignisse" sein, sondern vielmehr "Dank an den Admiral Graf Spee ... für sein beispielhaftes Leben als Soldat und gläubiger katholischer Christ"[222]. Den anschließenden Festgottesdienst hielt Militärgeneralvikar Werthmann.

Ehrenmal - Soldatenpieta - in Langenberg
Widmungserweiterung eines Ehrenmals aus Weimarer Zeit

Nicht selten wurden die Ehrenmäler der Weimarer Zeit, teils auch aus den dreißiger Jahren, einfach mit einer Widmungserweiterung versehen. Diese Entwicklung war auf allen Ebenen zu beobachten, von der Bundesebene - etwa das Marine-Ehrenmal in Laboe[223] - bis zu den Landgemeinden auf lo-kaler Ebene. Dazu gab es verschiedene Gründe: die Analogie der beiden

*80. Ehrenmal in
Langenberg*

"verlorenen" Weltkriege, eine apolitische Auffassung der vergangenen Kriegsgeschehen, die schon erwähnte Anknüpfung an Traditionen der Weimarer Republik im bundesdeutschen Neubeginn oder auch einfach nur Sparsamkeitsgründe.[224] Nicht selten wurden lediglich die aktuellen Jahreszahlen des Zweiten Weltkrieges und die entsprechenden Gefallenennamen ergänzt, so zum Beispiel in Langenberg (an der kath. Pfarrkirche).

Dort war 1928 eine Soldatenpieta von Albert Pehle aus Düsseldorf entworfen worden: ein Soldat trägt seinen sterbenden "Kameraden".[225] Wo ansonsten Maria mit dem Leichnam Jesu zu sehen waren, wählte der Künstler zwei bronzene Kameradenfiguren auf einem steinernen Sockel, dessen Seitenflächen die Widmung: "Kameraden" mit dem Eisernen Kreuz sowie Namenslisten trugen, ergänzt um weitere Namenstafeln an der Kirchenwand für die Gefallenen des Zweiten Weltkrieges mit der Inschrift: "Sie / starben - für / uns".[225]

208

Mahnstätte - Kerkerbau/Grabesstätte mit Seitenreliefs - in Dortmund 1960

Im Auftrag der Stadt und des Nationalen Bundes der Arbeitsdeportierten von Frankreich schufen Will Schwarz, Karel Niestrath und Léon Zack 1954 bis 1960 eine Mahnstätte aus Beton und Naturstein (Travertin). Sie sollte an die Massenerschießungen in der Bittermark und im Romberg-Park in Dortmund 1945 erinnern. Angesichts der militärischen Mißerfolge deutscher Truppen seit 1944 hatte die Geheime Staatspolizei "härtesten Terror" gegen alle vermeintlichen Gegner geübt.[226] Es gelang ihr, 28 Anhänger einer regen Widerstandsbewegung gefangenzunehmen, die sich seit 1943 in Südwestfalen gebildet hatte. Sie wurden zusammen mit anderen Gefangenengruppen (ausländische Zwangsarbeiter und politische Häftlinge) ohne Gerichtsverfahren im März und April 1945 erschossen und in einem Bombentrichter unter einer Zementschicht, teils auch in Wiesen verscharrt - nur wenige Tage vor dem Einmarsch amerikanischer Truppen. Die genaue Zahl der Opfer ist nicht mehr zu ermitteln. Schon am 19. April 1945 fand die Exhumierung der Toten statt, die aber nur zum Teil identifiziert werden konnten. Sie wurden dann auf Friedhöfen in Dortmund-Hörde bestattet. Die Grabpflege übernahmen die Kirchengemeinden.

Auf Initiative der Arbeitsgemeinschaft verfolgter Sozialdemokraten in Dortmund und der Vereinigung der Verfolgten des Nazi-Regimes beschloß der Rat der Stadt Dortmund am 28. Juli 1955 die Errichtung eines Mahnmals in dem parkähnlichen Waldgelände Bittermark im Süden Dortmunds. Das

81. Mahnstätte in Dortmund 1960

82. Mahnstätte in Dortmund 1960 (Ausschnitt)

Konzept erarbeiteten der Architekt Will Schwarz und der Bildhauer Karel Niestrath: ein Denkmal mit einer Krypta, in der ein französischer Deportierter beigesetzt wurde und die im Einvernehmen mit dem Verband französischer Arbeitsdeportierter von französischen Künstlern, insbesondere von Léon Zack gestaltet worden war.

An der Schmalfront des kubisch geformten Kerkergebäudes (Grundmaße 5 x 2 x 13 m) sollte die überlebensgroße "Hauptfigur des Mahnmals", ein entkräfteter Häftling "... die Gedanken des Widerstandskampfes, aber auch die Hoffnung, am Ende doch durch die stärkere Idee zu siegen, zum Ausdruck bringen".[225] An der Längsseite zeigen Reliefs die Verbrechen der Nationalsozialisten: Menschen hinter Stacheldraht, Erschießungen, Konzentrationslager mit den Leichenöfen, während die Nazi-Schergen und ihr Vernichtungsapparat durch Maschinenwesen dargestellt wurden. Anders als bei Kriegerdenkmälern wurden hier Tod, Leiden und deren Bedeutung für die Überlebenden überdeutlich herausgestellt.

Mahnmal zur deutschen Einheit in Münster 1960

Unter dem Eindruck der deutschen Teilung und der Ost-West-Konfrontation entstanden neue Monumente, die - analog den früheren Nationaldenkmälern - ausschließlich nationalen Fragen gewidmet wurden. So entwarf Anni Buschkötter das Denkmal "Unteilbares Deutschland," das 1960 in Münster

enthüllt wurde: zwei große Betonblöcke, deren Ausmaße und dicht ver-
kantete Aufstellung den Eindruck ursprünglicher, nun aber gewaltsam
durchtrennter Einheit erwecken sollte. Die Anlage vermittelt so den Impuls,
die ursprüngliche Ordnung wiederherzustellen. Das vierteilige Kettenband
erweist sich als eine nur notdürftige Übergangslösung, um das weitere Aus-
einanderbrechen der schwerwiegenden, doch zusammengehörenden Blöcke
zu verhindern. Die runden Durchstöße bieten dem Ketten-"Protest" einen
tiefinneren, wirkungsvollen Halt. Die Größe der Gesamtanlage (3,10 m
hoch, 2,40 m breit) und die einfachen Ausdrucksformen verleihen dem Ganzen dramatische Aussagekraft inmitten eines stark frequentierten Promena-
denplatzes. - Barbara Klössel verglich das Denkmal mit dem "... wohl be-
rühmtesten Denkmal der Nachkriegszeit ... dem Berliner Monument für die
Opfer der Luftbrücke" und bewertete es ferner im Rahmen der "Kriegsdenk-
male vorangegangener Generationen".[227] Dazu sind vor allem die früheren
Nationaldenkmäler und ähnliche Objekte zu erwähnen, die ebenfalls einem
kollektiven, nationalen Thema der Gewalt gewidmet waren, ohne deren Opfer namentlich aufzulisten.

*83. Mahnmal zur
deutschen Einheit in
Münster 1960*

10. Neue kritische Impulse öffentlicher Reflexion und Trauer seit den sechziger Jahren

Nach der Gründungs- und Wiederaufbauphase des bundesdeutschen Neubeginns in den fünfziger Jahren verlangten einige grundlegende Fragen des öffentlichen Totengedächtnisses, die bisher unentschieden geblieben waren, eine verbindliche Regelung: War die einfache, bundesdeutsche Fortführung der "Weimarer" Krieger-"Ehrung" noch zeitgemäß? Waren die unterschiedlichen Totengruppen gleichermaßen mit öffentlicher Aufmerksamkeit und "Ehre" zu bedenken? Gab es überhaupt eine übergreifende "gemeinsame" Sinnstiftung für ihren Tod?

Erweiterung der Denkmals-"Ehre"

Erste Antworten wurden in der Novellierung der Gräbergesetze und in der Gestaltung eines "Bundesehrenmals" 1963/65 in Bonn versucht. Sie gaben ein richtungweisendes Signal zur Gleichbehandlung aller Toten als "Opfer von Krieg und Gewaltherrschaft". Die Kontroversen um die Gesetzesnovelle und das Bonner Ehrenmal veranlaßten eine erste kritische Bestandsaufnahme zur deutschen Kriegerdenkmalsgeschichte.[228] Die Grundsatzentscheidung der Bonner Gesetzgeber legte es nahe, neue Mahnmäler im ganzheitlichen, umfassenden Sinne für "alle" Toten zu konzipieren. Dies gelang später bei religiösen Stiftungen. Ohnehin vollzogen die großen Kirchen bereits seit "Ende der fünfziger, Anfang der sechziger Jahre ... eine grundlegende Wende. Die Auseinandersetzungen über die Rolle der Kirchen im Dritten Reich, Vergangenheitsbewältigung, rückten in den Mittelpunkt. Die Anstöße kamen sowohl von innen als auch von außen. Von innen kam die auf dem Evangelischen Kirchentag 1958 erfolgte Weichenstellung zugunsten der 'Aktion Sühnezeichen'; von außen die antisemitischen Vorfälle des Winters 1959/60, der Eichmann-Prozeß 1961 und die seit 1963 geführten erregten Debatten über Rolf Hochhuths Drama 'Der Stellvertreter'..."[228] Im Zuge der Konzils- und Liturgiereform 1962 - 1965 wurde die enge Verknüpfung von katholischer Heiligenverehrung und Gefallenen-"Ehre" aufgegeben - mit der Konsequenz aufwendiger Änderungen in der Innengestaltung der Kirchen.

Innen- und außenpolitischer Funktionswandel des Totengedenkens

Wichtige Impulse der Denkmalsentwicklung erfolgten aus einem außen- wie innenpolitischen Funktionswandel des Totengedächtnisses. Mahnmäler und Gräberfelder wurden zur bevorzugten Stätte ausländischer Staatsempfänge und anderer internationaler Begegnungen, zugleich gerieten sie zunehmend in das Kreuzfeuer innerdeutscher Auseinandersetzungen um die Bewertung der nationalsozialistischen Vergangenheit. Von besonderer Bedeutung waren die deutsch-israelischen Beziehungen, die mit dem Botschafteraustausch 1966, der Errichtung verschiedener bilateraler Gremien, zum Beispiel der Deutsch-Israelischen Schulbuchkommission, eine neue Qualität erlangten. Auf beiden Seiten stellte die öffentliche Erinnerung an den Nationalsozialismus eine zentrale Herausforderung für die historisch-politische Identität dar. Gedenktafeln an Stätten der Judenvernichtung und der zerstörten Synagogen erhielten mahnende und anklagende Inschriften "..., sich von der Rassentheorie und Gewaltherrschaft des Nationalsozialismus zu distanzieren, um dadurch die Legitimation eines Neubeginns in der Bundesrepublik zu begründen".[230] - Wer die Denkmalsstiftungen deutscher jüdischer Gemeinden aus Weimarer Zeit mit entsprechenden Neuerrichtungen nach dem Zweiten Weltkrieg verglich, konnte den Bruch mit der früheren innerjüdischen Tradition feststellen. Die neuen Stiftungen verwiesen darauf, daß deutsche und jüdische Identitäten, die in Weimarer Zeit noch eine mehrheitlich deckungsgleiche Orientierung der jüdischen Bevölkerung markierten, nun eher als Konflikt empfunden wurden. Vergeblich hatten jüdische Emigranten, ehemalige deutsche Bürger, darauf gewartet, daß der Bundespräsident sie zur Rückkehr nach Deutschland auffordere.[231] Trotzdem wurde "die Bundesrepublik ... in den sechziger Jahren ... ein Einwanderungsland für Juden".[232] Der Neubau von Synagogen und von jüdischen Gemeinde-Denkmälern setzten im Rahmen sogenannter "Wiedergutmachung" deutliche Zeichen historisch-politischer Stellungnahme und Verantwortung. Sie sollten der weitverbreiteten Verdrängung und dem öffentlichen Verschweigen der "deutschen" Verbrechen entgegenwirken.

Das öffentliche Totengedächtnis berührte unmittelbar auch die Traditionspflege der bundesdeutschen Streitkräfte. Nach jahrelangem Ringen um eine verbindliche Regelung kam 1965 dazu ein Traditionserlaß zustande. Im Kern zielte er auf eine grundsätzliche Bestätigung pflegewürdiger soldatischer Wertvorstellungen, deren Integration in die bundesdeutsche Demokratie, außerdem auf eine verbindliche Abgrenzung der Bundeswehr von ihren historischen Vorläufern.[233] Daneben gab es Bemühungen von Kriegerverbänden, weiterhin an der herkömmlichen Form des bloßen Gefallenengedenkens festzuhalten - mit Denkmalserrichtungen ausschließlich für Kriegstote, so daß der Ursachenkomplex von Kriegsführung und NS-Verbrechen ausgeblendet wurde. Periodische Denkmalskontroversen waren die Folge - Demonstrationen, Parlamentsdebatten, politisch motivierte Denkmalsbeschmierungen, -beschädigungen, Bürgerinitiativen, Rundfunksendungen über Jahrzehnte, in manchen Fällen bis zur Gegenwart. Für einen Ausgleich dieser Gegensätze verringerten sich die Chancen, indem das öffentliche Umfeld der Denkmalskontroversen noch zusätzliche Schwierigkeiten auferlegte: Rüstungsdebatten, Ost-West-Konfrontation (vgl. DDR-Propaganda, "Ost-Verträge" der Bundesrepublik), Kämpfe um das Für und Wider der Notstandsgesetze, 68er-"Revolution", Demonstrationen gegen die öffentliche Vereidigung von Bundeswehr-Rekruten, Kompromittierung internationaler Gedenkveranstaltungen, Werturteilsstreit unter den Historikern, Jubiläen der Bundeswehr, gewalttätige Anschläge usw.[234] Sie überlagerten und verschärften manchen Denkmalsstreit, weil das öffentliche Totengedächtnis mittelbar auch außen-, militär- und gesellschaftspolitische Themen betraf und immer wieder zu kritischen Rückfragen zu den Mahnmälern, "Ehrenmälern" und Gedenkveranstaltungen provozierte. Aber auch dort, wo kein Streit ausgefochten wurde, sorgten ein neues historisches Interesse und die Gesetzesinitiativen des intentionalen "Denkmalsschutzes" für öffentliche Aufmerksamkeit.[235]

Identitätsstiftung - neue Forschungen und Dokumentation

Angesichts der Irritationen und der scharfen Auseinandersetzungen sollten umfassende wissenschaftliche Untersuchungen zu mehr Sicherheit und zu verläßlichen Urteilskriterien verhelfen, "gleichsam eingeläutet von dem Historiker Reinhart Koselleck" (Bielefeld).[236] Er regte 1976/78 aufwendige Forschungen an über Mahnmäler und Kriegerdenkmäler als "Identitätsstiftungen". Es beteiligten sich Vertreter verschiedener Disziplinen aus dem In- und Ausland in jahrelangen Studien. Darüber hinaus gab es zahlreiche einschlägige Studien auf regionaler und lokaler Ebene. So veranlaßte 1977 der Kreis Paderborn als Eigentümer der Wewelsburg umfassende Forschungen über deren jüngste Vergangenheit - mit dem Ziel, das Kreismuseum im Burggebäude durch eine Dokumentation der nationalsozialistischen Verbrechen ggf. auch durch eine Gedenkstätte zu erweitern.[237] Auf dieser Grundlage konnte später eine Dokumentationsstätte eröffnet werden, die - einzigartig unter deutschen Gedenkstätten - "Glanz" und Schattenseiten des Nationalsozialismus nebeneinanderstellte und zu einer kritischen, rationalen Auseinandersetzung mit der Vergangenheit einlud. Es folgten schuldidaktische Publikationen über Kriegerdenkmäler und Gedenkstätten, Ausstellungen, "Geschichtswerkstätten", Rundfunk- und Fernsehsendungen - zumeist mit internationaler Beteiligung, darunter auch Überlebende und Angehörige.[238]

Grundsatzstreit über die Bewertung von Wehrmacht, SS und Kriegsverbrechen

Zeitlich parallel zu den Forschungs- und Dokumentationsvorhaben eskalierten die öffentlichen Geschichtsdebatten in Grundsatzfragen, zum Beispiel über die (Mit-)Schuld der Wehrmacht und SS an den nationalsozialistischen Kriegsverbrechen. Das Konfliktpotential dieser Frage offenbarte sich in einem Interview, das der CDU-Politiker Norbert Blüm 1978 für das Nachrichtenmagazin "Der Spiegel" gab. Er meinte: "Ob einer im KZ Hitler gedient hat oder an der Front, macht in meinen Augen nur einen graduellen Unterschied aus. Das KZ stand schließlich nur so lange, wie die Front hielt."[239] Diese Sätze lösten einen Proteststurm aus gegen die Gleichstellung von Wachmannschaften der Konzentrationslager und deutschen Soldaten. Blüm gab deshalb mehrere Presseerklärungen, um seine Betroffenheit auszudrücken, weil seine Worte als Beleidigung oder "Verunglimpfung deutscher Soldaten" mißverstanden worden seien. Trotzdem beharrte er unangefochten auf seiner Auffassung "..., daß auch derjenige, der sich persönlich nichts zuschulden kommen läßt, etwa ein pflichtgetreuer Soldat, in Schuld verstrickt wird, wenn das System, dem er dienen muß, Pflichterfüllung für verbrecherische Pläne mißbraucht".[240] Beachtlich war aber auch seine "Betroffenheit über die Erfahrung, daß die Empörung der Menschen über eine Äußerung, die als Verunglimpfung deutscher Soldaten empfunden wurde, um so vieles größer sei, als ihr Leid darüber, daß diese Soldaten, obwohl frei von persönlichen Vergehen, doch zu einem der größten Verbrechen der neueren Geschichte mißbraucht worden sind".[240]

Die Blüm-Affäre zeigte schlaglichtartig das Konfliktpotential, das die Geschichtsdebatten und das Totengedenken in der Öffentlichkeit prägten. Der Streit wurde beinahe wortgleich auch in anderen Bereichen ausgefochten - auf der internationalen Ebene zum Beispiel zwischen Bundeskanzler Helmut Schmidt und dem israelischen Ministerpräsidenten Menachem Begin - bis hin zu lokalen Denkmalskontroversen, u.a. in Coesfeld.[241] Die Auseinandersetzungen drängten zu persönlicher Stellungnahme - Für oder Wider - und konfrontierten immer wieder mit den fragwürdigen Wechselbeziehungen des NS-Regimes, seinen Kampfverbänden (SS u.a.), der Wehrmacht und der anderen Staatsbehörden. Die Intensität dieser Debatten erfuhr Anfang 1979 noch weitere Anstöße durch den Fernsehfilm "Holocaust".[242] Wurde seine künstlerische Qualität unterschiedlich beurteilt, so war seine außergewöhnliche Breitenwirkung doch unbestritten: Fernseh-Diskussionen, Begleitveranstaltungen in der Erwachsenenbildung (Volkshochschulen u.a.), Unterrichtsreihen und andere Maßnahmen waren die Folge. Das Geschichts- und Problembewußtsein, das sich dabei artikulierte, begründete tiefe Zweifel, ob das herkömmliche Totengedächtnis, insbesondere die Errichtung von Mahnmälern oder "Ehrenmälern", überhaupt noch zeitgemäß seien. Solche Skepsis mochte zusätzliche Nahrung erlangen aus den historischen und zeitkritischen Recherchen und Werken von Rolf Hochhuth, die "Juristen" und die "Ärztinnen" oder "Alan Turing", die seit 1980 erschienen.[243]

Krise des Totengedenkens

Skepsis, Ratlosigkeit und nunmehr jahrzehntelange, anscheinend unlösbare Interessen- und Meinungsgegensätze empfahlen eher alternative Formen des Totengedenkens. So hatte der evangelische Militärpfarrer Dieter Waßmann die "glatte Schönheit" von Kriegerfriedhöfen beanstandet, weil sie von

Kriegstod und -leiden ablenkten.[244] Vor allem in den achtziger Jahren schien das öffentliche Totengedenken in einer Krise: Es wurden Forderungen laut "... an die Stelle von Denkmalsstiftungen die offensive Aufklärung und Mahnung gegen den Krieg zu setzen. Die frühere Verdrängung des Leids von Millionen in Stein wurde durch aufrüttelnde Dokumentationen ersetzt, die die Schrecken des Krieges zeigen."[245] Wenn dennoch neue Denkmäler errichtet wurden, entzündeten sich wieder prinzipielle politische Auseinandersetzungen über die Bewertung des erinnerten Geschehens - in Kiel etwa über die Matrosen-"Revolution" des 9. November 1918[246] oder in Hamburg über den Zweiten Weltkrieg.[247] Das Bremer Denkmal "Dem unbekannten Deserteur" berührte sogar den Kernbereich christlicher Militärpastoral und -ethik;[248] die Frage, wie die Verletzung der im Fahneneid begründeten Gehorsamspflicht unter einem Unrechtsregime zu beurteilen ist. Der Traditionsanspruch des Kriegs- und Gefallenengedächtnisses wurde nunmehr unmittelbar mit dem Gebot ganzheitlicher, öffentlich anerkannter, gesellschaftlich-politischer Verantwortung konfrontiert. Anstatt der Opfer aus Krieg und Gewaltherrschaft isoliert voneinander zu gedenken, wurde eine differenzierte Gesamtbetrachtung der verschiedenen Opfer(-Gruppen) gefordert. Neue Denkmalsinitiativen wurden nun auch den bisher "vergessenen" NS-Opfern gewidmet: außer Deserteuren zum Beispiel Sinti und Roma.[249]

Trotz aller Kritik im In- und Ausland blieb die Symbolik der Gräberfelder ein unverzichtbarer Bestandteil bei internationalen Begegnungen: überdeutlich beim historischen Kniefall von Bundeskanzler Willy Brandt 1970 vor dem Denkmal für die Opfer des Ghetto-Aufstandes in Warschau, doch ebenso in den jüngeren Begegnungen von Bundeskanzler Helmut Kohl 1984 mit dem französischen Staatspräsidenten François Mitterand 1984 in Verdun, mit US-Präsident Ronald Reagan 1985 in Bergen-Belsen und Bitburg sowie mit dem israelischen Staatspräsidenten Chaim Herzog 1987 in Bergen-Belsen. Dabei provozierte die deutsch-amerikanische Begegnung auf dem Soldatenfriedhof Bitburg wieder zu heftigen Auseinandersetzungen, weil dort Angehörige der Wehrmacht und der SS begraben sind, die so gleichermaßen durch die Anwesenheit von Kohl und Reagan "geehrt" wurden.[250]

War es angesichts solcher schwerwiegender Gegensätze überhaupt möglich, der unterschiedlichen Gruppen unter den (deutschen) Kriegstoten und den Opfern des Nationalsozialismus in einem gemeinsamen, ganzheitlichen Würderahmen und Sinnbezug zu gedenken? Dies war zwar vom bundesdeutschen Gesetzgeber Anfang der sechziger Jahre beschlossen, bisher aber nur in pauschalierenden Inschrifttafeln und wenigen religiösen Denkmälern gelungen, ansonsten in unüberwindbare Schwierigkeiten geraten. Dazu äußerte sich Bundespräsident Richard von Weizsäcker grundlegend in seiner Ansprache zum 40. Jahrestag der "Beendigung des Krieges in Europa und der nationalsozialistischen Gewaltherrschaft" 1985. Er konfrontierte den Deutschen Bundestag erstmals mit einer differenzierenden Bewertung der Kriegstoten und -opfer.[251] "Dort hatte er - abweichend vom jährlich vorgetragenen 'Nekrolog' des Volkstrauertages - zunächst an die ermordeten Juden, die Opfer aller Völker, 'vor allem die unsäglich vielen Bürger der Sowjetunion und die Polen, die ihr Leben verloren haben', und daran anschließend an die deutschen Opfer erinnert. Es folgte ein Gedenken an weitere Opfer, darunter Sinti und Roma, Homosexuelle, Geisteskranke sowie des Widerstandes aus dem Bürgertum bis hin zu Kommunisten."[252] War schon die Reihenfolge verschiedener Verfolgtengruppen ungewöhnlich, so bildete ebenso deren differenzierte Erwähnung - zum Beispiel der geistig Behinderten, deren Ermordung und Unterdrückung bisher verschwiegen oder übergangen worden war - ein eindrucksvolles und richtungweisendes Novum. Neuartig war auch die Intention dieses Totengedenkens, indem die Opfer in ihren verschiedenen Gruppierungen von den höchsten Repräsentanten der Bundesrepublik gleichermaßen, differenziert bedacht wurden, um schließlich mit der unzweideutigen, bekenntnishaften Mahnung zu schließen: "Lassen Sie sich nicht hineintreiben in Feindschaft und Haß ... Lernen Sie, miteinander zu leben, nicht gegeneinander ... Ehren wir die Freiheit, arbeiten wir für den Frieden. Halten wir uns an das Recht ... schauen wir ..., so gut wir es können, der Wahrheit ins Auge!"[252]

Für das Totengedächtnis enthielt die Rede des Bundespräsidenten von Weizsäcker zweifellos neue Impulse und Maßstäbe. Seine Sichtweise und Bewertung der deutschen, nationalsozialistischen Vergangenheit war jedoch bei der Gestaltung neuer Denkmalsprojekte nur partiell konsensfähig. So scheiterte der Plan eines neuen nationalen, bundesdeutschen Mahnmals in Bonn zuletzt an der Weigerung, den Nekrolog aus der Rede des Bundespräsidenten als Vorbild zu übernehmen.[253] Wenig später folgte der sogenannte "Historikerstreit" um das vorherrschende Selbstverständnis in der Bundesrepublik. Von neuem wurde darum gestritten, ob die nationalsozialistischen Verbrechen nicht eine prinzipielle Unterscheidung von "Tätern" und "Opfern" verlangten. In dieser normativen Grundsatzfrage nach dem öffentlichen "Gedächtnis" erkannte Jürgen Habermas schließlich die zentrale "Kategorie historisch politischer, nationaler Identität".[254] Soweit der Holocaust dabei in Frage stand, bekannte der Bundespräsident sich in einer autoritativen Erklärung zur "Einzigartigkeit" der nationalsozialistischen Verbrechen.[254]

Umstritten blieb aber die Frage nach einem konsensfähigen Nekrolog aller Opfergruppen; denn auch nach der Vereinigung der deutschen Teilstaaten 1990 wurde die Diskussion fortgesetzt anläßlich der Pläne für ein Nationalmahnmal in Berlin für die Opfer(-gruppen) des Holocaust.[255] Darüber hinaus haben die wiedergewonnene deutsche "Einheit" wie auch der europäische Einigungsprozeß neue Rahmenbedingungen moderner Trauerarbeit geschaffen, die dem Gebot grenzüberschreitender Versöhnung zusätzliche Aktualität verliehen. Künftige Trauerarbeit wird auch die Opfer sowjetischer Besatzung und des DDR-Regimes einschließen.[256]

Dauernde Erhaltung der Gräber der Opfer von Krieg und Gewaltherrschaft - Bundesehrenmal in Bonn 1963/1965

In den jahrelangen Verhandlungen über das neue, sogenannte "Kriegsgräbergesetz" wurde der Volksbund Deutsche Kriegsgräberfürsorge von den Anfängen bis zur Verkündigung des Gesetzes am 27. Mai 1952 "dauernd herangezogen".[257] Es löste mit Inkrafttreten (rückwirkend zum 1. April 1951; § 1,7) das Reichsgesetz "über die Erhaltung der Kriegergräber ..." von 1922 ab, mit dem wesentliche Gemeinsamkeiten in der Garantie dauernden Ruherechts (§ 2) bzw. "Friedhofsruhe" (§ 2,6) oder der Kostenübernahme durch den Bund (Reich) bestanden. Wichtige Unterschiede betrafen die ausdrückliche Länderzuständigkeit für Gräberpflege, -erhaltung, -registrierung, evtl. Nachlaßverwaltung (§§ 2, 5, 12) sowie den Wechsel der Bezeichnungen: "Kriegergräber" aus dem Jahre 1922 zu "Kriegsgräber" 1952. Dieser Begriffswechsel entsprach dem erweiterten "denkmalswürdigen" Personenkreis, der sich angesichts der modernen "totalen" Kriegsführung nicht mehr auf "Krieger" oder das Militär schlechthin beschränken ließ, sondern auch andere Personengruppen einschloß, z.B. Zivilpersonen, die durch unmittelbare Kriegseinwirkung gestorben waren (§ 1). Der Schutz dieser Kriegsgräber war das zentrale Gesetzesanliegen, das ausdrücklich schon im ersten Paragraphen hervorgehoben wurde. Darüber hinaus konnte der gleiche Gräberschutz nach Ermessen der Länder auch auf andere Personengruppen angewandt werden. (§ 6): die Opfer des Nationalsozialismus, der (volks-) deutschen Umsiedlung und Vertreibung, der Zivilinternierung, Verschleppung oder bestimmte Ausländergruppen. Diese Kann-Bestimmung setzte sich bald schon als Regel durch, so daß in der neuen und endgültigen Gesetzesfassung vom 1. Juli 1965 die verschiedenen betroffenen Personengruppen insgesamt gleichwertig im ersten Paragraphen erwähnt werden.[257] Folglich mußte die Bezeichnung "Kriegsgräber" aufgegeben und ersetzt werden durch "Gräber der Opfer von Krieg und Gewaltherrschaft" (seit 1965).

Auszug aus dem "Gesetz über die Erhaltung der Gräber der Opfer von Krieg und Gewaltherrschaft (Gräbergesetz) vom 1. Juli 1965"

Der Bundestag hat mit Zustimmung des Bundesrates das folgende Gesetz beschlossen:

§ 1 Anwendungsbereich
(1) Gräber der Opfer von Krieg und Gewaltherrschaft sind im Geltungsbereich dieses Gesetzes liegende
1. Gräber von Personen nach § 5 des Gesetzes über die Erhaltung der Kriegergräber aus dem Weltkrieg vom 29. Dezember 1922 (Reichsgesetzblatt 1923 I S. 25).

2. Gräber von Personen, die in der Zeit vom 26. August 1939 bis 31. März 1952 während ihres militärischen oder militärähnlichen Dienstes gefallen oder tödlich verunglückt oder an den Folgen der in diesen Diensten erlittenen Gesundheitsschädigungen gestorben sind, ferner Gräber von Personen, die während der Kriegsgefangenschaft oder an deren Folgen bis 31. März 1952 oder innerhalb eines Jahres nach Beendigung der Kriegsgefangenschaft gestorben sind.

3. Gräber von Zivilpersonen, die in der Zeit vom 1. September 1939 bis 31. März 1952 durch unmittelbare Kriegseinwirkung zu Tode gekommen oder an den Folgen der durch unmittelbare Kriegseinwirkung erlittenen Gesundheitsschädigungen gestorben sind.

4. Gräber von Personen, die als Opfer nationalsozialistischer Gewaltmaßnahmen seit dem 30. Januar 1933 ums Leben gekommen sind oder an deren Folgen bis 31. März 1952 gestorben sind.

5. Gräber von Personen, die infolge von Maßnahmen zur Verhinderung ihrer Flucht aus der Sowjetischen Besatzungszone Deutschlands oder dem Sowjetsektor von Berlin zu Tode gekommen oder innerhalb eines Jahres an den Folgen der während dieser Flucht erlittenen Gesundheitsschädigungen gestorben sind.

6. Gräber von Vertriebenen nach §1 des Bundesvertriebenengesetzes, die in der Zeit seit 1. September 1939 während der Umsiedlung bis 8. Mai 1945 oder während der Vertreibung oder der Flucht bis 31. März 1952 gestorben sind.

7. Gräber von Deutschen, die in der Zeit seit 1. September 1939 verschleppt wurden und während der Verschleppung oder innerhalb eines Jahres nach ihrer Beendigung an den Folgen der dabei erlittenen Gesundheitsschädigungen gestorben sind.

8. Gräber von Personen, die in der Zeit vom 1. September 1939 bis 8. Mai 1945 in Internierungslagern unter deutscher Verwaltung gestorben sind.

9. Gräber von Personen, die in der Zeit vom 1. September 1939 bis 8. Mai 1945 zur Leistung von Arbeiten in das Gebiet des Deutschen Reichs verschleppt oder in diesem Gebiet gegen ihren Willen festgehalten worden waren und während dieser Zeit gestorben sind.

10. Gräber der von einer anerkannten internationalen Flüchtlingsorganisation in Sammellagern betreuten Ausländer, die dort oder nach ihrer Überführung in eine Krankenanstalt in der Zeit vom 9. Mai 1945 bis 30. Juni 1950 gestorben sind. Ist die Verwaltung des Sammellagers nach dem 1. Juli 1950 in die Zuständigkeit deutscher Stellen übergegangen, tritt der Tag vor der Übernahme in deutsche Verwaltung an Stelle des 30. Juni 1950.

§ 2 Ruherecht
(1) Gräber nach § 1 bleiben dauernd bestehen ...[257]

219

Die Gleichstellung der verschiedenen Personen-/Gräbergruppen in der regulären staatlichen Gräberpflege war die entscheidende gesetzliche Neuerung im Jahre 1965. Sie löste das frühere Kriegsgräbergesetz von 1952 ab. Das "Gräbergesetz" wurde künftig gleichermaßen auf zehn Personengruppen angewandt (§ 1):

1. Gefallene aus dem Ersten Weltkrieg
2. Personen, die in Ausübung oder an den Folgen ihres militärischen oder militärähnlichen Dienstes gestorben sind, einschließlich Kriegsgefangener - aus allen kriegsbeteiligten Staaten
3. Zivilpersonen, die den Tod aus un-/mittelbarer Kriegseinwirkung erlitten,
4. Opfer nationalsozialistischer Gewalt,
5. Fluchtopfer der Sowjetischen Besatzungszone und Ostberlins,
6. Opfer der Vertreibung,
7. Opfer der Verschleppung,
8. Internierungsopfer,
9. Opfer von Zwangsarbeit,
10. Opfer aus internationalen Flüchtlings-Sammellagern.

Den verschiedenen Totengruppen wurden zwar die traditionellen, denkmalsrelevanten Gestaltungsgrundsätze früherer "Kriegerfriedhöfe" zuerkannt. Andererseits waren sie in deutlich voneinander getrennten Friedhöfen bestattet, die eine partielle Erinnerung unter Ausgrenzung der anderen Totengruppen begünstigten. So provozierte das Nebeneinander der Gäberfelder immer wieder zu Fragen nach einer übergeordneten gemeinsamen und konsensfähigen Bewertung des Erinnerten und Bedachten. Dazu gab es schon im Vorfeld, der Novellierung der Gräbergesetze heftige Kontroversen, ob zum Beispiel der Soldatentod und der Tod in Konzentrationslagern eine gleichermaßen öffentliche Aufmerksamkeit verdienten.[258] Aufschlußreich für diese Auseinandersetzungen waren auch die Bemühungen um ein national-bundesdeutsches "Ehrenmal" in Bonn.

Anlaß war die alljährliche Kranzniederlegung des Bundespräsidenten am Volkstrauertag, für die keine geeignete Stätte zur Verfügung stand. Erste Vorschläge, die der Volksbund Deutsche Kriegsgräberfürsorge vortrug, bedachten ausschließlich Gefallenen-, Kriegstod und -leiden. Dies änderte sich, als Bundespräsident Heinrich Lübke 1960 intervenierte und schließlich 1962 ein "Ehrenmal" forderte, das dem Totengedächtnis bei Staatsempfängen dienen solle. Mit Vertretern des Bundesinnenministeriums und der Universität und Stadt Bonn beriet er das Vorhaben und nahm eine Ortsbesichtigung im Bonner Hofgarten vor. Dort wurden verschiedene Vorentwürfe einer Gedenktafel des Wuppertaler Architekten Schwippert u.a. mit der Inschrift: "Den Opfern der Kriege und der Gewaltherrschaft" besprochen. Die Federführung wurde dann der Universität übertragen, auf deren Boden die Tafel errichtet werden sollte, so daß der Volksbund oder die Soldatenverbände keinen Einfluß mehr ausüben konnten. Vergeblich versuchte zum Beispiel die Arbeitsgemeinschaft der Kriegsopfer und Kriegsteilnehmerverbände eine deutlichere Unterscheidung von "Gefallenen" und "Opfern", ferner eine Generalisierung "... aller Kriege ... aller Gewalt".[258] Der Volksbund erhob Vorbehalte gegen die Gleichsetzung, weil sie die Novelle der Gräbergesetze präjudiziere. Der Ring deutscher Soldaten verlangte sogar, die Opfer der Gewaltherrschaft überhaupt nicht zu erwähnen.[258] Trotz aller Bedenken setzte sich die Konzeption der Universität durch: eine 1,50 x 2 m große Stahltafel auf einfachem Ständer mit der Inschrift: "Den Opfern der Kriege und der Gewaltherrschaft". Die feierliche Einweihung fand am 16. Juni 1964 mit einer Kranzniederlegung von Bundespräsident Lübke statt. Die Presse betonte damals die Bedeutung der neuen Gedenktafel als "Bundesehrenmal" für Staatsempfänge.[258]

Indem das Denkmal alle Toten, Kriegs- und Gewaltopfer gleichermaßen, "ehrte", wurde die Grenze traditioneller "Ehre" (bisher ausschließlich für Gefallene) erweitert. In der Generalisierung der Toten als "Opfer", ungeachtet der Ursachen aus Krieg, NS-Terror, Vernichtung u.a., spiegelte sich die vorherrschende, offizielle Bewertung der Totengruppen, die wenig später im neuen Gräbergesetz bestätigt und bis zum Ende der sechziger Jahre auch in einigen religiösen Denkmälern aufgenommen wurde.

Mahnmal - Auferstandener Christus - in Erwitte 1967

Auf Initiative der Stadt wurde das Denkmal errichtet, nachdem zuvor ein Ausschuß in Beratungen mit dem Landesamt für Baupflege die Bildhauerin Hilde Schürk-Frisch für das Vorhaben gewonnen hatte.[259] Der Auftrag wurde bewußt einer Frau übergeben, weil ein hoher Anteil der (zivilen) Weltkriegsopfer auch Frauen und Kinder waren. Gemäß der landesbaurätlichen Empfehlung sollte der Künstlerin ein besonderer Freiraum für persönliche Ausdrucksmöglichkeiten zugesichert sein. Die zweiseitige Bronzeplastik wurde auf zwei Füßen aufgestellt, die in der Form Eiserner Kreuze gearbeitet waren. Ausschlaggebend war die Auferstehungshoffnung: Über Gräbern und Toten erhebt sich Christus, der Auferstandene, im kreuzförmigen Durchbruch. Auf der Rückseite erhebt sich ein Kriegstoter zum ewigen Leben. "Die bewegten hochweisenden Formen der gesprengten Bekrönung sind als 'Engel oder die Flügel der Engel gemeint, die uns zum ewigen Leben hinführen'!"[259] Die Auferstehungsbotschaft wurde in der Inschrift erklärt: "Lösen wirst du / Herr / das Kleid / meiner Trauer / und / mit Freude / wirst / du / mich gürten." (Psalm 30,12) Daneben nahm das Denkmal eine politische Position ein in zwei weiteren Inschriften: "Erschüttert / hast du das Land / es ist gespalten / heile Herr / seine Risse / denn siehe / es wankt." (Psalm 60,4) "Wenn / doch / auch / du / erkenn / test / in / diesen / deinen / Tagen / was / dem / Frieden / dient." (Lukas 19,42) Beide Texte folgten einer christlichen Grundhaltung. Indem die Klage über die deutsche Teilung an Gott gerichtet wurde, erschien sie zugleich dem menschlichen Zugriff ent-

84. Mahnmal in Erwitte 1967

zogen. Der zweite Text dagegen wandte sich an die Betrachter des Denkmals und forderte sie eindringlich zur Friedenserkenntnis auf. Diese Mahnung setzte sich fort in militärkritischen Elementen, zum Beispiel in der Degradierung des Eisernen Kreuzes zu Füßen des Denkmals - "... sonst unabdingbares Ehrvokabular".[259] - Auch andernorts wurde das Auferstehungsmotiv zum Kriegsgedenken verwandt zu religiösen Perspektiven der Hoffnung, des Trostes, aber auch zu Klage über bzw. gegen den Krieg - in der Häufigkeit vergleichbar mit dem Pieta-Motiv.

Mahnmal - Siegessäule mit umlaufendem Relief - Auferstandener Christus - in Rheda-Wiedenbrück 1967

Eine neue Variante des Denkmalstyps "Siegessäule" wurde in Rheda-Wiedenbrück von dem ortsansässigen Bildhauer Hubert Hartmann geschaffen. Mit Unterstützung der katholischen Pfarrei St. Clemens und der Stadt wurde der neue "Mahn- und Gedenkstein" am Volkstrauertag, dem 19. November 1967 auf dem Kirchplatz enthüllt[260], ein Bronze-Pfeiler mit umlaufendem Bronzerelief und einer Bildfolge mit einer Gesamthöhe von 4,25 Metern. Unter den Bildszenen fällt die beherrschende und überlebensgroße Gestalt des thronenden Christus auf. Dieser Szene ist unzweifelhaft das biblische Motiv des "Jüngsten Gerichts" zu Grunde gelegt, auf das der thronende Christus, die Posaunenengel (vgl. Offenbarung 7,9 - 9,21) und der Gerichtsengel (vgl. Offenbarung 14,6 ff.) in der oberen Säulenebene hinweisen. Darunter folgen weitere Bildszenen: 1. eine Personengruppe (Kriegsüberlebende) mit erhobenem Kopf, abwehrender Armhaltung - den Blick auf Christus gerichtet; 2. Gräberfelder; 3. eine Personengruppe hinter Stacheldraht, nackt, mit von Leid gebeugtem Kopf und gezeichneten Gesichtszügen (KZ-

85./1 Mahnmal in Rheda-Wiedenbrück 1967

223

85./2-5 Mahnmal in Rheda-Wiedenbrück (Ausschnitte)

Opfer/Kriegsgefangene); 4. eine männliche Gestalt, mit einem Schlagstock in der Rechten, weit ausholend, die Linke auf eine Frau drückend, die gebückt-schützend ein Kind in den Armen hält (Vertriebene); - auf der unteren Säulenebene: 5. ein Soldat mit starrem Blick, mit einem Bajonett auf eine kniende Gestalt (mit betenden oder flehenden Händen) einstechend (Zivilopfer); 6. eine Frau in verzweifelter Körperhaltung und Gestik vor ihrem toten Kind (Kriegsopfer) und 7. der Krieg als Tod und Schlange am Boden (vgl. Offenbarung 17). Über den Bildszenen ist die Verheißung zu lesen: "Über allem Tod steht das größere Leben."

Das Denkmal von Rheda-Wiedenbrück kann als Ausdruck einer (religiösen) Siegesgewißheit gelten. In diesem Sinn sind die Inschrift, die Bildauswahl zu verstehen. Die Intention wird besonders deutlich in der Personengruppe unterhalb des thronenden Christus: die ambivalente Haltung schuldbewußter, selbstkritischer Abwehr einerseits und hoffnungsvollen Blicks auf Christus. Dies knüpft an die Verheißung des Johannes-Evangeliums an: Wer zum "Menschensohn" aufschaut, der wird gerettet (Johannes 3,14-15). Auf die traditionelle (quasi)religiöse Verherrlichung des Militärs wurde verzichtet. Vielmehr erscheinen Soldaten in wenig vorteilhaftem, anklagendem Licht (Bild 4). Ungewöhnlich ist die Denkmalskonzeption "Über allem Tod" (Inschrift), d.h. für alle verschiedenartigen Totenopfer. Dies wird eindringlich durch eine unmißverständliche Bildersprache an exponiertem öffentlichem Platze jedermann vor Augen geführt und verleiht dem Ganzen zugleich einen bekenntnishaften Charakter.

Der "Mahner" von Ahaus 1967
"Das furchtbare Gesicht des Krieges"

Beinahe zehn Jahre dauerte es, bis der Ratsbeschluß der Stadt Ahaus vom 18. November 1958, die materiellen Voraussetzungen für ein "würdiges Gedenkzeichen" zu schaffen, auch zu einem Ziel führte.[261] In den Beratungen setzte sich allmählich "... die Meinung durch, daß es sich hierbei nicht mehr um ein Kriegerdenkmal im herkömmlichen Sinne handeln könne. Man glaubte, es müsse mehr sein: ein Zeichen, das, an das Opfer der Toten gemahnend, das furchtbare Gesicht des Krieges, Sinnlosigkeit, immer wieder in die Erinnerung zu rufen geeignet sei ..." Diese Absicht wurde anläßlich der Enthüllungsfeier am Volkstrauertag, dem 19. November 1967, in Ansprachen des Bürgermeisters, des Gymnasialleiters, der katholischen und evangelischen Geistlichkeit, ebenso in der zeitgenössischen lokalen und überregionalen Presse ausdrücklich hervorgehoben. Das Mahnmal, eine überlebensgroße Bronzefigur, war der "Erhaltung des Friedens" als der "höchsten Erfüllung des Lebens" verpflichtet.[261] Der religiöse Charakter kam in der Wahl des Aufstellungsortes zum Ausdruck: auf dem Kirchplatz. Ihre schöpferischen Anregungen entnahm die Bildhauerin Hilde Schürk-Frisch der biblischen Überlieferung, dem Klageruf Jesu über Jerusalem:

86. Mahnmal in
Ahaus 1967

"Möchtest du es doch erkennen an diesem, deinem Tag, was dir zum Heil dient." (Lukas 19,42) "Aus dem biblischen Ereignis, von dem sie ausging, wählte sie mit sicherem Blick den furchtbaren Moment, den Augenblick, da der Mahnruf ... an Jerusalem einsetzt. Sie faßte die Situation im Sinnbild des Mahners zusammen. Bewegt vom apokalyptischen Geist schreitet er auf uns zu. Der Körper reckt sich in der beschwörenden Mahnung, der Kopf schnellt vor im visionären Anruf; der linke Arm weist zurück, da wir die Heimsuchung nicht erkannten."[261]

Das Ahauser Mahnmal war erklärtermaßen kein "herkömmliches Kriegerdenkmal". So wurde auf jede Militärverherrlichung oder gar auf eine Beschränkung der Widmung (nur auf Kriegstote) verzichtet. Es galt allen Toten: "Gefallene der Schlachtfelder, in Lazaretten und Gefangenschaft Verstorbene, die Toten der Bombennächte und der Flüchtlingstrecks, alle die Ungenannten, die wegen ihrer rassischen Zugehörigkeit, um ihrer politischen oder religiösen Überzeugung willen als Opfer abgründiger Bosheit in Konzentrations- und Vernichtungslagern zu Tode gequält wurden".[261] Auch der im traditionellen Denkmalswesen unreflektierten militärischen Sinngebung des gewaltmäßigen Todes wurde in Ahaus bewußt widersprochen: "Wie sie auch geartet waren, welchen Geschlechts, welchen Alters und welcher Volkszugehörigkeit - sie hofften und wünschten nichts sehnlicher, als den Krieg zu überleben ... Doch glaube ich, wir lassen ihnen nur Gerechtigkeit widerfahren, wenn wir es aussprechen, daß sicher nicht viele unter ihnen waren, die den Heldentod für Kaiser und Reich, für Führer und Großdeutschland gesucht haben, daß sie vielmehr in ihrer übergroßen Zahl geopfert wurden."[261] Das Denkmal erhielt keine Namenstafeln der Toten aus der Gemeinde, auch keine sonstige Inschrift. Für die zeitgenössische Rezeption war aber der "erklärende" Titel: "Der Mahner" wichtig.[261] Er sollte das Leiden der Vergangenheit in Erinnerung rufen und zur Besinnung auf das Friedensgebot ermahnen.

Mahnmal - Kreuzförmige Inschrift-Steinblöcke - in Meiste 1970
"... leben und sonst nichts"

Auf einem Rasenplatz am Ortsausgang errichtete der Bildhauer Edmund Brockmann 1970 ein Mahnmal aus kreuzförmigen Steinblöcken mit den Inschriften: "1914 - 1918 / 1939 - 1945 / des Übermutes Laut noch auf der Zunge / da lagen wir gemarterten Gesichts / und wollten leben / leben und sonst nichts" - "Kummer - Raub - Jammer - Elend - Grausamkeit", d. h. Worte, deren Anfangsbuchstaben das Wort "Krieg" ergeben.[262] Die Inschriften

87. Mahnmal in Meiste 1970

erhielten die vielleicht schärfste Distanz gegenüber militärkonformen Normen - in eindringlicher, unmißverständlicher Sprache, unter Verzicht auf
jegliche erläuternde militärische oder kirchlich-religiöse Symbolik. Wer
wollte, konnte in den kreuzförmig angeordneten Steinblöcken eine mittelba-
re Anlehnung an das Christentum erkennen. Doch gab die Inschrift dazu keine Anhaltspunkte. Vielmehr stellte Brockmann ausschließlich menschliche
Aspekte in den Vordergrund, die dem Ganzen eine besondere Wucht verliehen. Im Vergleich zu anderen militärkritischen Objekten zeichnete es sich
vor allem durch seine Unmittelbarkeit aus: "... leben und sonst nichts".
In Anlehnung an das Bonner Ehrenmal hatte Brockmann 1963 bereits ein
christlich orientiertes, militärkritisches Mahnmal für die Esbecker Kirche
(bei Lippstadt) entworfen, einen reliefierten Pfeiler bei der Kirche.[262] Er
zeigte verschiedene Bildszenen: der Auferstandene, weibliche Trauerfigu-
ren, ein Gefangener (wie ein "Schmerzensmann") hinter Stacheldraht, ein
trauernder Soldat am Kameradengrab, ein Mensch im Bunker unter flam-
menden Dächern und eine madonnenähnliche Frau mit Kind auf der Flucht
aus brennender Umgebung.

Ehrenmal der Bundeswehr - Aufgebahrter Leichnam - in Koblenz 1972

1969 gründete der Ring deutscher Soldatenverbände ein "Kuratorium Ehrenmal des deutschen Heeres" und wandte sich in Spendenaufrufen an Kriegsteilnehmer und Bundeswehrangehörige mit "großem Erfolg".[263] Am 29. Oktober 1972 wurde das Denkmal nach Entwürfen von Hans Wimmer in Koblenz auf der Festung Ehrenbreitstein enthüllt: die Liegefigur eines Gefallenen in einer großen Nische mit einem Inschriftstein. Die Inschrift - mit dem
Eisernen Kreuz - widmete das Denkmal den Gefallenen beider Weltkriege:
"Den Toten des Deutschen Heeres / 1914 / 1918 / 1939 / 1945 / Ihr Vermächtnis: Frieden". Kuratoriumspräsident General a.D. Westphal erklärte
dazu: "Wir gedenken aller, gleichgültig, ob sie auf dem Schlachtfeld fielen,
ihren Verwundungen erlagen, in der Gefangenschaft starben oder von Hitlers
Tribunalen zum Tode verurteilt wurden, weil sie den Mut hatten, sich gegen
den Diktator aufzulehnen." Diese Auffassung stimme, so meinte er, mit dem
Gräbergesetz von 1965 überein. Das "schlichte Ehrenmal" sollte "dem Umstand Rechnung tragen, daß wir zwei große Kriege verloren haben und daß
wir in einem geteilten Land leben. Vor allem aber sollte es dazu beitragen,
die Erkenntnis wachzuhalten, daß die Opfer der fast sechs Millionen Toten
des deutschen Heeres Mahnung und Verpflichtung für uns sind, den Frieden
zu erhalten."[263]
Abgesehen von der "Toten"-Bezeichnung, hielt die Denkmalskonzeption an
traditionell "schlichter" "Kriegerehrung" fest, indem sie den Horizont des
Totengedenkens ausschließlich auf Militärpersonen bzw. Kriegstote beschränkte und die scheinbar unproblematische Vergleichbarkeit deutscher

86. Ehrenmal des Heeres in Koblenz 1972

Kriegsführung im Ersten und Zweiten Weltkrieg suggerierte. Das Denkmal entbehrte eines deutlichen Hinweises auf die Kriegsverbrechen, in die deutsche Soldaten unter dem NS-Regime verstrickt oder zu denen sie indirekt mißbraucht worden waren. So gesehen diente die behauptete Vergleichbarkeit einer Glorifizierung der Wehrmacht des Zweiten Weltkrieges. Angesichts der Berufung auf das Gräbergesetz erstaunt das Verschweigen der (zivilen) Opfer des Nationalsozialismus, die im Gräbergesetz ausdrücklich den Gefallenen gleichgestellt wurden.

Ehrenmal - Marschierende Soldaten und Gegendenkmal "Feuersturm" - in Hamburg 1936/1985

Für die Gefallenen des 2. Hanseatischen Infanterie-Regiments Nr. 76 und des Reserve-Infanterie-Regiments Nr. 76 entwarf Richard Kuöhl 1935/36 ein Denkmal, das später - nach dem Zweiten Weltkrieg - überregionale Diskussionen auslösen sollte. Es handelte sich um einen Block aus Muschelkalk - ca. 8,9 m lang, 4,3 m breit und 7 m hoch. Auf drei Seiten erhielt der Block ein ca. 2,3 m hohes Reliefband: überlebensgroße marschierende Soldaten in 22 Vierergruppen auf einem vorgelegten, von Balkenköpfen getragenen Steg um den Block herum. Über der Reliefzone folgten zwei Widmungsinschriften: "Deutschland muß leben und wenn wir sterben müssen" (zum Botanischen Garten hin) und (zum Dammtorbahnhof hin) für die beiden erwähnten

229

Regimenter.[263] In der nördlichen Begrenzungsmauer wurden Schrifttafeln eingelassen mit den Schlachtorten des Deutsch-Französischen Krieges und der Inschrift "Großtaten der Vergangenheit sind Brückenpfeiler der Zukunft". Zwei weitere Tafeln kamen später hinzu - für die Gefallenen und Vermißten des Regiments aus dem Zweiten Weltkrieg.

Das Projekt war vorzüglich von den Traditionsverbänden vertreten worden, scheiterte aber lange Zeit am Widerstand des Hamburger Senats, der in seiner Mehrheit ein anderes Denkmal für die Gefallenen der Stadt favorisiert hatte: zum Beispiel eine trauernde Mutter mit Kind - mit der Inschrift "Vierzigtausend Söhne der Stadt ließen ihr Leben für Euch". Erst nach der nationalsozialistischen "Machtergreifung" im Senat konnte das Vorhaben verwirklicht werden - nach einer Reihe von Maßnahmen, die den Entwurfswettbewerb den nationalsozialistischen Interessen anpaßte.

Nach dem Zusammenbruch der Hitler-Diktatur blieb das Denkmal vom alliierten Denkmalssturz verschont. Seither entzündeten sich aber ständig heftige Auseinandersetzungen um die Beseitigung, Erhaltung oder Neugestaltung des Objekts. Es diente Bundeswehreinheiten und verschiedenen Traditionsverbänden zum Kriegsgedenken. Extremistische Kundgebungen, zum Beispiel die "Aktionsfront Nationaler Sozialisten", lösten wiederholte Auseinandersetzungen aus: Senatsdebatten, Sprengstoffanschläge, politisch motivierte Bemalungsaktionen, Demonstrationen, Fernseh- und Radiosendungen (bundesweit). Daraufhin wurde 1982 ein Wettbewerb für die Neugestaltung der Anlage ausgeschrieben unter folgender Voraussetzung, die die vorangegangenen Beratungen resümierte: "Für viele Hamburger Bürger ist das

89. Ehrenmal und Gegendenkmal in Hamburg 1936/1985

Dammtor-Denkmal ein Kriegerdenkmal: eine Gedenkstätte für Angehörige, die im Krieg ihr Leben lassen mußten. Diese Auffassung verdient Respekt und Beachtung. Wahr ist aber auch, daß das Denkmal gleichermaßen von vielen Bürgern und Gästen unserer Stadt als Provokation empfunden wird ... Wer Krieg und Völkermord erlebt hat, muß in dem Denkmal eine Verhöhnung und Beleidigung der Opfer von Krieg und Faschismus sehen. Aussage und Entstehungsgeschichte des Denkmals widerlegt mit aller Deutlichkeit, daß das Dammtor-Denkmal ausschließlich ein Ehrenmal für die Gefallenen des Krieges ist. Wer davon ausgeht, verdrängt die Geschichte und zeigt sich unempfindlich für die demonstrative Geste der Anlage und die entlarvenden Inschriften. Dennoch kommt ein Abriß des Denkmals nicht in Betracht. Dies wäre geschichtsfeindlicher Rigorismus, der Probleme nicht löst, sondern verschleiert. Historisches Bewußtsein ist notwendig, um die Demokratie zu verteidigen; dazu trägt die Beseitigung nicht bei. Notwendig ist jedoch die Aufklärung über den Mißbrauch der Gefallenenverehrung".[264]
Die Entscheidung fiel schließlich zu Gunsten der Vorschläge des österreichischen Bildhauers und Zeichners Alfred Hrdlicka, der den Auftrag zu ergänzenden Objekten erhielt. Er bekannte sich zu einem politisch reflektierten, wörtlichen Begriffsverständnis: "Denk mal!" und thematisierte Kriegsleid und -tod kontrastierend zu dem kriegsverherrlichenden, -verdrängenden alten Bauwerk. Dazu erklärte er:
"Als ich dieses Denkmal sah, war für mich sofort klar, daß seine Zerstörung eine sinnlose Tat wäre. Man hat sich ja auch immer gegen Bücherverbrennung gestellt, und Denkmalstürmer und Bücherverbrenner sind nicht so weit voneinander entfernt, obwohl bei Büchern immer irgendein Exemplar in irgendeiner Schublade überleben wird. Von den paar Millionen Hitlerköpfen hätte man ruhig alle wegwerfen können, das waren Massenprodukte. Aber dieses Denkmal ist schon ein passender Ausdruck für den Geist seiner Zeit. Es ist die Verherrlichung des Krieges. Und es gibt die Chance, etwas dagenzusetzen. Bevor ich ein Buch verbrenne, schreib ich doch lieber ein Gegenbuch. Ich habe es auch als falsch empfunden, daß man dieses Denkmal verzieren, verhohnepipeln wollte. Sich über den Klotz lustig zu machen, hilft ja auch nicht. Lächerlichkeit tötet nicht, sie macht eher unsterblich. Nein, die Sache ist, was sie ist, und da stellt man was dagegen. Es wäre doch schön, an allen Stellen, an denen der Geist des Faschismus wirklich signifikant ist, etwas entgegenzusetzen.
Vom faschistischen Standpunkt her gesehen, ist das Hamburger Kriegerdenkmal in seiner vervielfältigenden Art ja ganz richtig gemacht, da rennen Soldaten um den Block - eine einzige Person, tausendmal oder sechsundsiebzigmal gestanzt. Es verkörpert das Technologische, auf das die Nazis immer gepocht haben ...
Ich will dagegen den Schrecken der Person darstellen, das, was die Leute wirklich erfahren haben. Man geht in Reih und Glied in den Krieg, kommt aber unter Umständen ohne Gliedmaßen zurück. Insofern ist das Hamburger Denkmal ja ein makaberer Witz: ein Kriegerdenkmal ohne Tote.

Ich will also diesem herrlichen Massenerlebnis die persönliche Betroffenheit entgegensetzen, das, was wirklich geschehen ist. Es geht ja nicht gegen irgendeinen Krieg. Es handelt sich um einen ganz bestimmten, und es geht darum, was dieser Krieg mit sich brachte ...
Meine künstlerische Überlegung dabei war: Ich brauche einen architektonischen Kern. Ich kann ja meine Figuren nicht so durch den Park spazieren lassen, gerade, weil ich sie nicht auf einen Sockel stelle. Sie sollen einem begegnen, im Weg stehen, eingäng sein - gerade, weil die Soldaten auf dem anderen Denkmal so umgängig sind -, ein Forum bilden, auf dem die Leute zu ihrer Geschichte geführt werden.
Das erste Stück, das wahrscheinlich größte, wird der sogenannte 'Hamburger Feuersturm' sein.
Der zweite Komplex wird das Frauenbild des Faschismus zeigen - das ist schon deshalb nötig, weil auf dem anderen Denkmal nur Männer dargestellt sind. Krieg ist nicht nur Männersache, auch wenn der Heldentod angeblich nur den Männern vorbehalten ist ...
Der dritte Denkmalskomplex, der auch später aufgestellt werden soll, wird eine Erinnerung an Hinrichtungen, Terror und KZs sein ...!"[264]

Zentrale Gedenkstätte der Bundesrepublik Deutschland - Umgestaltung der Neuen Wache in Berlin 1993

Seit den sechziger Jahren wurde die Neuerrichtung einer zentralen Gedenkstätte der Bundesrepublik Deutschland in Bonn diskutiert, um an die Opfer von Krieg und Gewaltherrschaft zu erinnern. Nach der Vereinigung der deutschen Teilstaaten und der Entscheidung für Berlin als neuer Bundeshauptstadt mußten diese Pläne neu überdacht werden. Der Bundespräsident, die Bundesregierung, der Senat von Berlin, Abgeordnete des Deutschen Bundestages wie des Berliner Abgeordnetenhauses und andere Repräsentanten der Öffentlichkeit stimmten darin überein, die Neue Wache von Karl Friedrich Schinkel "Unter den Linden" in Berlin zur neuen Zentralen Gedenkstätte zu bestimmen. In der Weimarer Republik war sie bereits seit 1931 zur Gedenkstätte für die Gefallenen des Ersten Weltkrieges verwandt und nach dem Zweiten Weltkrieg zum Mahnmal der DDR für die "Opfer des Faschismus und Militarismus" umgestaltet worden - seit 1969 mit Symbolgräbern eines Widerstandskämpfers und eines unbekannten Soldaten.[265] Am 27. Januar 1993 beschloß die Bundesregierung, die Neue Wache künftig den "Opfern von Krieg und Gewaltherrschaft" zu widmen, dabei das Äußere des Gebäudes unverändert zu belassen und den Innenraum neu zu konzipieren: "Hierfür soll der Innenraum gemäß der Gestaltungsidee von Heinrich Tessenow ... erneuert bzw. wiederhergestellt werden. Die in den Boden eingelassenen Urnen zum Gedenken an die Opfer von Krieg und Gewaltherrschaft bleiben an ihrem Ort.

Statt des ursprünglichen sarkophagähnlichen Monoliths mit silbernem Eichenkranz wird die Skulptur "Mutter mit totem Sohn ..." von Käthe Kollwitz aufgestellt.[266] Der Eichenkranz wurde verworfen; denn er treffe "... als klassisches Symbol eines Heldendenkmals und der Ehrung nicht mehr das Empfinden von Schmerz und Trauer als Ausgangspunkt für Nachdenklichkeit, mit dem heute in Deutschland an die Opfer von Krieg und Gewaltherrschaft gedacht werden muß".[266] Diese regierungsoffizielle Erklärung bekannte ausdrücklich eine Distanz gegenüber herkömmlicher "Ehrung" und unreflektiertem "Heldentum". Die Realisierung wurde dem Bundesministerium des Innern übertragen unter Beratung des Deutschen Historischen Museums in Berlin.

Die Neukonzeption der Neuen Wache als Zentraler Gedenkstätte knüpft so einerseits an die nationale Symboltradition des Gebäudes an, bedeutet andererseits in der Skulptur von Käthe Kollwitz auch "eine Abkehr von überlieferten Symbolen der Heldenverehrung. Frauen und Mütter sind die Trauernden und Leidtragenden, die bei der Gestaltung traditioneller Gedenkstätten bis heute vernachlässigt wurden. Nicht nur aufgrund der hohen künstlerischen Qualität, sondern auch als Zeitzeugin sowie als persönlich Betroffene verleiht Käthe Kollwitz ihrem Werk ein hohes Maß an Authentizität."[267]

90. Pieta von Käthe Kollwitz

Mit einer Denkmalsidee für Gefallene hatte sie sich seit 1914 über viele Jahre befaßt und dabei allmählich ihre Einstellung zum Krieg von Grund auf verändert: Unabweislich wurde für sie "... trotz aller Treue zum Idealismus ihres toten Sohnes - die Erkenntnis der Sinnlosigkeit dieses Massensterbens ... Es war kein Zufall, daß von der ursprünglichen Anlage des Gefallenendenkmals ... nur noch die trauernden Eltern übriggeblieben waren ..."[267] Anstatt im Berliner Grunewald wurde ihr Werk 1932 auf dem Soldatenfriedhof bei Dixmuiden (Belgien) aufgestellt. 1937/8 entwarf sie die Mutter mit totem Sohn: "Die rundplastische Pieta ... ist kein Monument, vielmehr ... im wörtlichen und besten Sinne ein Denk-Mal ..."[267] Dazu schrieb die Künstlerin, es sei "so etwas wie eine Pieta ... nicht religiös ... nicht mehr Schmerz, sondern Nachsinnen".[268] Anscheinend war sie weniger auf den religiösen Gehalt des Themas bedacht als auf eine allgemeine menschliche Aussage: "Bei ihr ist der tote Sohn Ausdruck für die Fülle der schmerzhaften Erfahrungen des Verlustes und der Trauer über die Schuld, die wir als Menschheit, verkörpert in der Mutter, als Erinnerung in uns bewahren."[269] Schmerz und Nachsinnen über Krieg und Gewalt schlechthin?

Die Pieta stellt zweifellos das Ergebnis jahrelangen Ringens um ein angemessenes Totengedächtnis dar. Darüber hinaus empfiehlt sich das Werk durch die Integrität der Künstlerin, ihr Ansehen im In- und Ausland, in der früheren DDR wie in Westdeutschland. Mit Rücksicht auf die Größenverhältnisse des Innenraums der Neuen Wache ist aber eine vergrößerte Ausformung des originalen Entwurfs (im Format: 38 x 28,5 x 39 cm) vonnöten, die der Bildhauer Harald Haacke, ein Kenner des Kollwitzschen Werkes, in der Berliner Bildgießerei in Bronze schaffen soll. Dies geschieht im Einverständnis der Erbengemeinschaft Käthe Kollwitz. Andererseits meldete sich auch Kritik zu Wort teils mit alternativen Entwürfen, teils mit grundsätzlichen Bedenken.[270] So meinte Reinhart Koselleck: "Weder als Realaussage noch als symbolische Darstellung ist die Pieta der Kollwitz geeignet, um an das alle Generationen und alle Geschlechter und alle Völker erfassende Massensterben und eben auch das Massenmorden zu erinnern, für das wir Deutsche einzustehen haben ... Aussagen der Pieta der Kollwitz reichen nicht aus, um jene Gedenkstätte zu errichten, die den Ereigniskatarakten seit 1914, besonders seit 1933, angemessen ist ... Die geplante Gedenkstätte steht ... vor der Aufgabe, das Unvorstellbare zu visualisieren und das Unaussprechbare in Worte zu gießen. Eine sprachliche Umschreibung läßt sich - vielleicht - auf der kahlen Rückwand der Gedenkhalle eintragen. Besser wäre eine Plastik, die alle Zahlen und Wörter erübrigt.[271]

11. Zusammenfassung: Von der Helden- und Kriegs-verherrlichung zur Reflexion moderner Trauerarbeit

Zusammenfassend lassen sich Kriegerdenkmäler und Mahnmäler als ein Phänomen umschreiben, das sich durch einen außergewöhnlichen Symbolcharakter auszeichnet - im Grenzbereich historisch-politischer, sozial-, kunst- und kulturgeschichtlicher Aspekte. In der verschiedenartigen und verwirrenden Vielfalt der Objekte fielen militärkonforme Gestaltungselemente auf, allen voran das Eiserne Kreuz. In der Geschichte preußisch-deutscher Kriegerdenkmäler, die in Kirchen und Militär aus den verschiedenen Entwicklungsphasen erhalten sind, war das Eiserne Kreuz ein ständiger und wichtiger Begleiter - ungeachtet der wechselnden künstlerischen und architektonischen Formen, des sakralen oder profanen Aufstellungsortes. Kein anderes deutsches Ordenszeichen erlangte eine annähernd ähnliche fundamentale Denkmalsrelevanz. Es demonstriert eine Kontinuität einschlägiger Traditionen als Symbol vaterländischer, deutscher Identität und Verpflichtung. Es belegt zugleich den Einfluß christlich-religiöser Bedeutungsinhalte für die ideologische Legitimation der preußisch-deutschen Militärpolitik, deren (Selbst-)Darstellung in Kriegerdenkmälern. Dieses Verständnis wurde von den Kirchen der christlichen Konfessionen bis zur Gegenwart bestätigt (vgl. Anwendung des Eisernen Kreuzes auf kirchlichen Kriegergedenktafeln, -denkmälern, in Garnisonkirchen, zivilen Kriegergedenkkapellen etc.). Abgesehen von seinen äußeren Varianten (Namenszeichen-Buchstaben, Jahreszahlen oder Hakenkreuz u.ä.), sind das Eiserne Kreuz und das Kriegerdenkmalswesen als untrennbare Sinneinheit zu begreifen, in der die kollektiven normativen Grundlagen von Staat und Gesellschaft, von Kirchen und Militär deutlich sichtbar wurden.

Kriegerdenkmäler bekräftigten grundsätzlich eine ausschließlich positive Grundhaltung und Anerkennung des Militärs, seiner vergangenen (Bürger-) Kriegseinsätze sowie der vom Militär erkämpften national- und machtpolitischen Ordnung. So thematisierten Kriegerdenkmäler ausschließlich militärische Pflichten und Tugenden anstatt politischer (demokratischer) Rechte. Mit dieser Tendenz korrespondierten die durchweg "uniformen" Ausdrucksmittel bzw. das Gleichheitsprinzip der Krieger(grab)denkmäler besonders auf (auch zivilen) Kriegerfriedhöfen. Dies war freilich keineswegs eine speziell "deutsche" Erscheinung (vgl. u.a. Kriegerdenkmäler und -friedhöfe zum Amerikanischen Bürgerkrieg 1861 - 65, entsprechende spätere internationale Anlagen insbesondere zum Ersten und Zweiten Weltkrieg). Eine gewisse Gleichförmigkeit war militärischen Einrichtungen (Friedhöfen) generell, unabhängig von ihrer jeweiligen staatspolitischen Zugehörigkeit, zu eigen - auf Grund ihrer Wesensstruktur, dem Befehl-Gehorsam-Prinzip. Es erlaubte in der Selbstdarstellung durch Kriegerdenkmäler nur die Betonung kollektiver, d.h. an jedermann gleich zu richtender Forderungen. Denen gegenüber wurden Abweichungen regionaler, konfessioneller, individueller

Art oder Minderheitenbelange prinzipiell zurückgestellt. Amtliche, öffentliche Anerkennung oder Zustimmung erlangten sie für eigenständige Ausdrucksformen nur unter dem Gesichtspunkt außergewöhnlicher, musterhafter Pflichterfüllung. Andernfalls war nur eine gewisse Zurückhaltung möglich wie zum Beispiel in den westfälischen katholischen Gemeinden in der Kulturkampf- oder Wilhelminischen Zeit.

Das Übergewicht kollektiv-militärischer Intentionen kam vielleicht in preußisch-deutschen Kriegerdenkmälern stärker als anderswo zum Ausdruck - in dem Maße, in dem die vom Militär beanspruchten und demonstrierten gesellschaftlich- und nationalpolitischen Ziele bedroht schienen gegenüber (vermeintlichen) innen- wie außenpolitischen Gegnern. Dies gilt insbesondere für die westfälisch-lippische Region auf Grund ihrer Bevölkerungsdichte mit dem engen Nebeneinander konfessioneller Unterschiede, von industriellen Ballungszentren und ländlich strukturierten Gebieten. Unter diesen Bedingungen eskalierten ideologische Spannungen (vgl. u.a. Reformbemühungen Bodelschwinghs, Mindener Eklat 1904) und verstärkten im Zuge des militärisch-zivilen Gegensatzes auch den dominierenden Einfluß des Militärs (vgl. die schrittweise Übernahme militärischer Wert- und Ehrvorstellungen in bürgerlich-zivilen und kirchlichen Gemeinde-, Vereinsdenkmälern - mit dem Anspruch absoluter, zeitloser oder quasireligiöser Geltung). Diese Entwicklung erreicht in der Weimarer Zeit einen Höhepunkt und konnte schließlich beinahe problemlos zur kriegsvorbereitenden, nationalsozialistischen Propaganda mißbraucht werden - freilich unter Ausschluß ideologiefremder, konkurrierender, vor allem jüdischer oder sogenannter "entarteter" Denkmäler.

Im Verlauf der kriegerischen Entwicklungsprozesse eskalierten das massenhafte Elend und der Tod sprunghaft, so daß Kriegstote oder Opfer politischer Gewalt bald aus jeder Gemeinde bekannt waren, wo kurze Zeit später auch ein neues Denkmal errichtet wurde. Mancherorts erhielten ältere Denkmäler, etwa zum Ersten Weltkrieg, durch Inschriftergänzungen oder -zusätze, eine Erweiterung ihrer Widmung auf neue Kriegsereignisse oder Gewalthandlungen, so daß der Eindruck scheinbarer Kontinuität entstand, teils sogar beabsichtigt war. In diesem Sinn konnte anderswo das zufällige Nebeneinander oder das inhaltsreich geplante Ensemble mehrerer Denkmälern zu verschiedenen Anlässen aufgefaßt werden. Solange Kriege ununterbrochen "siegreich" geführt wurden, die innen- und gesellschaftlich-politische Entwicklung ohne tiefgreifende "revolutionäre" Brüche verlief, erfuhr die offizielle, traditionelle Denkmalspropaganda mit ihren tendenziös-harmonisierenden Vorstellungen scheinbar nahtloser Kontinuität und heroisierender Erfolgsgewißheit keinen wirkungsvollen Widerspruch. Dies änderte sich allmählich im Zuge des militärischen und politischen Versagens infolge des Ersten Weltkrieges, so daß erstmals auch Ansätze einer pazifistischen, künstlerischen Reaktion oder Antikriegspropaganda öffentliche Aufmerksamkeit erreichten (vgl. Kriegspostkarten, Opferdenkmäler).

Eine unübersehbare Zäsur erfolgte in der Denkmalsentwicklung und -gestaltung durch den Nationalsozialismus und seine katastrophalen Folgen: totale, lückenlose Indienstnahme herkömmlicher und neuer Denkmalsanlagen, Zerstörung oder Verbot ideologiefremder, jüdischer, teils auch christlich-kirchlicher Objekte und die Erweiterung des denkmalswürdigen Personenkreises im Zuge der modernen totalen Kriegsführung (einschließlich der Zivilbevölkerung). Nach dem militärischen und politischen Zusammenbruch des "Dritten Reiches", den internationalen Anklagen nationalsozialistischer Verbrechen, dem alliierten Verbot nationalsozialistischer und sogenannter militärischer Denkmäler schienen traditionelle Gestaltungsformen des deutschen Kriegerdenkmals diskreditiert und deren Erneuerung zeitweilig unmöglich. In der Folge entstand ein neuer Denkmalstyp: das "Mahnmal", bei dem auf eine (auffällige und ungebrochene) Kriegerverherrlichung verzichtet wurde. Ohnehin waren nicht nur deutsche Soldaten, sondern auch alliierte Gefallene, Opfer nationalsozialistischen Terrors, verstorbene, ermordete Zwangsarbeiter oder Flüchtlinge in getrennten Gedenk- oder Friedhofsanlagen bedacht worden.

Die verschiedenen neuen Objekte unterlagen keiner einheitlichen Konzeption - weder im politisch-ideologischen, religiös-konfessionellen, noch im künstlerischen Sinne. Die Denkmäler wurden voneinander isoliert errichtet und bewertet, zumal ein übergeordneter konsensfähiger Sinnbezug außer Sicht war. Waren frühere Stiftungen auf deutschem Boden noch einer vorherrschenden Staats- und Denkmalspropaganda, insbesondere einer gewissen positiven, nationalkollektiven oder patriotischen Bewertung des Kriegstodes verpflichtet, so zerbrach diese harmonische Fiktion (ab 1945) endgültig - in den neuen Denkmälern für Gefallene der deutschen Truppen und ihrer Verbündeten, für die Gefallenen der militärisch-politischen Gegner Nazi-Deutschlands, überhaupt für deren Opfer. Existentielle, in massenhaftem Elend und millionenfachem Kriegs- und Terrortod umkämpfte Gegensätze waren in den verschiedenen Denkmals- oder Friedhofsanlagen 1945 für jedermann dauerhaft sichtbar. Es gibt wohl kaum einen Bewohner des Landes, der nicht mit den großen Gräberfeldern und den ihnen zu Grunde liegenden gegensätzlichen Weltvorstellungen konfrontiert wurde. Ihr widerspruchsvoller Eindruck provozierte in mehrfacher Hinsicht zur Stellungnahme, zur (bewußten) Auseinandersetzung mit der nationalsozialistischen Vergangenheit, zum konstrastierenden Vergleich der Gedenkstätten, deren gegensätzlicher politischer Perspektiven, zum Ringen um ihre gesellschaftlich-politische, konsensfähige und integrative Bewertung (vgl. u.a. Blüm-Affäre, Streit um alte, wiedererrichtete Denkmäler, neue Initiativen sowie um den offiziellen Nekrolog).

Gedenkstätten erwiesen sich zunehmend als Kristallisationspunkte innenpolitischer Kontroversen über die nationalsozialistische Vergangenheit, über internationale Versöhnungsbemühungen oder die nationale, politische Identität. In diesen Auseinandersetzungen verloren Denkmäler mangels eines überzeugenden, widerspruchsfreien ideologischen Fundaments ihren exklusiv-maßgebenden und autoritativen Charakter. Ließen sich die traditionellen deutschen Kriegerdenkmäler noch als "wesentlich in visuelle Form gekleidete Befehle zur retrospektiven Sinngebung des Soldatentodes"[271] umschreiben, so wurden Denkmäler nunmehr grundsätzlich in Frage gestellt, in ihren inhaltlichen Aussagen und formalen Elementen kritisch reflektiert und auch über ihr innenpolitisch-ideologisches Konfliktpotential öffentlich debattiert. Diese Entwicklung betraf alle Ebenen politischer Meinungs- und Willensbildung und prägte ebenso die Gestaltung und Diskussion neuer Projekte. Eine übergreifende, konsensfähige Konzeption, wie sie in den Gräbergesetzen oder im Bonner Ehrenmal 1963/65 angelegt worden war, gelang "nur" in wenigen Inschrifttafeln und religiösen Mälern. Sogar ein allgemein anerkannter Nekrolog der Opfer(gruppen) blieb umstritten. Das Konfliktpotential zwischen Anspruch und Wirklichkeit und der Erklärungsbedarf des erinnerten Geschehens verlangten eher begleitende oder alternative Maßnahmen einer Dokumentation mit einer dreifachen Zielsetzung: 1) individuelle Erinnerung an einzelne Opfer, 2) Betroffenheit der Überlebenden und 3) rationale, umfassende Aufklärung, um so den komplexen innen- wie außenpolitischen Anforderungen moderner Trauerarbeit gerecht zu werden.

Angesichts der komplexen Probleme moderner Denkmalsrezeption wurden gelegentlich Zweifel laut, ob die Zeit der Kriegerdenkmäler oder Mahnmäler nicht längst überwunden sei. Die zahlreichen öffentlichen Auseinandersetzungen um ihre Gestaltung lassen aber eher eine aktuelle Bedeutung erkennen. So erwiesen sich Gedenkstätten als ein Mittel öffentlich politischer Bewußtseins- oder Meinungsbildung sowie als Bedeutungsträger historischer nationaler Identität. Sie spiegelten die verfassungsrechtlichen, demokratischen und politischen Verhältnisse. An ihnen entzündeten sich die Grundsatzdebatten um die Bewertung vergangener Kriegs- und Terrorhandlungen, der großen nationalen Katastrophen. Dabei fungierten die Gedenkstätten freilich nur als Spiegel des vergangenen wie des gegenwärtigen Geschehens. Dennoch wurden sie gelegentlich mit dem Geschehen selbst gleichbewertet, so zum Beispiel in der Forderung nach einem Denkmalssturz, bei Beschmierungen u.ä. Vor diesem Hintergrund enthielten Gedenkstätten zweifellos eine weitere Funktion als Ersatzobjekt auch in politischen Auseinandersetzungen. Aus dieser Sicht erscheinen manche moderne Denkmalsstürze problematisch.

Die Qualität der modernen Gedenkstätten- bzw. Denkmalsrezeption ist schließlich an ihrem Beitrag zur rationalen Konfliktbewältigung und zu persönlicher Betroffenheit zu messen, innenpolitisch wie international, aber auch in ihrem Beitrag zur Besinnung, ohne die politische Handlungsfähigkeit zu behindern. Mit anderen Worten: Gedenkstätten und Denkmäler sollten Anstöße zu historisch politischer Verantwortung geben: "Den Lebenden zur Mahnung!"

12. Anhang - Anmerkungen

1. Der Begriff "Ehre" bildet eine zentrale Kategorie der Gedenkstättenentwicklung. Eine militärische "Ehre", d.h. auch Denkmalswürdigkeit wurde dem gemeinen Soldaten erstmals von den preußischen Reformern in der sogenannten Reorganisationskommission unter Scharnhorst zuerkannt, in umfangreichen, bis in das Privatleben reichenden Bestimmungen, in Strafrecht und -vollzug verankert (vgl. preußische "Ehrengerichte" seit 1808). "Ehre" war Ausdruck für die von "König und Vaterland" gleichermaßen getragene öffentliche Anerkennung und Geltung, außerdem ein Schlüssel- und Sammelbegriff für die höheren Motive des Soldatenstandes. Dabei überwogen pädagogische Vorstellungen. Man hoffte auf eine erzieherische Wirkung des Militärs, das "Beispiel vernünftigen Gehorsams", so daß "Ehre", "Pflicht" und "Gehorsam" untrennbare moralische Größen in Staat, Gesellschaft und Militär wurden. Schon während der Befreiungskriege zeichnete sich eine restaurative Wende ab. Sie stellte die reformerische "Ehr"-Vorstellung grundsätzlich auf den Kopf. "Ehre" sollte nicht einfach dem gesamten Bürgertum zugesprochen werden, sondern sie galt mehr und mehr einer exklusiven Besonderheit des Militärs. Der Umstand, daß der wehrpflichtige Soldat den Militärdienst nicht als Berufsstand, sondern als Staats- oder Bürgerpflicht leistete, wurde mißachtet. In dem Maße, in dem das Militär von der späteren Konstitutionalisierung bzw. Parlamentarisierung 1848-1919/1934 ausgeschlossen wurde (vgl. den militärisch-zivilen Gegensatz in Staatsrecht, Verfassung, Ausschluß parlamentarischer Kontrolle über das Militär, Verzicht auf das Wahlrecht des Soldaten), erhielten "Ehre" und das ihr verbundene Wert- und Geltungssystem eine antidemokratische, autoritäre Tendenz. Ihre Bedeutung stieg gegen Ende des 19. Jahrhunderts auf Grund der engen Verbindung von militär- und nationalpolitischem Prestige und ermöglichte das "... Dogma, daß der Mann erst im Militärdienst zum Vollmitglied der Gesellschaft herangebildet werde". Auch im Ersten Weltkrieg blieb die militärische "Ehre" ein fundamentaler Bestandteil militärischen und nationalen (Gefolgschafts-)Denkens sowie der Denkmalsgestaltung, die in Weimarer Zeit sogar ganz unter den sinnfälligen Begriff der "Kriegerehrung" neu akzentuiert und später von den Nationalsozialisten pervertiert wurde. Demgegenüber konnten kritische Ansätze in den vorherrschenden "Ehr"-Vorstellungen im Denkmalswesen erst nach dem Zweiten Weltkrieg sich durchsetzen.
Zitate: Manfred Messerschmidt: Die politische Geschichte der preußisch-deutschen Armee. Band 2 (Abschnitt IV, Teil 1) des Handbuchs zur deutschen Militärgeschichte 1648-1939. München, 1979, im folgenden zitiert als Messerschmidt, Geschichte. Vgl. Hans Reiner: Ehre. In:

Joachim Ritter (Hrsg.): Historisches Wörterbuch der Philosophie. Band 2. Darmstadt, 1972, Sp. 319-323.

Der Opferbegriff wird hier zunächst im umgangssprachlichen Sinn verstanden. Er betrifft den gewaltsamen, passiv erlittenen Tod (victi), verursacht von anonymen, widrigen Umständen, z.b. einer Naturkatastrophe oder (politischen) Verbrechen. - In Gedenkliteratur und Denkmalsgestaltung (Inschriften etc.) ist aber der biblisch-religiöse Opferbegriff verbreitet (sacrificium), der mit anderen zentralen Begriffen der Denkmalspropaganda korrespondiert, u.a. "Ehre", "Heldentum", aber auch mit nationalen Vorstellungen. Vgl. S. Lorenz und W. Schröder: Der Opfer-Begriff in der Philosophie der Neuzeit. In: Joachim Ritter und Karlfried Gründer (Hrsg.): Historisches Wörterbuch der Philosophie, Band 6. Darmstadt, 1984, Sp. 1235 ff.

2. Jörg Calließ (Hrsg.): Gewalt in der Geschichte. Beiträge zur Gewaltaufklärung im Dienste des Friedens. Studien, Materialien zur Geschichtsdidaktik. Band 15. Düsseldorf, 1983, im folgenden zitiert als Calließ, Gewaltaufklärung.

Silke Wenk: Warum ist die (Kriegs)Kunst weiblich? Frauenbilder auf öffentlichen Plätzen. In: Kunst und Unterricht. Heft 101/April 1986, im folgenden, zitiert als Wenk, (Kriegs)Kunst ...

Vgl. die außergewöhnlich vielfältige Produktion von Bildmediensammlungen (Diaserien, Unterrichtsreihen u.a.) der Landesbildstelle Westfalen, Münster.

Hartmut Boockmann: Denkmäler - eine Utopie des 19. Jahrhunderts. In: Geschichte in Wissenschaft und Unterricht, Zeitschrift des Verbandes der Geschichtslehrer Deutschlands. 28. Jahrg./Heft 3 (März), Stuttgart, 1977, S. 160-173. - Handbuch des Volksbundes Deutsche Kriegsgräberfürsorge e. V., Redaktion: Alfred David, Adolf Heimbauer, Hans Soltau und Dirk Thiele, Kassel, o.J., S. 69-71, 135 ff. - Werner Michel: Jedes Kreuz ein Schicksal. Exposé einer Unterrichtseinheit zur Tonbildschau des Volksbundes Deutsche Kriegsgräberfürsorge. In: Hermann Pfister (Hrsg.): Friedenspädagogik heute - Theorie und Praxis. Ein Handbuch für den Lehrer. Waldkirch, ³1980. S. 121-137. - Bernhard Moltmann: Krieg - Mittel der Politik und Geißel der Menschheit (insbes. Kap. A 2: Das Kriegerdenkmal). In: Alexander Gregor/Jürgen Halberstadt/Wolfgang Linsemann, B. M. und Ursula Schuch: Den Frieden entwickeln. Aus den Materialien für Erwachsenenbildung. Gütersloh, 1981, S. 95-125. - Martin Papenheim: Zur Gegenwart vergangener Kriege. Die Analyse von Kriegerdenkmälern im Rahmen der Friedenserziehung (am Beispiel eines Münsteraner Denkmals). In: Religionsunterricht an höheren Schulen. 25. Jahrg. 1982, Heft 3, S. 157-162. - Dagmar Richter (Red.): Kultur und Herrschaft. Wechselwirkung zwischen Bildender Kunst, Gesellschaft und Politik. In: Wochenschau für politische Erziehung, Sozial- und Gemeinschaftskunde. Bad Schwalbach, Nr. 2/1993. - Gerhard Schneider: Kriegerdenkmäler als Geschichtsquelle. In: Hans Jürgen Pandel, und Gerhard Schneider (Hrsg.): Medien im Geschichtsunterricht. Düsseldorf, 1985, S. 293-332. - Ders.: Kriegerdenkmäler. Didaktisch-methodische Bemerkungen zum Unterricht im 9. bis 13. Schuljahr. In: Kunst im Unterricht. Nr. 58/1979, S. 32-37. - Fritz Starke: Das Vaterland als Herrenland. Eine Unterrichtseinheit zu den "väterländischen Reden" der Weimarer Republik. In: Diskussion Deutsch - Zeitschrift für Deutschlehrer aller Schulformen. In Ausbildung und Praxis. 15. Jahrg. 1984, S. 334-355. - Hanna Struck: Erinnerung allein genügt nicht. Aktuelle Fragen der Gedenkstätten-Pädagogik. In: Tribüne - Zeitschrift zum Verständnis des Judentums. 25. Jahrg., Heft 99, Frankfurt/Main, 1986, S. 60 ff.

3. Hans Kurt Boehlke: Pro Patria - Mahnung zum Frieden. Zur historischen Entwicklung des Gedenkens an die Kriegstoten. In: Wolfgang Krüger: Auferstehung aus Krieg und KZ in der Bildenden Kunst der Gegenwart. Ausstellungskatalog. Band 4 der Kasseler Studien zur Sepulkralkultur. Kassel, 1986, S. 225 f., im folgenden zitiert als Boehlke, Entwicklung.

4. Jutta Schuchard und Horst Claussen (Hrsg.): Vergänglichkeit und Denkmal. Beiträge zur Sepulkralkultur. Bonn, 1985, im folgenden zitiert als Schuchard/Claussen, Vergänglichkeit.

5. Arnold Vogt: Gedenkstätten als Zeugen des Gefallenengedächtnisses und historischer Identität - zwischen militärischer Gefolgschaft und Bürgerrecht. In: Militärseelsorge-Zeitschrift. Bonn, Heft 2/1992.

6. Wilhelm Hansen: Nationaldenkmäler und Nationalfeste im 19. Jahrhundert. Ausstellungskatalog des Museums für das Fürstentum Lüneburg. Hrsg. vom Niederdeutschen Verband. Braunschweig, 1976, im folgenden zitiert als Hansen, Nationaldenkmäler.
   Klaus Latzel: Vom Sterben im Krieg. Wandlungen in der Einstellung zum Soldatentod - vom siebenjährigen Krieg bis zum II. Weltkrieg. Warendorf, 1988, S. 14 f., im folgenden zitiert als Latzel, Sterben.
   George L. Mosse: Die Nationalisierung der Massen - von den Befreiungskriegen bis zum Dritten Reich. Frankfurt/Main / Berlin / Wien, 1976, im folgenden zitiert als Mosse, Massen. Ders.: Gefallen für das Vaterland. Düsseldorf, 1993.

7. Michael Siegel: Denkmalpflege als öffentliche Aufgabe, eine ökonomische, institutionelle und historische Untersuchung. Göttingen, 1985

8. Reinhart Koselleck: Kriegerdenkmale als Identitätsstiftungen der Überlebenden. In: Odo Marquard und Karlheinz Stierle (Hrsg.): Identität, Poetik und Hermeneutik. Band 8. München, 1979, S. 255-276, im folgenden zitiert als Koselleck, Kriegerdenkmale.
   Vgl. Erik H. Erikson: Identität und Lebenszyklus. Frankfurt/Main, 1991.

9. Michael Jeismann: Der Totenkult der Demokraten, ein Pariser Kolloquium über die Erforschung von Kriegerdenkmälern. In: Frankfurter Allgemeine Zeitung Nr. 270 vom 21.11.1991, S. N 3 f., im folgenden zitiert als Jeismann, Totenkult.

10. S. Anmerkung 11; - vgl. Walter Rüegg: Der religiöse Bürger ... In: Richard Olivier Gautier / Ruth Meyer / Josef Inauen (Red.): Religion in der Armee ..., SAMS-Informationen (Bulletin des Schweizerischen Arbeitskreises Militär und Sozialwissenschaften) - 6. Jahrgang/Nr. 1. Bern, (Institut für Soziologie) 1982, S. 3 ff.

11. S. Koselleck, Kriegerdenkmäler; - Ders.: Die Herausforderung der Mahnmale. In: Frankfurter Allgemeine Zeitung, Nr. 257 vom 13.11. 1976, im folgenden zitiert als Koselleck, Herausforderung.

   Wolfgang Krüger (Hrsg.): Auferstehung aus Krieg und KZ in der Bildenden Kunst der Gegenwart. Band 4 der Kasseler Studien zur Sepulkralkultur. Kassel, 1986, S. 20-29, 199-224 (Beiträge zu Methode, Formgeschichte in der Kunstgeschichte, "Sitz im Leben" und "Basis" von Kriegerdenkmälern), im folgenden zitiert als Krüger, Auferstehung.

   Meinhold Lurz: Kriegerdenkmäler in Deutschland. 5 Bände. Heidelberg, 1985-1987, Band 1 (Befreiungskriege). Heidelberg, 1985, S. 17-25, Band 6 (Die Bundesrepublik). Heidelberg, 1987, S. 35, im folgenden zitiert als Lurz, Kriegerdenkmäler, Band.

   Siegmar Holsten: Allegorische Darstellungen des Krieges 1870-1918, ikonologische und ideologiekritische Studien. München, 1976. Im folgenden zitiert als Holsten, Studien.

12. Koselleck, Kriegerdenkmäler; Lurz, Kriegerdenkmäler, Band 1, S. 13-18, Band 4, S. 392 ff. und Band 6, S. 41; - Jeismann, Totenkult.

   Harold Marcuse / Frank Schimmelpfennig / Jochen Spielmann: Steine des Anstoßes. Nationalsozialismus und Zweiter Weltkrieg in Denkmalen 1945-1985. Hrsg. vom Museum für Hamburgische Geschichte, Hamburg, 1985, im folgenden zitiert als Marcuse u.a., Steine.

13. Jürgen Kocka: Wider die historische Erinnerung, die Geborgenheit vorspiegelt, Geschichte als Aufklärung oder Geschichte als Identitätslieferantin. In: Frankfurter Rundschau Nr. 2 vom 4.1.1988, S. 10 (mit Bildverweisen zur Denkmalskultur). Vgl. auch ders.: Sozialgeschichte. Begriff der Entwicklung - Probleme. Göttingen, ²1986, S. 152-155.

14. Martin Bach: Studien zur Geschichte des deutschen Kriegerdenkmals in Westfalen und Lippe. Frankfurt/Main / Bern / New York, 1985, S. 6 f., im folgenden zitiert als Bach, Studien.

   Arnold Vogt: Kriegerdenkmäler und Mahnmäler, überregionale Rahmenbedingungen und Strukturen ihrer Errichtung und Gestaltung in Westfalen und Lippe. In: Westfälische Forschungen. Band 37. Köln /Wien, 1987, S. 23-57, im folgenden zitiert als Vogt, Kriegerdenkmäler.

   Zur Bedeutung des Regionalismus: Heinz Gollwitzer: Zum deutschen politischen Regionalismus des 19. und 20. Jahrhunderts. In: Alfred Hartlieb von Wallthor / Heinz Quirin (Hrsg.): "Landschaft" als interdisziplinäres Forschungsproblem, Vorträge und Diskussionen des Kolloquiums am 7./8.11.1975 in Münster. Münster, 1977, S. 55 (Regionalismus als Ausdruck untergegangener Staatlichkeit und Territorialität) - Manfred Smuda (Hrsg.): Landschaft. Frankfurt/Main, 1986 (Landschaft als Ausdruck subjektiv-ästhetischen Empfindens) Lurz, Kriegerdenkmäler, Band 1, S. 233-239 ("Landschaft" als Denkmal bzw. als Bezugsgröße der Denkmalsgestaltung, ferner als "Ort heiliger Tradition und heiliger Natur").

15. Kathrin Hoffmann-Curtius: Altäre des Vaterlandes, zur Genese eines neuen Typus von Kriegerdenkmälern in der Weimarer Republik. In: Visible Religion. Band VII (Genres in Visual Representation - Proceedings of a Conference held in 1986 by Invitation of the Werner-Reimers-Stiftung in Bad Homburg). Hrsg. vom Institute of Religious Iconography an der State University Groningen / Leiden / New York / Kopenhagen / Köln, 1990, S. 146-171, bes. S. 143-146, im folgenden zitiert als Hoffmann-Curtius, Altäre.

16. Meinhold Lurz: Denkmäler der Befreiungskriege. In: Hans Kurt Boehlke (Hrsg.): Wie die Alten den Tod gebildet. Ausstellungskatalog. Kassel/ Mainz, 1975, S. 125 ff., 275-281. Ders.: Kriegerdenkmäler. Bd. 1. S. 61f., 275-279.

17. Lurz, Kriegerdenkmäler, Band 1, S. 62-66, Band 6, S. 35-41.

18. Lurz, Kriegerdenkmäler, Band 1, S. 67 ff.; - Heinrich Pohl: Die katholische Militärseelsorge Preußens 1797-1888. Stuttgart, 1926, Amsterdam, 1962, S. 66 ff.; Hartmut Rudolph: Das evangelische Militärkirchenwesen in Preußen, die Entwicklung seiner Verfassung und Organisation bis zum Vorabend des I. Weltkrieges. Göttingen, 1973, S. 70, 90 f., 103.

19. Allerhöchste Verordnung/Stiftung des Eisernen Kreuzes vom 10.3.1813. In: Gesetzsammlung für die Kgl. Preuß. Staaten. Berlin, 1813, S. 31.

20. S. Anmerkung Nr. 1; Gordon Craig: Die preußisch-deutsche Armee 1640-1945. Düsseldorf, 1980, S. 57ff.

21. Franz Kiener: Kleidung, Mode und Mensch, Versuch einer psychologischen Deutung. München / Basel, 1956, S. 69, vgl. S. 11-35, im folgenden zitiert als Kiener, Kleidung.

22. Ulrich Bischoff: Denkmäler der Befreiungskriege in Deutschland 1813-1815. 2 Bände. Berlin, 1977, Band 1, S. 69 ff., im folgenden zitiert als: Bischoff, Denkmäler.
Lurz, Kriegerdenkmäler, Band 1, S. 343-350.
Kathrin Hoffmann-Curtius: Das Kreuz als Nationaldenkmal - Deutschland 1814 und 1931. Kurt Weitzmann zum 80. Geburtstag in Dankbarkeit gewidmet. In: Zeitschrift für Kunstgeschichte. Band 48. Münster, 1985, S. 84 f., im folgenden zitiert als Hoffmann-Curtius, Kreuz.
Eva Schmidt: Der preußische Eisenkunstguss - Technik, Geschichte, Werke, Künstler. Berlin, 1981, S. 134 f., im folgenden zitiert als Schmidt, Eisenkunstguss.

23. Das Eiserne Kreuz war preußischen Soldaten vorbehalten. Unter dem 19.10.1813 beschloß Friedrich Wilhelm III. eine Erweiterung - das Eiserne Kreuz am weißen Bande - für Militär- und Zivilpersonen, die zwar in keiner unmittelbaren Feindberührung gestanden, sich aber anderweitige Verdienste erworben hatten.

24. Das Großkreuz wurde selten vergeben - abweichend von den Statuten auch an einen ausländischen Kriegsteilnehmer: Kronprinz Karl Johann von Schweden. Ebenso statutenwidrig war das Eiserne Kreuz auf einem Stern mit goldenen Strahlen, das durch Beschluß des Königs vom 26.7.1815 an Feldmarschall Fürst Blücher vergeben worden war, der sogenannte "Blücher-Stern". Daneben gab es auch Kriegsgedenkmünzen.

25. Allerhöchste Verordnung/Stiftung eines bleibenden Denkmals vom 5.5.1813. In: Gesetzsammlung für die Kgl. Preuß. Staaten. Berlin 1813, S. 65 f.

26. Arnold Vogt: Religion im Militär, Seelsorge zwischen Kriegsverherrlichung und Humanität, eine militärgeschichtliche Studie. Frankfurt/Main / Bern / New York, 1984, S. 48 f., 62 ff., 78, im folgenden zitiert als Vogt, Religion.

27. Philippe Ariès: Studien zur Geschichte des Todes im Abendland. A. d. Franz. übers. v. Hans Horst Henschen. München, 1976; Ders.: Geschichte des Todes. München, 1980; Ders.: Bilder zur Geschichte des Todes. München / Wien, 1984; - vgl. Werner Fuchs: Todesbilder der modernen Gesellschaft. Frankfurt/Main, [2]1979.

28. Bach, Studien, S. 32-67, insbesondere S. 59-63. Für die preußische Provinz Westfalen wurden insgesamt 187 Kriegergedenktafeln nachgewiesen.

Lurz, Kriegerdenkmäler, Band 1, S. 292 f. (zur Ambivalenz promonarchischer Propaganda und bürgerlicher ["unserer"] Identität der kirchl. Gedenktafeln)

29. Wolfgang Eger (Schriftleitung): Kirche und Staat im 19. und 20. Jahrhundert. Vorträge, Aufsätze, Gutachten. Band 7 der Veröffentlichungen der Arbeitsgemeinschaft für das Archiv- und Bibliothekswesen in der evangelischen Kirche. Neustadt/Aisch, 1968 (Beitrag von Heckel).

Manfred Messerschmidt: Militär und Politik in der Bismarckzeit und im Wilhelminischen Deutschland. Erträge der Forschung. Band 43. Darmstadt, 1975, im folgenden zitiert als Messerschmidt, Bismarckzeit.

30. Hoffmann-Curtius, Kreuz, S. 83-85; - Dies., Altäre, S. 148; - Lurz, Kriegerdenkmäler, Band 1, S. 65 f., S. 140-143, insbes. 267 ff.; - Schmidt, Eisenkunstguß, S. 124-133.

Thomas Nipperdey: Nationalidee und Nationaldenkmal in Deutschland im 19. Jahrhundert. In: Historische Zeitschrift. Band 206. München, 1968, S. 529-585, im folgenden zitiert als Nipperdey, Nationalidee.

31. Hoffmann-Curtius, Kreuz, S. 82 ff. - Lurz, Kriegerdenkmäler, Band 1, S. 78 f.

32. Wilhelm Hüffer (katholischer Pfarrer von Liesborn): Rede bei der allgemeinen Todtenfeier für die in den, nun beendigten, gegen Frankreich geführten Kriegen, gefallenen Vaterlandsvertheidiger, gehalten den 4ten Juli 1816 und zunächst für seine Pfarrkinder herausgegeben v. W. H. zum Besten der Verwundeten. Lippstadt. 1816; - vgl. Siegfried Schmieder: Ein westfälischer Landpfarrer und Napoleon. In: Heimatblätter.

Hrsg. v. Reinhard Laumanns, 67. Jahrgang/Folgen 4 f. Lippstadt, 1987, S. 32.

33. Bach, Studien, S. 66 f.

34. Manfred Messerschmidt: Juden im preußisch-deutschen Heer. In: Deutsche jüdische Soldaten. Katalog zur Wanderausstellung des Militärgeschichtlichen Forschungsamtes. Freiburg, 1982, S. 100, im folgenden zitiert als Messerschmidt, Juden. Vgl. Vogt, Religion, S. 105-112.

35. Reinhart Koselleck: Preußen zwischen Reform und Revolution. Allgemeines Landrecht. Verwaltung und soziale Bewegung von 1791-1848. Stuttgart, ²1978, S. 344 f., im folgenden zitiert als Koselleck, Preußen.

36. Aus Schinkels Nachlaß, Reisetagebücher, Briefe und Aphorismen. Hrsg. von Alfred Freiherr von Wolzogen. Band 3. Berlin, 1863, S. 198, zit. nach Hansen, Nationaldenkmäler, S. 21 ff., im folgenden zitiert als Schinkels Nachlaß.

37. Schinkels Nachlaß, S. 204 ff., vgl. S. 202; vgl. Krüger, Auferstehung, S. 127 f.

38. Lurz, Kriegerdenkmäler, Band 1, S. 135-138, vgl. S. 128 - vgl. Hansen, National-denkmäler, S. 21, - vgl. Krüger, Auferstehung, S. 127 f.

39. Hansen, Nationaldenkmäler, S. 23.

40. Hansen, Nationaldenkmäler, S. 23 (Zitat) - Bischoff, Band 1, S. 82-84; - Nipperdey, Nationaldenkmäler; - Peter Bloch / Walter Grzimek: Das klassische Berlin, die Bildhauerschule im 19. Jahrhundert. Berlin o. J., S. 23-60, 76-87, 104-107, im folgenden zitiert als Bloch/Grzimek, Bildhauerschule.

41. Bischoff, Denkmäler, Band 1, S. 78-81; vgl. Lurz, Kriegerdenkmäler, Band 1, S. 267ff. (Alternative Inschriften und monarchistische Kriterien ihrer Auswahl). Band 2, S. 148 f. (Erhöhung und Denkmalsschutz).

42. Lurz, Kriegerdenkmäler, Band 1, S. 131, 140, 267, 281, 343, 351. Auf den Schlachtfeldern dienten die Kriegerdenkmäler als kollektive "Grabmale" für die Gefallenen in den Massengräbern. Indem sie in Inschriften als "Helden" bezeichnet wurden, erhielten sie posthum die offizielle "Ehrung" nach dem Vorbild der Ordensträger des Eisernen Kreuzes und der Widmungsinschriften der Kriegergedenktafeln.

Das preußische Nationaldenkmal auf dem Berliner Kreuzberg erfuhr Nachbildungen: vgl. Fritz Abshoff: Deutschlands Ruhm und Stolz, unsere hervorragenden vaterländischen Denkmäler in Wort und Bild. Unter Mitwirkung von zahlreichen Behörden, Vereinen und Vaterlandsfreunden bearb. und red. Berlin, 1904, S. 14 f., 89, 114, 134, 146, im folgenden zitiert als Abshoff, Ruhm.

43. Fritz Schmidt: Ein Westfalen-Denkmal. In: Die Heimat. Monatsschrift, 4. Jg./Mai-Heft. Dortmund, 1922, S. 61 f. (mit Abbildung); vgl. Bach, Studien, S. 134 f. vgl. Lurz, Kriegerdenkmäler, Band 1, S. 295-302, 386-390; Helmut Scharf: Kleine Kunstgeschichte des deutschen Denkmals. Darmstadt, 1984, S. 272, 314, im folgenden zitiert als Scharf, Kunstgeschichte.

Vgl. auch die anklagenden Bilderfolgen von Alfred Rethel über den "Totentanz" der zeitgenössischen Kämpfe.

44. Lurz, Kriegerdenkmäler, Band 1, S. 387; vgl. Bloch/Grzimek, Bildhauerschule, S. 138-141.

45. Bach, Studien, S. 142-155, 165-173; Lurz: Kriegerdenkmäler. Band 2, S. 340 f., 370-375.

46. Bach, Studien, S. 200 ff.; Lurz: Kriegerdenkmäler, Band 2, S. 226 ff., 401-451.
Leonore Koschnick: Mythos zu Lebzeiten - Bismarck als nationale Kultfigur. In: Christoph Stölzl/Deutsches Historisches Museum (Hrsg.): Bismarck - Preußen, Deutschland und Europa. Katalog zur Ausstellung im Berliner Gropius-Bau. Berlin, 1990, S. 472-474; Holsten: Studien.

47. Bach, Studien, S. 164 f.

48. Heidemarie Anderlik / Burkhard Asmuss / Hartwin Spenkuch: "Eisen und Blut" - der deutsche Weg zum Nationalstaat. In: Christoph Stölzl/ Deutsches Historisches Museum (Hrsg.): Bismarck - Preußen, Deutschland und Europa. Katalog zur Ausstellung im Berliner Gropius-Bau. Berlin, 1990, S. 277 f. Bach, Studien, S. 153-155; Lurz, Kriegerdenkmäler, Band 2, S. 169-172; Detlef Hoffmann: Germania - die vieldeutige Personifikation einer deutschen Nation. In: Gerhard Bott/Germanisches Nationalmuseum (Hrsg.): Freiheit, Gleichheit, Brüderlichkeit. 200 Jahre Französische Revolution in Deutschland. Katalog zur Ausstellung. Nürnberg, 1989, S. 137-155.

49. Vgl. zeitgenössische Darstellungen: Abshoff, Ruhm, S. 125, 142 f.; - Ludwig Burger: Die Denkmäler, Anhang zu: Theodor Fontane: Der deutsche Krieg von 1866. Band 2 (Der Feldzug in West- und Mitteldeutschland). Berlin, 1871, Neudruck: Düsseldorf, 1979, S. 300, im folgenden zitiert als Burger/Fontane, Krieg. August von Goeben: Das Treffen bei Kissingen am 10. Juli 1866. 1.-3. Auflage, Darmstadt, 1868, 1880, 1894; Edmund Merz: Führer zu den Kriegsgräbern und Kriegsmalen aus dem Deutschen Bruderkrieg 1866 in und um Bad Kissingen. Bad Kissingen, 1935.

50. Vgl. "Trauernde" Germania-Figuren in Detmold und Münster; Abshoff, Ruhm, S. 82, 160, 166; - Bach, Studien, S. 153-157, 175-179.

51. Bach, Studien, S. 162 f.; Lurz, Kriegerdenkmäler, Band 2, S. 170 ff.; Bloch/Grzimek, Bildhauerschule, S. 67-75.

52. Whitney Smith: Die Zeichen der Menschen und Völker. Luzern, 1975, S. 121.

53. Allerhöchste Kabinettsordre/Erneuerung des Eisernen Kreuzes vom 19.7.1870. In: Gesetzsammlung für die Kgl. Preuß. Staaten. Berlin, 1870, S. 437 f.

54. Dominik Bartmann / Anton von Werner: Zur Kunst und Kunstpolitik im Deutschen Kaiserreich. Berlin, 1985, S. 96-121.

55. Hans Joachim Schoeps: Der Weg ins Deutsche Kaiserreich. Frankfurt/ Main / Berlin /Wien, S. 204-207, im folgenden zitiert als Schoeps, Kai-

serreich; vgl. Bernhard Rogge: Die Evangelischen Feld- und Lazareth-Geistlichen im Feldzuge von 1870/71. Berlin, 1872, S. 37 ff.; Ders.: Bei der Garde. Erlebnisse und Eindrücke aus dem Kriegsjahre 1870/71. Berlin, ²1912, S. 94; Helmuth Rogge: Die Rogges in Potsdam, familiengeschichtliche Rückblicke und Erinnerungen. Bad Godesberg, 1969, S. 62 ff.

56. Schoeps, Kaiserreich, S. 226.
57. Rudolf Graf von Stillfried-Rattonitz von Alcántara: Die Attribute des neuen Deutschen Reiches. Berlin, 1872, S. 16 f.
58. Michael Bringmann: Gedanken zur Wiederaufnahme staufischer Bauformen. In: Reiner Hausherr und Christian Väterlein (Hrsg.): Die Zeit der Staufer. Geschichte, Kunst, Kultur. Katalog zur Ausstellung des Württ. Landesmuseums. Band 5 (Vorträge und Forschungen). Stuttgart, 1979, S. 589-594.
59. Schoeps, Kaiserreich, S. 227.
60. Bismarckrede zit. nach: Ernest Hamburger: Juden im öffentlichen Leben Deutschlands - Regierungsmitglieder, Beamte und Parlamentarier in der monarchischen Zeit 1848-1918. Tübingen, 1968, S. 19.
61. Lurz, Kriegerdenkmäler, Band 2, S. 125-152; Vogt, Religion, S. 55-61, 672.
62. Gesetz, betreffend die Kriegergrabstätten in Elsaß-Lothringen, vom 2.2.1872. In: Gesetzblatt für Elsaß-Lothringen. Berlin, 1872, S. 123 f.; vgl. Arnold Vogt: Kirche und Militär am Oberrhein, regionale und nationale Aspekte. In: Militärseelsorge-Zeitschrift (Bonn). Heft 1/1989, S. 39-44, im folgenden zitiert als Vogt, Oberrhein.
63. Bach, Studien, S. 175-179; vgl. Blume, Geschichte des Infanterie-Regiments Herwarth von Bittenfeld (1. Westf.) Nr. 13 im 19. Jahrhundert. Berlin, 1902, S. 329-337, im folgenden zitiert als Blume, Geschichte.
64. Statut betr. die Stiftung eines Erinnerungskreuzes für den Feldzug 1866. In: Gesetzsammlung. Berlin, 1866, S. 556 ff.; Allerhöchster Erlaß vom 2.9.1873. In: Amtsblatt der Kgl. Regierung zu Münster. Münster, 1873, S. 135. (Textdokumentation)
65. Lurz, Kriegerdenkmäler, Band 2, S. 206, 331 f.; Margarethe Kühn: Die Siegessäule mit Tiergarten. Berlin, 1980; Bloch/Grzimek, Bildhauerschule, S. 204-207, 266 f.
66. Bach, Studien, S. 221-226.
67. Bach, Studien, S. 179-183 (u.a. über den Typ des "Landesdenkmals").
68. Lurz, Kriegerdenkmäler, Band 2, S. 333, vgl. S. 331-334. Erst im Jahre 1938 wurde die Siegessäule in den Tiergarten versetzt, nachdem das Reichstagsgebäude durch Brandstiftung zerstört und seiner politischen Funktion beraubt worden war.
69. Georg Nockemann: Hermannsdenkmal. Lemgo, 1975, S. 16-20, im folgenden zitiert als Nockemann, Hermannsdenkmal; - Hansen, Nationaldenkmäler, S. 9-12; Anne Roerhohl: Das Hermannsdenkmal. Eine Bildmediendokumentation der Landesbildstelle Westfalen. Münster, 1993.

70. Lurz, Kriegerdenkmäler, Band 2, S. 247-262. Gerhard Schneider: "... nicht umsonst gefallen". Kriegerdenkmäler und Kriegstotenkult in Hannover. Hannover, 1991, S. 104, im folgenden zitiert als: Schneider, Kriegerdenkmäler.

71. Nockemann, Hermannsdenkmal, S. 16.

72. Regina Müller: Das Berliner Zeughaus. Magazin. Deutsches Historisches Museum. Heft 6 / 2. Jahrg. Berlin, 1992.

73. Bach, Studien, S. 178, 207, Bildkommentar Nr. 145 und 150.

74. Wenk, (Krieg-)Kunst.

75. Zit. nach: Lurz, Kriegerdenkmäler, Band 2, S. 211; das Bronzestandbild der Germania (Höhe: 10,5 Meter) war auf einem hohen Sockel auf der Südseite des Niederwaldes 1883 zur Erinnerung an den deutsch-französischen Krieg errichtet worden.

76. Max Dittrich: Deutsche Heldengräber im Reichslande. Wanderstudie über die Schlachtfelder von 1870 in Elsaß-Lothringen. Rathenow, 1895, S. VII.

77. Abshoff, Ruhm, S. 3.

78. Arnold Vogt: Gefallenengedächtnis in Freckenhorst, ein Spiegel des öffentlichen Kriegs- und Geschichtsbewußtseins. In: Freckenhorst (Warendorf). Heft 8/1990, S. 76, im folgenden zitiert als Vogt, Freckenhorst.

79. Bach, Studien, S. 170-174; vgl. Blume, Geschichte, S. 213-231, 510 ff.; Heinrich Schoene: Unter dem Siegesbanner der Dreizehner. Das Infanterie-Regiment Herwarth von Bittenfeld (1. Westfälisches) Nr. 13 in den Kriegen 1813-1871. Münster, 1913. Vgl. Rolf Westheider: "Für König und Vaterland ..." - Kriegerdenkmäler in Ostwestfalen, eine Bildmediendokumentation der Landesbildstelle Westfalen. Münster, 1993, S. 20 f., im folgenden zitiert als: Westheider, Kriegerdenkmäler.

80. Vgl. die aufschlußreichen Bildkommentare in den Medaillon-Texten: "No. 1 (links oben) Vor Metz im Kriegeslager, / im Abend-Sonnenschein, / Da traten Deutsche Krieger / aus den geschloss'nen Reih'n. / Marschirten froh und muthig / bergab in's heit're Thal. / In ernster Feststimmung, / zwölfhundert an der Zahl. / Und Einer commandirte, / die anderen folgten gern; / Es galt ja sein Kommando / dem Ew'gen, unserem Herrn. / Die Waffen all; sie wurden / zusammen jetzt gestellt; / Durch kleine Blendlaternen / der weite Platz erhellt.
No. 3 (rechts unten) Ein Andr'er tritt zum Omed, / Kol Niedre hebt er an; / Die jüdischen Soldaten, / sie folgen Mann für Mann. / Sie folgen laut und kräftig / dem heiligen Gesang. / Das Herz wird immer leichter, / das früher schwer und bang. / Und mit dem frühen Morgen, / da ziehen sie wieder aus, / Dort unter freiem Himmel / ins Welten-Gotteshaus. / Hier bis die Sonne sinket, / die Schaar zum Himmel blickt, / Und weder Trank noch Speise / hat heute sie erquickt. / Drauf bei der Todtenfeier / mit Tränen sie gedenkt / der lieben Kameraden, / die man in's Grab gesenkt.

No. 4 (links unten) Hell endlich funkeln Sterne, / und sieben Mal ertönt / Das Wort des reinsten Glaubens, / der Liebe, die versöhnt. / Und Einer grüßt den Andern, / reicht ihm die Bruderhand, / Geschlossen wird im Herzen / das schönste Freundschaftsband. / Die christlichen Kam'raden, / als treue Liebeswacht, / Sie schützen ihre Brüder / von früh bis in die Nacht. / Nun treten Alle wieder / ganz munter in die Reih'n / Zu ihren Regimentern / im hellen Mondenschein. / Erhoben durch den Glauben, / ermuthigt zu der Pflicht, / Sind sie bereit zum Kampfe: / sie steh'n und wanken nicht". Vgl. Diethard Aschoff: Juden in Westfalen. Bildmediendokumentation der Landesbildstelle Westfalen. Münster, ²1989, S. 33 f.

81. Adolph Kohut: Geschichte der deutschen Juden, ein Hausbuch für die jüdische Familie. Berlin, o. J. (um 1898), S. 786; vgl. Arnold Vogt: Volle Gleichstellung nie erreicht. Chancen und Grenzen jüdischer Religion im deutschen Militär. Serie in: Tribüne-Zeitschrift zum Verständnis des Judentums. Heft 99-101, Frankfurt, 1986/87, Heft 99, S. 132 ff., im folgenden zitiert als Vogt, Chancen Heft 99/101.

82. Bach, Studien, S. 184-197; Lurz, Kriegerdenkmäler, Band 2, S. 198-201.

83. Allgemeine Kriegsdienstordnung für die Kgl. württ. Truppen vom 7.2.1858. Band 1. Stuttgart, 1858, S. 351 / § 593; vgl. Vogt, Religion, S. 388-403.

84. Joseph Schärfl: Esto vir! Sei ein Mann! Parole, ausgegeben im Gotteshaus an die Mannschaften am Tage ihrer feierlichen Vereidigung. Augsburg, 1897, S. 7.

85. Geh. Baurat Waldeck: Die Provinzialdenkmäler. In: Wilhelm Hammerschmidt (Darst./Hrsg.): Die provinzielle Selbstverwaltung Westfalens. Münster, 1909, S. 64 f., vgl. S. 59-69, im folgenden zitiert als Waldeck, Provinzialdenkmäler.

86. Bach, Studien, S. 200 ff.; vgl. Lurz, Kriegerdenkmäler, Band 2, S. 77 ff., 383 ff., 488 f. (Seine Bezeichnung "Provinzialehrenmal" ist in zeitgenössischen Akten und Schriften weniger bekannt und erweist sich vielmehr als "moderner" Begriff der Weimarer Zeit: für die Provinzialdenkmäler der Kaiserzeit; vgl. Bloch/Grzimek, Bildhauerschule, S. 207-212, 324-326. Vgl. Schneider, Kriegerdenkmäler, S. 103 (über den Zusammenhang von Provinzial- und Kriegerdenkmal).

87. Hans Haibach: Nun stehe ich hier. Das Kaiser-Wilhelm-Denkmal an der Porta-Westfalica. In: Frankfurter Allgemeine Zeitung Nr. 145 vom 27.6.1987; Bach, Studien, S. 201 f.; Hermann Maertens (Die deutschen Bildsäulendenkmale des 19. Jahrhunderts. Stuttgart, 1892, Text zu Tafel 56) schätzt die Häufigkeit der Kaiserdenkmäler sogar den "Kriegerdenkmälern" gleich! Vgl. Bloch/Grzimek, Bildhauerschule, S. 253-258.

88. Waldeck, Provinzialdenkmäler, S. 63, 65-69; Lurz, Kriegerdenkmäler, Band 2, S. 487 ff.; Bloch/Grzimek, Bildhauerschule, S. 209; Sybille Brakelmann-Bockermann: Das Kaiser-Wilhelm-Denkmal auf der Hohensyburg. Eine Bildmediendokumentation der Landesbildstelle Westfalen. Münster, 1990.

89. Offizielle Berichte über Grundsteinlegungen, Garnisonkirchen und Denkmalsweihen. In: Mitteilungen für die evangelischen Geistlichen der Armee und Marine, begr. als "Correspondenzblatt" für die evangelischen Geistlichen der deutschen Armee 1875 von Militäroberpfarrer Tube in Magdeburg. Erfurt / Magdeburg / Danzig / Berlin 1875-1914; vgl. Arnold Vogt: Serie über regionale und institutionelle Sonderregelungen. In: Militärseelsorge-Zeitschrift (Bonn). Heft 1/1987-2/1990 (mit detaillierten Belegen und weiteren bibliographischen Hinweisen); vgl. Ders., Religion, S. 337-361, 422-430.

90. Vogt, Religion, S. 201-219, 404 ff.

91. Weihepredigt des Rottenburger Bischofs Paul Wilhelm von Keppler. In: Beilage zum Staatsanzeiger für Württemberg. Stuttgart, Nr. 264/11.11. 1904; Arnold Vogt: Militärseelsorge in der württembergischen Armee vom 17. bis zum 20. Jahrhundert. In: Militärseelsorge-Zeitschrift (Bonn). Heft 1/1988, S. 71-78.

92. Vogt, Religion, S. 438-444 (mit ausführlicher Dokumentation der Einweihungsfeierlichkeiten).

93. Arnold Vogt: Kirchen und Marine unter dem Anspruch national-deutscher Identität, Strukturen und Perspektiven ihrer Wechselbeziehungen und ihrer historischen Entwicklung von den Anfängen im 19. Jahrhundert bis zur Gegenwart. In: Militärseelsorge-Zeitschrift. Bonn, Heft 2/ 1990, S. 328, im folgenden zitiert als Vogt, Marine; vgl. Evangelisches Kirchenamt für die Bundeswehr (Hrsg.): "Ein Kriegsmann und guter christ ...". Historische Skizzen aus der Soldatenseelsorge. Hannover, 1990, S. 167-231; vgl. Allerhöchster Erlaß vom 11.11.1909, zit. nach Kirchl. Amtsblatt der Erzdiözese Paderborn. Jahrgang 1909, S. 115 (Gedenktafeln); Bach, Studien, S. 227 f.

94. Während der Kämpfe in den Kolonien hatte der Kaiser bereits "Gedenkblätter" für die Hinterbliebenen der Gefallenen gestiftet - nach Entwürfen von Marinemaler Hans Bohrdt (zum Hereroaufstand) sowie nach eigenen Entwürfen (zu den Kämpfen in Deutsch-Südwest-Afrika); vgl. dazu die amtlichen Berichte in: Mitteilungen für die evangelischen Geistlichen der Armee und Marine. 29. Jg., Nr. 5 und 9, Erfurt, 1904, Sp. 81 und 138 f.

Während der Entsendung deutscher Reichstruppen nach China hatte der Katholische Feldpropst Bischof Assmann ein hohes Maß religiös-nationaler Identifikation empfohlen. Er verfügte, "daß bis zur Wiederherstellung des Friedens in das allgemeine Gebet folgende Fürbitte aufgenommen werde: 'Segne auch, o Herr, die Waffen unserer Truppen, welche im fernen Osten für die Sache des geliebten Vaterlandes und die Sühne des vergossenen Blutes seiner Kinder kämpfen, und verleihe ihnen siegreichen Erfolg, damit sie nach Wiederherstellen des Friedens und der Eintracht mit Ruhm bekrönt in das Vaterland zurückkehren.'"

Zit./Verfügung des Katholischen Feldpropstes vom 22.7.1900 (Nr. 1324/

00). In: Bundes-/Militärarchiv Freiburg, PH 32, Band 63; vgl. Vogt, Religion, S. 576 ff.. Vgl. Messerschmidt, Politik.

95. Wilhelmshavener Tageblatt/Amtl. Anzeiger/Amtl. Organ für die Kaiserl., Kgl. und Städt. Behörden. 25. Jahrg., Nr. 249 vom 22.10.1899; Vogt, Religion, S. 428 ff.

96. Lurz, Kriegerdenkmäler, Band 2, S. 469-475.

97. Vogt, Religion, S. 168-204, 250-316; Ders., Marine, S. 298-314.

98. Erlaß des preuß. Kriegsministeriums vom 18.12.1904 (Nr. 323/ 11.04.C3), begl. Abschrift ad Nr. 3170/05 in: Bayerisches Hauptstaats-/ Kriegsarchiv München MKr 10789; vgl. Vogt, Religion, S. 435-438.

99. Bach, Studien, S. 198 ff., Bildkommentar Nr. 191 ff.

100. Barbara Klössel: Moderne Kunst in Münster. Münster, 1986, S. 32 f., im folgenden zitiert als Klössel, Kunst

101. Bach, Studien, S. 200.

102. Wenk, (Kriegs-)Kunst, S. 12; Bloch/Grzimek, Bildhauerschule, S. 213f.; Nikolaus Himmelmann: Ideale Nacktheit. In: Zeitschrift für Kunstgeschichte. Band 48, Münster, 1985, S. 1-28.

103. Klössel, Kunst, S. 33. Georg Dehio: Handbuch der deutschen Kunstdenkmäler. Bd. 2 (Westfalen). Bearb. von Dorothea Kluge und Wilfried Hansmann. Darmstadt, 1969, S. 394.

104. Bach, Studien, S. 202, 210 ff.; Lurz, Kriegerdenkmäler, Band 2, S. 287.

105. Allerhöchste Kabinettsordre / Ordenserneuerung des Eisernen Kreuzes vom 5.8.1914 / Allerhöchste Verordnungen / Ordenserweiterungen vom 27.3. und 12.6.1915. In: Preuß. Gesetzsammlung. Berlin, 1914, S. 147f.; Armee-Verordnungsblatt. Berlin, 1915, Nr. 14 und 29 S. 26.

106. Flugblätter aus zwei Weltkriegen. Katalog des Bayer. Hauptstaats-/ Kriegsarchivs München. München, 1986, S. 11 f.

107. Allerhöchste Kabinettsordres / Stiftung von Gedenkblättern vom 30.1. 1915 und 23.9.1916. In: Armeeverordnungsblatt. Berlin, 1915, Nr. 5, 1916, Nr. 44.

108. Alfred Just: Kriegshandbuch für evangelische Geistliche und Gemeindebeamte. Gütersloh, 1918, S. 75 f.; vgl. Franz Albert (Hrsg.): Handbuch für die Katholischen Feldgeistlichen des preußischen Heeres. Eine Jubiläumsausgabe mit Genehmigung und Empfehlung der Katholischen Feldpropstei. Wilna, 1918, S. 168, im folgenden zitiert als Albert, Handbuch; zu den "Gedenkblättern" an Schulen vgl. Bach, Studien, S. 247 und 496.

109. Allerhöchste Kabinettsordre / "Ehrung" der Kriegergräber vom 7.3. 1917. In: Armee-Verordnungsblatt. Berlin, 1917, Nr. 233; zur Gräberfürsorge: vgl. Lurz, Kriegerdenkmäler. Bd. 3 (I. Weltkrieg). Heidelberg, 1985, S. 30-40. Vgl. Vogt, Oberrhein, S. 62 f.

110. Lurz, Kriegerdenkmäler, Band 3, S. 110 ff., 159-169; Vogt, Religion, S. 444 ff., 815.

111. Paul Clemen: Einleitung. In: L. Pfaffendorf: Südbelgische Kriegerfriedhöfe. Berlin, 1927, S. 11.

112. Karl Giannoni: Kriegerehrungen. Merkblatt für Gemeinden und Denkmalsausschüsse. Wien, 1916, S. 3; vgl. Georg L. Mosse: Soldatenfriedhöfe und nationale Wiedergeburt. In: Klaus Vondung (Hrsg.): Kriegserlebnisse, der Erste Weltkrieg in der literarischen Gestaltung und symbolischen Deutung der Nationen. Göttingen, 1980, S. 251 ff.

113. Denkmäler, insbesondere einzelne Denkmalsformen, wurden als sinnfällige Metaphern militärischer Führerschaft empfunden. Aufschlußreich für diese Auffassung war zum Beispiel eine biographische Skizze des späteren Generaloberst Hans von Seeckt: "Wenn er auf dem Truppenübungsplatz Döberitz die Meldung des Leitenden ... erwartete und die schlanke Gestalt auf den Horizont stand, allein, sinnend, vor sich hin blickend oder ins Weite schauend, ... wußte jeder von uns: 'Er war der Obelisk, auf den alle Straßen der Stadt zusammenliefen'". Zit. aus: Friedrich Wilhelm Hauck: Generaloberst Hans von Seeckt. In: Dermot Bradley / Ulrich Marwedel (Hrsg.): Militärgeschichte, Militärwissenschaft, Konfliktforschung. Festschrift für Werner Hahlweg zur Vollendung seines 65. Geburtstages. Osnabrück, 1977, S. 150.

114. O. N.: Wicres-Village, der Patenfriedhof der Stadt Münster. In: Das schöne Münster. Hrsg. vom Verkehrsamt der Stadt Münster, 3. Jahrg./ 22., Heft vom 15.11.1931, S. 338-348 (mit zahlreichen Abbildungen, Kommentaren und Textdokumenten); vgl. auch 9. Jahrg./Februar-Heft 1937, S. 33; vgl. Bach, Studien, S. 240 f., 490.

115. Bruno Doehring (Hrsg.): Eine feste Burg. Predigten und Reden aus eherner Zeit. 2 Bände. Berlin, 1914 ff. (mehrere Auflagen), seit 1921 unter dem neuen Titel: Ein feste Burg, Denkmäler evangelischer und deutscher Art aus schwerer Zeit. Berlin, 1921, im folgenden zitiert als Doehring, Predigten ...; Johann Leicht (Hrsg.): Sankt Michael, ein Buch aus eherner Zeit zur Erinnerung, Erbauung und Tröstung für die Katholiken deutscher Zunge. Würzburg / Berlin /Wien, 1917, im folgenden zitiert als Leicht, Michael ...; vgl. Reiner Steinweg (Red.): Der gerechte Krieg: Christentum, Islam, Marxismus. Friedenanalysen. Frankfurt/ Main, 1980.

116. Julius Hanak: Die evangelische Militärseelsorge im alten Österreich unter besonderer Berücksichtigung ihrer Eingliederung in den kirchlichen Verband. 87./88. Jahrbuch der Gesellschaft für die Geschichte des Protestantismus in Österreich. Wien, 1971, S. 5 ff.; vgl. Vogt, Oberrhein, S. 51 und 103 f.

117. Karl Hammer: Deutsche Kriegstheologie (1870-1918). München, 1971, S. 41.

118. Doehring: Predigten, mit Abbildungen zu Wilhelm Richter aus Stolberg/Harz ("Wie ein einziger Mann", S. 36), N. Fischer ("Euer Herz erschrecke nicht", S. 92 ff.), Gottfried Traub aus Dortmund ("Heilige Gegenwart", S. 38 f.) und Professor Spitta aus Münster ("Was lernen wir aus Jesu Opfer für unser Opfer?" S. 249-252). Leicht, Michael, mit verschiedenen Beiträgen von Bischof Johannes Poggenburg aus Münster

("Opferkraft", S. 127 ff.), Professor Norbert Peters aus Paderborn ("Das Jenseitsschicksal unserer gefallenen Helden", S. 228 f.) und vom Paderborner Bischof Karl Joseph Schulte ("Christ ist erstanden", S. 181 f.).

119. Abel: In Gottes Hand. In: Viktor Lipusch (Bearb.): Österreich-Ungarns katholische Militärseelsorge im Weltkriege. Hrsg. u. d. Protekt. d. Fürstbischofs von Seckau und Militärvikars Ferdinand Pawlikowski. Wien, 1938, S. 367, im folgenden zitiert als Lipusch, Militärseelsorge. vgl. Vogt, Religion, S. 409-414, 525-577.

120. Eugen Tannenbaum (Hrsg.): Kriegsbriefe deutscher und österreichischer Juden. Berlin, 1915; vgl. Vogt, Religion, S. 579-614; Ders., Chancen, Heft 101.

121. Postkartensammlung [PK-Nr. 984 (FRIEDE) und 3897 (Glaubensbekenntnis)]. In: Bayerisches Hauptstaats-/Kriegsarchiv München, vgl. Gebhard Mehring: Das Vater-unser als politisches Kampfmittel. In: Zeitschrift für Volkskunde. 19. Jahrgang, Berlin, 1909, S. 129-142; Oswald Menglein: Kriegsvaterunser und Verwandtes. München, 1916; vgl. Wolfgang Schultz: "Ansichten" auf vaterländischen Postkarten. In: Alfred Bruns (Red.): Völksfrömmigkeit und Vaterlandsliebe. Bilder aus sauerländischen Stuben 1850-1930. Hrsg. vom Schieferbergbau-Heimatmuseum Schmallenberg-Holthausen. Münster, 1987, S. 67-71.

122. Vogt, Religion, S. 550-566.

123. Hoffmann-Curtius, Kreuz, S. 90 ff.

124. Lurz, Kriegerdenkmäler, Band 4 (Weimarer Republik), S. 24, vgl. S. 18-29.

125. Lurz, Kriegerdenkmäler, Band 4, S. 307-315.

126. Wilhelm Müller-Loebnitz (Bearb.): Das Ehrenbuch der Westfalen. Stuttgart, o.J. (um 1931) mit zahlreichen Abbildungen von Kriegergräbern und -denkmälern: S. 3, 24, 37, 164, 181, 210, 220, 228, 333, 411, 441.

127. Josef Menke: Erinnerungen eines deutschen Feldgeistlichen. São Paulo, 1925, unter dem neuen Titel "Ohne Waffe", Paderborn, 1930. Menke hatte große Popularität durch längere Auslandsaufenthalte, über die er Reiseberichte veröffentlichte, und durch seine Verwandtschaft mit dem Kölner Domkapitular und Kunstsammler Alexander Schnütgen, seinem Onkel. Vgl. Der Große Herder. Nachschlagewerk für Wissen und Leben. 4. völlig neubearb. Aufl. v. Herders Konversationslexikon. Band 8, Freiburg/Breisgau 1934, Sp. 217 (Artikel: Menke). Vgl. Josef Menke. Ein Interview mit Pfarrer Josef Menke (Benninghausen). Brasilien / Neapel /Venedig, aus dem Leben des Verfassers von "Ohne Waffen" und "Unter Gauchos und deutschen Siedlern in Südbrasilien". In: Heimatblätter. Hrsg. v. Reinhard Laumanns, Lippstadt, 42. Jahrg., 1961, Folge 10. S. 37 ff. Vgl. Erich Maria Remarque: Im Westen nichts Neues. Berlin, 1919.

128. Ernst Jünger: Der Kampf als inneres Erlebnis. o.O., 1923; vgl. Rolf

Hochhuth: Täter und Denker, Profile und Probleme von Cäsar bis Jünger. Stuttgart, 1987, S. 347-368, im folgenden zitiert als Hochhuth, Denker.

129. Gründungs-"Aufruf" in: Volksbund Deutsche Kriegsgräberfürsorge (Hrsg.): 40 Jahre Volksbund Deutsche Kriegsgräberfürsorge. Bearb. u. Mitarb. v. Josef Arens. Kassel, 1959, S. 10/11, im folgenden zitiert als 40 Jahre Volksbund ...; vgl. G. E. Eulen: Kriegsgräberfürsorge. In: Julia Dünner (Hrsg.): Handwörterbuch der Wohlfahrtspflege. Berlin, [2]1929, S. 429 ff.; Von Geldern: Kriegergräber. In: Bill Drews / Franz Hoffmann (Hrsg.): Bitter-Handwörterbuch der preußischen Verwaltung. Berlin /Leipzig, [3]1928, S. 1101 f.; Lurz, Kriegerdenkmäler, Band 4, S. 103-106.

130. 40 Jahre Volksbund, S. 10/11, 35; Vogt, Oberrhein, S. 66-72.

131. S. Anmerkung Nr. 129; Lurz, Kriegerdenkmäler, Band 4, S. 105.

132. Lurz, Kriegerdenkmäler, Band 4, S. 413-426; - Thomas Peter Petersen: Die Geschichte des Volkstrauertages. Hektogr. Schrift des Volksbundes Deutsche Kriegsgräberfürsorge. Kiel / Kassel, o.J.; Volksbund Deutsche Kriegsgräberfürsorge e.V. (Hrsg.): Deutscher Ehrenhain für die Helden von 1914/18. Mustersammlung deutscher Gefallenendenkmäler, dem deutschen Volk zum Gedenken an seine gefallenen Söhne, mit einem Geleitwort von Ernst Bergmann. Leipzig, 1931, im folgenden zitiert als Bergmann, Ehrenhain.

133. Lurz, Kriegerdenkmäler, Band 4, S. 238 ff., vgl. S. 385-394; in der Tradition preußischer Kirchenbaupläne sowie des Wilhelminischen Garnisonkirchenbaus waren schon während des Ersten Weltkrieges Neubaupläne entworfen worden (zum Beispiel in Walter Rothes: Kriegsgedächtniskirchen. München, 1916). Vgl. Schneider, Kriegerdenkmäler, S. 99 ff.

134. Pfarramtsakte A 2 (Kriegergedächtniskapelle) in: Pfarrarchiv Lipperode, zit. (einschl. Kommentar) nach: Bach, Studien, S. 277 f.

135. Joseph Schärfl: Das Taschenbüchlein des Soldaten und des Veteranen, mit kirchl. Approbation. Augsburg, [9]1915, S. 9.

136. Bach, Studien, S. 278.

137. Bach, Studien, S. 290 f.

138. Bach, Studien, S. 246 f.; Bergmann, Ehrenhain, mit Empfehlungen und Abbildungen modellhafter Denkmäler aus jüdischen Gemeinden: S. 20 f., 58, 69, 103, 134, 153, 161, 207, 213).

139. Messerschmidt, Juden, S. 123.

140. Artur Joseph: Nachruf für einen Unvergessenen. Der künstlerische Nachlaß des Bildhauers Benno Elkan wird bei Christie's in London versteigert. In: Frankfurter Allgemeine Zeitung vom 4.11.1961, S. 49. - Benno Elkan (1877-1960), aus Dortmund/Westfalen gebürtig, wirkte überwiegend in Frankfurt und emigrierte später nach London. Er blieb dort auch nach dem Krieg, obwohl er sich stets "... nur als Deutscher fühlen und zu nichts Neuem entschließen konnte". (A. Joseph) In Lon-

don schuf er auch die 30 Meter große Menorah für die Knesseth in Jerusalem, bis heute ein Symbol offizieller israelischer Identität. Vgl. Hans Menzel-Severing: Der Bildhauer Benno Elkan. Band 7: Monographien zur Geschichte Dortmunds u.d. Grafschaft Mark. Dortmund, 1980. Volker G. Probst: Bilder vom Tode. Studie zum deutschen Kriegerdenkmal am Beispiel des Pieta-Motivs. Hamburg, 1986, S. 76 ff., im folgenden zitiert als Probst, Bilder; vgl. Westheider, Kriegerdenkmäler, S. 30 f.

141. Lurz, Kriegerdenkmäler, Band 4, S. 217, vgl. S. 122 f., 158, 181, 210-221.

142. Sebastian, ein Märtyrer der diokletianischen Christenverfolgung, wurde schon im 4. Jahrhundert in Mailand und Rom verehrt. Viele legendenhafte Erzählungen umrankten die Tradition, so zum Beispiel, daß er, von Pfeilen durchstochen, den Martertod erlitt. Daran knüpfte die Bildkunst der Renaissance an, die Sebastian als jugendliche, von Pfeilen durchbohrte, unbekleidete Gestalt darstellte. Seit Wilhelminischer Zeit gewann die Sebastian-Verehrung in katholischen Kriegerverbänden und Militärkreisen an Einfluß. Vgl. Acta betr. Kriegervereine - Amt Roxel: A, Fach 98: Nr. 3. In: Stadtarchiv Münster/Westfalen. Vgl. Karl Moritz (Hrsg.): Chronik von Nienberge. Nienberge, 1983, S. 155-159, 388-391, 416-419.

143. Gustav Wolf, Leiter der Westfälischen Beratungsstelle für Kriegerehrungen - im Benehmen mit Provinzialkonservator Körner, Offizielle Selbstdarstellung, genehm. Konzept/Schreiben vom 28.6.1922 an den Oberpräsident von Münster. In : Akten OPräs., Nr. 5556 (Kriegergräber-Ehrungen), in: Staatsarchiv Münster. Vgl. Bach, Studien, S. 327 f., 485-487; vgl. Lurz, Kriegerdenkmäler, Band 4, S. 133-135.

144. Lurz, Kriegerdenkmäler, Band 3, S. 64 ff.; Band 4, S. 102 ff.

145. Gesetz über die Erhaltung der Kriegergräber aus dem Weltkrieg vom 29.12.1922. In: Reichsgesetzblatt, Berlin Nr. 2/1923.

146. Lurz, Kriegerdenkmäler, Band 4, S. 106.

147. Bach, Studien, S. 218 ff.; vgl. Krüger, Auferstehung, S. 29-34.

148. Jürgen Zänker (Leit.): Öffentliche Denkmäler und Kunstobjekte in Dortmund, eine Bestandsaufnahme. Dortmund, 1984, S. 66, im folgenden zitiert als Zänker, Denkmäler; Lurz, Kriegerdenkmäler, Band 4, S. 178, 273 ff.

149. Lurz, Kriegerdenkmäler, Band 5, S. 123-136, 238-240.

150. Bach, Studien, S. 245; vgl. Bergmann, Ehrenhain, S. 156.

151. Ansprache von Pastor Lambeck zur Weihe des Volmarsteiner Ehrenmals vom 30.10.1926/Zeitungsausschnitt aus: Specialakte betr. Ehrenmal in Volmarstein. In: Stadtarchiv Wetter/Ruhr (Archivakte C-VII-17), laut frdl. Auskunft von Dr. Thier (Stadtarchiv in Wetter/Ruhr).

152. Lurz, Kriegerdenkmäler, Band 4, S. 148 ff.

153. Josef Böttges: Armeebischof Dr. theol. H. Joeppen. In: Hülser Heimatblätter Heft 16/1969, S. 310; vgl. ohne Namen: Armeebischof Dr.

Heinrich Joeppen zur Feier seines Goldenen Priesterjubiläums in Hüls. In: Die Heimat. Krefeld, Heft Nr. 4/1925, S. 201 ff.; vgl. Arnold Vogt: "Kirchenglocke bleiben, nicht Kanone werden!" Militärseelsorger aus dem Bistum Münster - zwischen Pflicht und Propaganda. In: Kirche und Leben. Bistumsblatt, Ausg. Nr. 9 vom 3.3.1985, S. 20; Ders., Religion, S. 829 ff.

154. S. Anm. Nr. 127 und 157; vgl. Vogt, Oberrhein, S. 67-72.
155. Martin Schian: Die deutsche evangelische Kirche im Weltkriege. Hrsg. im Auftrag des Deutschen Evangelischen Kirchenausschusses. 2 Bände. Berlin, 1921/1925 als Beispiel für viele.
156. Fr. Lippold: Die historische Tat des Reichsbischofs. Ludwig Müller schuf die Ruhmeshalle der deutschen Flotte. Manuskript im Institut für Zeitgeschichte. München, zit. nach: Lurz, Kriegerdenkmäler, Band 4, S. 239, vgl. 283 f., 385-392; vgl. Vogt, Marine, S. 348 f., 352-355.
157. Franz Albert: Die (kath.) Seelsorge im Felde. In: Max Schwarte (Hrsg.): Der Große Krieg 1914-1918, der Weltkampf um Ehre und Recht, die Erforschung des Krieges in seiner wahren Begebenheit auf amtlichen Akten und Urkunden beruhend. Band 10/Teil III, Leipzig / Berlin / Tübingen, o.J. (1923), S. 232.
158. Bach, Studien, S. 240; vgl. M. Fuchs: Das Marine-Ehrenmal. Wilhelmshaven, 1965; vgl. Lurz, Kriegerdenkmäler, Band 5, S. 167 f.
159. Bach, Studien, Bildkommentar Nr. 272.
160. Lenz Kriss-Rittenbeck: Ex Voto, Zeichen, Bild und Abbild im christlichen Volksbrauchtum. Zürich / Freiburg/Breisgau, 1972; vgl. Vogt, Religion, S. 406-420.
161. Bach, Studien, S. 245, Bildkommentare Nr. 234-236.
162. P. L. (Hrsg.): Das Tönsberg-Mal. In: Teutoburger Wald und Weserbergland. Hrsg. unter Mitwirkung des Verkehrsverbandes Teutoburger Wald, des Verkehrsverbandes Weserbergland, des Wiehengebirgsverbandes, der Städtischen Verkehrsämter zu Bielefeld, Detmold und Osnabrück. 4. Jahrgang/Heft 10. Bielefeld, 1930, S. 1, im folgenden zitiert als Tönsberg-Mal.
163. Hermann Diekmann: Wie kam das Ehrenmal der 145er auf den Tönsberg? Hektograph. Zusammenstellung zur Entstehung und Konzeption, mit Auszügen aus Weihereden und der Jubiläumsschrift zur 900-Jahrfeier Oerlinghausens. Unveröff. Mskr.; Erich Kittel: Heimatchronik des Kreises Lippe. Köln, ²1978, S. 280.
164. Tönsberg-Mal, S. 3.; Bergmann, Ehrenhain, S. 196
165. Zänker, Denkmäler, S. 72 f.
166. Klaus Vondung: Geschichte als Weltgeschichte, Genesis und Degradation einer Symbolik. In: Ders. (Hrsg.): Kriegserlebnisse, der Erste Weltkrieg in der literarischen Gestaltung und symbolischen Deutung der Nationen. Göttingen, 1980, S. 68 ff.; Krüger, Auferstehung, S. 128 f.
167. Zänker, Denkmäler, S. 69; vgl. Hoffmann-Curtius, Kreuz, S. 86-94.
168. Lurz, Kriegerdenkmäler, Band 4, S. 55, 85-100; Band 5, S. 44; Hoff-

mann-Curtius, Kreuz, S. 94 ff. (zu den Intentionen der nationalsozialistischen Kreuzes-Ergänzung im Innenraum der Schinkelschen Neuen Wache).

169. Verhandlungen des Reichstages, VIII. Wahlperiode 1933, Band 457 der Stenograph. Berichte und Anlagen, Berlin, 1934, S. 1-14; vgl. Werner Schwipps: Die Garnisonkirchen von Berlin und Potsdam. S. 93 ff.; Horst Möller: Parlamentarismus in Preußen 1919-1933. Düsseldorf, 1985.

170. Gustav Adolf Caspar: Die militärische Tradition in der Reichswehr und in der Wehrmacht 1919-1945. In: Tradition in deutschen Streitkräften bis 1945. Hrsg. vom Militärgeschichtlichen Forschungsamt. Freiburg / Herford / Bonn, 1986, S. 264 (Zitat), im folgenden zitiert als Caspar, Tradition. Der "Heldengedenktag" wurde auf Wunsch von Siegfried Emmo Eulen, Bundesführer des Volksbundes Deutsche Kriegsgräberfürsorge e.V., anstelle des "Volkstrauertages" eingeführt (vgl. lurz, Kriegerdenkmäler, Band 5, S. 383 ff.).

171. Erich Maschke: Die Geschichte des Reichsehrenmals Tannenberg. In: Tannenberg - deutsches Schicksal - deutsche Aufgabe. Hrsg. vom Kuratorium für das Ehrenmal. Oldenburg / Berlin, 1939; vgl. Lurz, Kriegerdenkmäler, Band 4, S. 201-209.

172. Hans Ulrich Thamer: Verführung und Gewalt. Deutschland 1933-1945. Berlin, 1986, S. 334; vgl. Lurz, Kriegerdenkmäler, Band 5, S. 44-51; vgl. Volker Ackermann: Nationale Totenfeiern in Deutschland. Stuttgart, 1990, S. 110-117.

173. Manfred Messerschmidt: Aspekte der Militärseelsorgepolitik in nationalsozialistischer Zeit. In: Militärgeschichtliche Mitteilungen. Freiburg, Heft 1/1968, S. 77, im folgenden zitiert als Messerschmidt, Aspekte; Hermann Kunst (Hrsg.): Gott läßt sich nicht spotten - Franz Dohrmann - Feldbischof unter Hitler. Hannover, ²1983, mit verschiedenen Beiträgen: S. 26 f., 92 f., 155-158 (Gedenkrede vom 7.8.1934 am Tannenberg-Denkmal), im folgenden zitiert als Kunst, Dohrmann ...

174. Lurz, Kriegerdenkmäler, Band 5, S. 50 f., 123-136, 238-240.

175. Lurz, Kriegerdenkmäler, Band 5, S. 27-33, 71 ff; Alfred Rosenberg: Der Mythus des 20. Jahrhunderts. München, ²⁹1934, S. 450.

176. Caspar, Tradition, S. 267; Messerschmidt, Juden, S. 125-128; Vogt, Oberrhein, S. 74f.

177. Gedenkbuch für die jüdischen Gefallenen des deutschen Heeres, der deutschen Marine und der deutschen Schutztruppen. Hrsg. vom Reichsbund jüdischer Frontsoldaten e.V., mit einem Geleitwort des Reichspräsidenten, Berlin, 1932; vgl. Bergmann, Ehrenhain (mit zahlreichen jüdischen Denkmälern; s. Anm. Nr. 138).

178. Lurz, Kriegerdenkmäler, Band 5, S. 71 ff.

179. Zänker, Denkmäler, S. 76.

180. Pressebeitrag zur Denkmalsweihe in Suttrop in: Der Patriot (Lippstadt) vom 16.9.1938, zit. nach: Bach, Studien, S. 300, 515, Bildkommentar

Nr. 388; vgl. Lurz, Kriegerdenkmäler, Band 5, S. 265-272 (zur Gleich-stellung der ermordeten NS-Verbrecher mit Gefallenen des Ersten Weltkrieges); vgl. Vogt, Kriegerdenkmäler, S. 48.

181. Martin Lezius: Das Ehrenkleid des Soldaten, eine Kulturgeschichte der Uniform von ihren Anfängen bis zur Gegenwart, mit einem Geleitwort von Generalfeldmarschall von Mackensen. Berlin, 1936; - vgl. Caspar, Tradition, S. 269-278; Lurz, Kriegerdenkmäler, Band 4, S. 392 f.; Vogt, Religion, S. 387-454 (Vermittlungszusammenhang von Denkmälern, Uniformen u.a.).

182. Messerschmidt, Aspekte, S. 99, vgl. S. 97; vgl. Vogt, Oberrhein, S. 74-79.

183. Lipusch, Militärseelsorge, Geleitworte mit vorangestellter, sinnfälliger Denkmals-abbildung aus dem Wiener Stephansdom.

184. S. Anmerkung Nr. 155; vgl. Vogt, Religion, S. 20.

185. Vgl. Vogt, Religion, S. 578-624.

186. Manfred Messerschmidt: Zur Militärseelsorgepolitik im Zweiten Welt-krieg. In: Militärgeschichtliche Mitteilungen. Hrsg. vom Militärge-schichtlichen Forschungsamt. Freiburg, Heft 1/1969, S. 45, im folgen-den zitiert als Messerschmidt, Weltkrieg.

187. Verordnung über die Erneuerung des Eisernen Kreuzes vom 1.9.1939. In: Reichsgesetzblatt, Berlin, 1939, S. 1573-1576/Nr. 159.

188. Lurz, Kriegerdenkmäler, Band 5, S. 76-95, Band 6, S. 433 ff.; Krüger, Auferstehung, S. 237 f.

189. Lurz, Kriegerdenkmäler, Band 5, S. 107-122.

190. Eberhard Müller: Feldbischof unter Hitler. In: Kunst, Dohrmann, S. 28f.

191. Messerschmidt, Weltkrieg, S. 45.

192. Hans Jürgen Brandt: Zwischen Weltflucht und Anpassung. Zur Ge-schichte der Militärseelsorge und ihrer Rolle im Zweiten Weltkrieg. In: Kath. Militärbischofsamt (Hrsg.): Mensch, was wollt ihr denen sagen? Katholische Feldseelsorger im Zweiten Weltkrieg, Erinnerungsberich-te. Augsburg, 1991, S. 7-17; Dietrich Baedeker: Das Volk, das im fin-stern wandelt - Stationen eines Militärpfarrers 1939-1946. Hannover, 1987 (vgl. seine Berichte über die Militärseelsorge in Deutsch-Öster-reich).

193. Messerschmidt, Weltkrieg, S. 79 f.; vgl. Vogt, Oberrhein, S. 76-79.

194. Messerschmidt, Weltkrieg, S. 81 f.

195. Die sogenannte "SS" war 1925 als Wehrverband der NSDAP zum per-sönlichen Schutz Hitlers gegründet und im folgenden Jahr der Parteiarmee, der SA (Sturmabteilung) unterstellt worden. Durch ihre Aufgabe als "Leibwache" stand sie in einem besonderen Verhältnis zum "Führer" und war ihm zu "unbedingtem Gehorsam" verpflichtet. Heinrich Himmler, seit 1929 Reichsführer der SS, wollte aus ihr eine rassische Elite des gesamten Nationalsozialismus schaffen: als "Orden nordisch bestimmter Männer und als eine beschworene Gemeinschaft

ihrer Sippen". 1934 löste Himmler die SS im Zuge des Röhm-Putsches aus der SA und erklärte sie zur selbständigen Gliederung der NSDAP. Bald darauf gewann er bedeutenden Machtzuwachs - seit 1936 als Chef der deutschen Polizei und des Nachrichtendienstes. Wichtige Institutionen der SS waren das Reichssicherheitshauptamt, der berüchtigte Sicherheitsdienst (bereits seit 1931), die Verwaltung der Konzentrations- und Vernichtungslager, das Rasse- und Siedlungsamt, die SS-Verfügungstruppen, die SS-Totenkopfverbände zur Bewachung der Konzentrations- und Vernichtungslager, schließlich seit 1939/40 die Waffen-SS, die im Rahmen des Heeres kämpfte, aber kein Teil der Wehrmacht war. Vgl. Ronald Smelser / Rainer Zitelmann (Hrsg.): Die braune Elite. Darmstadt, [2]1990.

196. Karl Hüser: Wewelsburg 1933-1945, Kult- und Terrorstätte der SS, eine Dokumentation. Paderborn, 1982; Ders.: Dokumentation Wewelsburg 1933-1945, Kult- und Terrorstätte der SS, eine Einführung/ Sonderbeilage zum IBW-Journal. Hrsg. vom Deutschen Institut für Bildung und Wissen e.V. (IBW), Paderborn, Heft 6/1982, S. 1, 16 f., 20 (Zitate und Abbildung des Baumodells) im folgenden zitiert als Hüser, Wewelsburg. Das Baumodell ist durch ein Foto überliefert, das mit freundlicher Genehmigung des Kreismuseums Büren-Wewelsburg des Kreises Paderborn vom 13.6.1991 hier abgebildet ist.

197. Lilli Breede / Heinrich Nolde: 1100 Jahre Freckenhorst, das Stift Freckenhorst und die politische Gemeinde im Wandel der Jahrhunderte. Warendorf, 1951, S. 42, 49, im folgenden zitiert als Breede / Molde, Freckenhorst. Das Kruzifix war ein Werk von Joh. Wilh. Gröninger (um 1700).
Vgl. Vogt, Freckenhorst, S. 74-86. Vgl. Martin Kruse (Hrsg.): Die Stalingrad-Madonna. Hannover, 1993.

198. Lurz, Kriegerdenkmäler, Band 6 (Bundesrepublik), Heidelberg, 1987, S. 113-118, 145-159 sowie 432-446 (zur Kritik der anonymen Bestattung und "Totenburgen" sowie der personellen und ideologischen Kontinuität des Volksbundes); Krüger, Auferstehung, S. 238.

199. Latzel, Sterben, S. 102.

200. Lurz, Kriegerdenkmäler, Band 6, S. 135 ff, 356, 465-470.

201. Meinhold Lurz: Die Verdrängung der Gewalt in den Denkmälern und Friedhöfen des Zweiten Weltkrieges. In: Calließ, Aufklärung, S. 120.

202. Die fundamentale Bedeutung der Kirchen und Religionsgesellschaften resultierte in der neuen, bundesdeutschen Staatsordnung aus den einschlägigen staats- und verfassungsrechtlichen Traditionen: dem Gottesgnadentum deutscher Monarchien einerseits und der "atheistischen" Gegenthese der Weimarer Verfassung: "Alle Gewalt geht vom Volke aus."

203. Lurz, Kriegerdenkmäler, Band 6, S. 30, 132 ff., 352-389, 463-470.

204. Lurz, Kriegerdenkmäler, Band 6, S. 268, 396, 423-462.

205. Ulrich de Maiziére: Bekenntnis zum Soldaten. Militärische Führung in

unserer Zeit. Reden, Vorträge, Ansprachen. Hamburg, [2]1971, S. 54, vgl. S. 31 ff. (Ansprache zur Verleihung der ersten Truppenfahne am 24.4.1965).

206. Direktive Nr. 30 des Alliierten Kontrollrates vom 17.5.1946. In: Ruth Hemken (Hrsg.): Sammlung der vom Alliierten Kontrollrat ... erlassenen Proklamationen, Verordnungen, Befehle, Direktiven. Stuttgart, [3]1946.

207. Bach, Studien, S. 263; Lurz, Kriegerdenkmäler, Band 6, S. 69-74, 123-127.

208. Bach, Studien, S. 263; Willi Mues: Der große Kessel. Eine Dokumentation über das Ende des Zweiten Weltkrieges zwischen Lippe und Ruhr, Sieg und Lenne, Erwitte, Lippstadt. Bielefeld, 1984, S. 207, Tafel 85; Marcuse u.a., Steine, S. 22; vgl. Zänker, Denkmäler, S. 79 (Dortmund-Wambel); Karl Hüser / Reinhard Otto: Das Stammlager 326 (VI K) Senne. Sowjetische Kriegsgefangene als Opfer des Nationalsozialistischen Weltanschauungskrieges. Hrsg. von der Gemeine Holte-Stukenbrock. Bielefeld, 1991, S. 165-181, 182f. (Denkmalserrichtung); Ulrike Puvogel: Gedenkstätten für die Opfer des Nationalsozialismus. Eine Dokumentation. Bonn, 1987, S. 594-597, im folgenden zitiert als Puvogel, Gedenkstätten.

209. Franz Josef Risse: Das Freckenhorster Jubeljahr. Hrsg. vom Katholischen Pfarramt Freckenhorst. Warendorf, 1951, S. 3, im folgenden zitiert als Risse, Jubeljahr ...; Vogt, Freckenhorst, S. 79-85.

210. Risse, Jubeljahr, S. 23 ff., vgl. S. 7 ff.

211. Risse, Jubeljahr, S. 3-7, 24f.

212. Gustav Wolf: Kriegsgedächtniszeichen. Hrsg. vom Landesbaupfleger für Westfalen. Münster, 1954; vgl. Ders.: Freckenhorster Beispiel. In: Westfälischer Heimatkalender 1954; vgl. Bach, Studien, S. 258 f., 502; Lurz, Kriegerdenkmäler, Band 6, S. 153-139 (zum Begriff des Kriegsopfermals).

213. Zänker, Denkmäler, S. 83.

214. Hans Chanoch Meyer (Hrsg.): Aus Geschichte und Leben der Juden in Westfalen. Frankfurt/Main, 1962, S. 137 ff. (Beitrag von S. Heimberg über die Nachkriegsgemeinde), 174 f. und 187 (Dokumentation).

215. Denkschrift "Errichtung von Gedenkmalen für die Toten des letzten Weltkrieges". In: Kirchl. Amtsblatt der Evangelischen Kirche von Westfalen. Nr. 12, Bielefeld, den 25.10.54, S. 89-91.

216. S. Anmerkung Nr. 204; Alois Fuchs: Ein vorbildliches Mahnmal für Opfer des Krieges. In: Alte und neue Kunst im Erzbistum Paderborn. Band 2. 1951/52, S. 99 f., zit. nach: Bach, Studien, S. 260, 503.

217. Zänker, Denkmäler, S. 85; vgl. Krüger, Auferstehung, S. 141 f.

218. Herta Hesse: Das Mahnmal in Dahl. In: Westfalen-Spiegel. Münster, Heft 11/1960, S. 24 f.; Anna Klapheck: Ewald Mataré - Türen und Tore. Krefeld, ohne Jahr, S. 76-87, 121; vgl. Bach, Studien, S. 10 f.

219. S. Anmerkung Nr. 169; Günther Karstedt: Die Kirche mit der Gruft der

Preußen-Könige. In: Frankfurter Allgemeine Zeitung. Nr. 188 vom 17.8.1982, S. 7.

220. Gemeindeausschuß der Christus- und Garnisonkirche Wilhelmshaven (Hrsg.): Die Christus- und Garnisonkirche Wilhelmshaven 1872-1972. Wilhelmshaven, 1972, S. 11 ff., im folgenden zitiert als Wilhelmshaven, Jubiläumsschrift.

221. Wilhelmshaven, Jubiläumsschrift, S. 20; vgl. Vogt, Marine, S. 364-368.

222. Kieler Nachrichten vom 21. und 23.9.1957 sowie 9.12.1957, zit. nach Pressesammlung im Stadtarchiv Kiel.

223. Hans Haibach: Haltestelle Ehrenmal - Besichtigung in Laboe. In: Frankfurter Allgemeine Zeitung. Nr. 218 vom 20.9.1986 (Beilage).

224. Lurz, Kriegerdenkmäler, Band 6, S. 62-69. Probst, Bilder, S. 201 ff.

225. Bach, Studien, S. 190, Bildkommentar Nr. 260; vgl. Ders.: Sinngebung des Soldatentodes. Über Kriegerdenkmäler in Deutschland. Rezension (über: Lurz, Kriegerdenkmäler Band 1-3). In: Frankfurter Allgemeine Zeitung. Nr. 152 vom 5.7.1985, S. 10, im folgenden zitiert als Bach, Sinngebung; Lurz, Kriegerdenkmäler, Band 6, S. 224, 337 f. (zum "Kameraden"-Begriff).

226. Dortmund - Karfreitag 1945, die Massenerschießungen in der Bittermark und im Romberg-Park. Broschüre zur Gedenkstätte. Dortmund, 1985, S. 6 ff., 11; Gustav Luntowski (Projektleit.): Widerstand und Verfolgung in Dortmund 1933-1945. Ständige Ausstellung und Dokumentation im Auftrag der Stadt Dortmund. Dortmund, 1981, S. 307 f, 314 ff.; Puvogel, Gedenkstätten, S. 528.

227. Klössel, Kunst, S. 34 f.; Marcuse, Steine, S. 29.

228. Heinrich Lützeler: Das Bonner Ehrenmal. In: 150 Jahre Rheinische Friedrich-Wilhelms-Universität zu Bonn 1818-1968. Die Bonner Bauten und Bildwerke. Bonn, 1968.

229. Michael Wolffsohn: Ewige Schuld? - 40 Jahre deutsch-jüdisch-israelische Beziehungen. München / Zürich, 1991, S. 133, vgl. S. 32 ff., im folgenden zitiert als Wolffsohn, Beziehungen.

230. Lurz, Kriegerdenkmäler, Band 6, S. 371 f.; Wolffsohn, Beziehungen, S. 37-42, 135 f.

231. Julius H. Schoeps: Leiden an Deutschland. Vom antisemitischen Wahn und der Last der Erinnerung. München / Zürich, 1990.

232. Wolffsohn, Beziehungen, S. 149.

233. Carl Gero von Ilsemann: Die Bundeswehr in der Demokratie. Zeit der Inneren Führung. Hamburg, 1971, S. 67-70; Werner von Scheven: Kraft der Überlieferung und Fähigkeit zum Lernen. In: Europäische Wehrkunde (Bonn). Heft-Nr. 9/1989, S. 547-555 (einschließlich Bundeswehr-Gedenkstätten), im folgenden zitiert als Scheven, Überlieferung; vgl. Kritik von Gerhard Rüddenklau: Bundeswehr und Heerestradition in Nordwestdeutschland. In: Zeitschrift für Heereskunde (Berlin). Heft Nr. 362/1992, S. 89-92.

234. Lurz, Kriegerdenkmäler, Band 6, S. 408-417; Marcuse, Steine, S. 1 f.;

Wolffsohn, Beziehungen, S. 48-51; Uwe Backes / Eckehard Jesse / Rainer Zitelmann (Hrsg.): Der Schatten der Vergangenheit. Impulse zur Historisierung des Nationalsozialismus. Frankfurt/Main / Berlin / Gütersloh, 1990. Im folgenden zitiert als Backes u.a., Schatten.

235. Hartwig Beseler: Denkmalpflege, Auftrag, Realität, Perspektiven. In: Rundschreiben Nr. 9-10/1983 des Westf. Heimatbundes, S. 1-6; Ina Maria Greverus (Hrsg.): Denkmalräume - Lebensräume. Gießen 1976; Lurz, Kriegerdenkmäler, Band 6, S. 419 ff.; Reinhard Grätz / Helmut Lange / Hermann Josef Beu (Hrsg.): Denkmalschutz und Denkmalpflege. 10 Jahre Denkmalschutzgesetz. Köln / Bonn, 1991; Lurz, Kriegerdenkmäler, Band 6, S. 21 ff. - vgl. Anm.-Nr. 7.

236. Jeismann, Totenkult, S. N 3; vgl. Koselleck, Kriegerdenkmäler; ders.: Herausforderung; Lurz, Kriegerdenkmäler, Band 1, S. 7, 19-25; Vogt, Kriegerdenkmäler, S. 51f.

237. Hüser, Wewelsburg, S. S. 3; vgl. Wulff E. Brebeck: Das Kreismuseum Wewelsburg. In: Michael Fehr / Stefan Grohé (Hrsg.): Geschichte, Bild, Museum. Zur Darstellung von Geschichte im Museum. Köln, o.J., S. 60-73; Wulff E. Brebeck / Karl Hüser: Wewelsburg 1933-1945. Konzentrationslager/Kultstätte des SS-Ordens. Bildmediensammlungen der Landesbildstelle Westfalen. Münster, 1988.

238. Boehlke, Tod; Alfred Bruns (Red.): Volksfrömmigkeit und Vaterlandsliebe. Bilder aus sauerländischen Stuben 1850-1930. Ausstellungskatalog des Schieferberg-Heimatmuseums. Schmallenberg-Holthausen/Fredeburg 1987; Fachbereich Design der Fachhochschule Dortmund: "Unseren tapferen Helden ..." Kriegs- und Kriegerdenkmäler und politische Ehrenmale. Dortmunder Beispiele. Essen, 1987; Jörgen Bracker: Friedensbewegungen in Vergangenheit und Gegenwart. Vorträge zu einem Colloquium im Museum für Hamburgische Geschichte, 2.-4.4.1985. Hamburg, 1985, im folgenden zitiert als Bracker, Friedensbewegungen; Hansen, Nationaldenkmäler; Hüser, Wewelsburg; Ulrich Schiller: Das Unfaßbare begreifen lernen. In den Vereinigten Staaten sollen drei Holocaust-Museen eröffnet werden. In: Die Zeit. Nr. 7 vom 9.2.1990, S. 92. Marcus Steine / Michael Wolffsohn: Eine Amputation des Judentums? Einige kritische Fragen zur Washingtoner Holocaust-Gedenkstätte. In: Frankfurter Allgemeine Zeitung. Nr. 87 vom 15.4.93, S. 32; Wilfried Schubarth: Erlebbarer Faschismus. Zu Wirkungen eines Gedenkstättenbesuches. In: Hans Joachim Klein (Hrsg.): Karlsruher Schriften zur Besucherforschung. Heft 2. Karlsruhe, 1991, S. 55-75.

239. Blüm-Interview in: Der Spiegel vom 10.7.1978; vgl. dazu Presseerklärungen Blüms u.a. in: Die Bundeswehr. Fachorgan des Deutschen Bundeswehrverbandes Bonn. Nr. 8/1978, S. 412: "Wenn ein Satz meines im letzten 'Spiegel' veröffentlichten Beitrages in einen Zusammenhang gebracht wurde, der Kriegerwitwen beleidigt, weil er das Ansehen an ihre gefallenen Männer verdunkelt und Soldaten verurteilt, die in Erfüllung ihrer Pflicht sich nichts zu Schulden kommen ließen, so tut mir

dies leid. Ich wollte die Tragik von Zwangssituationen in einem Un-
rechtssystem darstellen. Wenn aus der Formulierung dieses Satzes der
Schluß auf eine moralische Verurteilung aller Soldaten wurde, so be-
daure ich dies, weil es meinen Ansichten widerspricht."

240. Karl Feldmeyer: Die mehrfache Betroffenheit des Norbert Blüm. Ein
Zeitschriftenartikel und seine Folgen. In: Frankfurter Allgemeine Zeitung. Nr. 189 vom 31.8.1978.

241. Wolffsohn, Beziehungen, S. 40 f., 77; vgl. Berthold Stein: Kein Tabu,
Empörung ..., Ehrenmal ... bleibt offizielle Gedenkstätte. In: Westfälische Nachrichten Nr. 258 (CO/BL 540) vom 5.11.1988 - laut frdl. Hinweis von Dr. Karl Heinz Kirchhoff (Münster).

242. Wilhelm von Kampen: Holocaust. Materialien zu einer amerikanischen
Fernsehserie über die Judenverfolgung im "Dritten Reich". Düsseldorf,
1978.

243. Hochhuth, Denker; vgl. seine jüngsten Dramen "Juristen" (1980), "Ärztinnen" (1980) und "Judith" (1984) sowie auch seine Erzählung "Alan
Turing" (1987) über die tragische Verknüpfung von kriegsentscheiden-
dem Handeln, gesellschaftlicher Brutalität und persönlichem Scheitern.

244. Dieter Waßmann: Ansprache zum Volkstrauertag (1973). In: Evangelisches Kirchenamt für die Bundeswehr (Hrsg.): Beiträge aus der evangelischen Militärseelsorge. November-Heft. Bonn, 1975; vgl. Lurz, Kriegerdenkmäler, Band 6, S. 12-15.

245. Lurz, Kriegerdenkmäler, Band 6, S. 539, vgl. S. 34; vgl. auch Ders.:
Kriegerdenkmäler, Band 2, S. 10 ff.

246. Zur Errichtung und Enthüllung des Denkmals am 16.6.1982. In: Kieler
Nachrichten vom 17.6.1982; vgl. auch Gerhard Spoerl: Ein Denkmal für
Meuterer. Kiel tut sich schwer mit der Erinnerung an die Revolution
von 1918. In: Die Zeit. Nr. 25 vom 18.6.1982; vgl. Lurz, Kriegerdenkmäler, Band 6, S. 417 f.; Vogt, Marine, S. 366 f.

247. Bärbel Hedinger u.a.: Ein Kriegerdenkmal in Hamburg. Hamburg,
1979; Jörgen Bracker: Das 76er Denkmal am Stephansplatz oder: "Die
Unfähigkeit zu trauern". In: Ders.: Friedensbewegungen, S. 102-113;
Lurz, Kriegerdenkmäler, Band 6, S. 25, 72 ff., vgl Band 5, S. 151-155.

248. Jasper von Altenbockum: Streit um Denkmal zu Ehren von Deserteuren,
Diskriminierung aller Soldaten oder Denkanstoß? In: Frankfurter Allgemeine Zeitung. Nr. 58 vom 10.3.1987, S. 5; Klaus Bednarz: In den mei-
sten Fällen war nicht Furcht vor dem Tod der Grund, sondern der Wille,
nicht mitschuldig zu werden. In: Die Zeit. Nr. 39 vom 18.9.1987, S. 20;
vgl. Norbert Haase: Deutsche Deserteure. Berlin, 1987; Erna Putz /
Franz Jägerstätter: "... besser die Hände als der Wille gefesselt ..."
Linz / Wien, 1985; Eberhard Röhm: Streben für den Frieden: Hermann
Stöhr und die ökumenische Friedensbewegung. Stuttgart, 1985.

249. Marcuse, Steine, S. 7; Klaus Dörner: Mit der Vergasung polnischer psy-
chisch Kranker 1939 in Posen durch Deutsche begann die Industrialisierung des Tötens von Menschen. Warum die Verdrängung dieser

Schuld am längsten währt. In: Die Zeit. Nr. 36 vom 1.9.1989, S. 65; Rudolf Kraft: In trennendem Gedenken. In: Die Zeit. Nr. 31 vom 24.7.1992, S. 53; Zu den politischen Schwierigkeiten einer offiziellen rechtsgültigen Anerkennung der verschiedenartigen "Opfer"-Gruppen: vgl. Beiträge in: Frankfurter Allgemeine Zeitung. Nr. 143 vom 25.6.1987 (ohne Verf.): Ist Wiedergutmachung für Verfolgte in ausreichendem Maße geleistet worden? Eine Anhörung in Bonn, vier Parlamentsinitiativen.

250. Hansjakob Stehle: Eine vertrackte Vorgeschichte. In: Die Zeit. Nr. 50 vom 7.12.1990; Thankmar von Münchhausen: Kohl - Mitterand und ein Foto, das Geschichte machen wird. Die Feiern von Verdun. In: Frankfurter Allgemeine Zeitung. Nr. 214 vom 24.9.1984, S. 3; Alfred Grosser: Es gibt so etwas wie eine Pflicht zur Versöhnung. In: Rheinischer Merkur. Nr. 20 vom 11.5.1985, S. 3; Versch. Beiträge in: Der Spiegel. Nr. 18 vom 29.4.1985 (Titelthema: Der Schatten von Bitburg, Reagan, Kohl: umstrittene Versöhnung); Jörg von Uthmann: Zwischen Bitburg und Schabach. In: Frankfurter Allgemeine Zeitung. Nr. 164 vom 19.7.1986; Wolffsohn, Beziehungen, S. 38 f., 49.

251. Richard von Weizsäcker: Zum 40. Jahrestag der Beendigung des Krieges in Europa und der nationalsozialistischen Gewaltherrschaft. Ansprache am 8.5.1985 in der Gedenkstunde im Plenarsaal des Deutschen Bundestages. Bonn, 1985 S. 2 f., 15 f. (Zitat).

252. Ohne Verf.: Keine Einigung über ein Mahnmal. "Unfruchtbarer Streit" zwischen SPD und Union. In: Frankfurter Allgemeine Zeitung. Nr. 67 vom 20.3.1986; Günther Bannas: Sind deutsche Kriegstote auch Opfer? Meinungsstreit in der Stille. Die geplante Gedenkstätte in Bonn. In: Frankfurter Allgemeine Zeitung. Nr. 58 vom 10.3.1986; Ulrich Gill und Winfried Steffani (Hrsg.): Eine Rede und ihre Wirkung. Die Rede des Bundespräsidenten Richard von Weizsäcker vom 8. Mai 1985. Berlin, 1986.

253. S. Anmerkung Nr. 252; Peter Jochen Winters: Die Opfer haben Namen. Streit zwischen Bonn und Berlin über eine Gedenktafel am Reichstag. In: Frankfurter Allgemeine Zeitung. Nr. 194 vom 23.8.1985, S. 12; Helmut Herles: Jede Ehrung ist ein Politikum. Streit um die Gedenktafel im Reichstag. In Frankfurter Allgemeine. Nr. 195 vom 24.8.1985, S. 4; vgl. kritische Gegenstimmen auch zur Rede des Bundespräsidenten zum Beispiel die "Ergänzung und ... Korrektur" von Dregger, zit. nach Giselher Schmidt: Politik der Vernunft. Rezension über ... Reden und Aufsätze Alfred Dreggers. In: Frankfurter Allgemeine Zeitung. Nr. 231 vom 6.10.1987; Gunter Hoffmann: Konservatives Grummeln über den Bundespräsidenten. An Richard von Weizsäckers Integrationsbemühungen scheiden sich die Geister. In: Die Zeit. Nr. 8 vom 17.2.1989, S. 5.

254. Jürgen Habermas: Vom öffentlichen Gebrauch der Historie. Das offizielle Selbstverständnis der Bundesrepublik bricht auf. In: Die Zeit. Nr. 46 vom 7.11.1986, S. 12; vgl. Wolffsohn, Beziehungen, S. 49.

255. S. Anmerkung Nr. 250 und 253; Bernhard Jäckel: Aufruf einer Bürger-
    initiative: An alle und jeden erinnern? Der Plan für ein Mahnmal zum
    Gedenken an den Judenmord darf nicht zerredet werden. In: Die Zeit.
    Nr. 15 vom 7.4.1989, S. 12.
256. Angelika Timm: Die verdrängte historische Schuld. In: Tribüne - Zeit-
    schrift zum Verständnis des Judentums. Frankfurt, Heft 119/1991, S.
    140-150; Thomas Nötting: An der Mauer. In: Die Zeit. Nr. 23 vom
    29.5.1992, S. 65. Andreas Maislinger: "Vergangenheitsbewältigung" in
    der Bundesrepublik Deutschland, der DDR und Österreich. Psycholo-
    gisch-pädagogische Maßnahmen im Vergleich. In: Backes u.a., Schat-
    ten, S. 479-487; Hans Holzhaider: Die sowjetischen Internierungslager
    in der DDR: "Es hatte nichts mit einem KZ zu tun." - Wälder, die
    Schrecken der Vergangenheit bergen. Immer neue Funde von Massen-
    gräbern ... In: Süddeutsche Zeitung. Nr. 77 vom 2.4.1990, S.3.
257. Gräbergesetze vom 27.5.1952 und 1.7.1965. In: Bundesgesetzblatt.
    Bonn, 1952, S. 320 ff.; 1965, S. 589 ff.; Lurz, Kriegerdenkmäler, Band
    6, S. 116 f., 364-389, 445 f.
258. Lurz, Kriegerdenkmäler, Band 6, S. 97, vgl. S. 92-99.
259. Bach, Studien, S. 301 ff., Bildkommentar Nr. 293; Lurz, Kriegerdenk-
    mäler, Band 6, S. 226 f.
260. Mahn- und Gedenkstein der katholischen Kirchengemeinde St. Cle-
    mens in Rheda-Wiedenbrück von Hubert A. Hartmann - laut frdl. Infor-
    mation von Stadtarchivar Lübbermann; Lurz, Kriegerdenkmäler, Band
    6, S. 203.
261. Offizielle Broschüre zur Enthüllung des Mahnmals (überlebensgroße
    Bronzefigur der Stadtgemeinde Ahaus - vor der Hauptpfarrkirche).
    Ahaus, 1967, Redetexte von Franz Thoss und Anton Henze (vgl. Zita-
    te).
262. Bach, Studien, S. 304 f.
263. Ohne Verfasser: Ihr Vermächtnis - Frieden. In: Die Bundeswehr. Fach-
    organ des Deutschen Bundeswehrverbandes. Bonn, Heft 11/1981, S.
    716; vgl. Bach, Studien, S. 253 f.; Lurz, Kriegerdenkmäler, Band 6, S.
    172 f.
264. Alfred Hrdlicka: Auseinandersetzung mit einem Standpunkt (mit
    Textzitaten der offiziellen Ausschreibung zur Neugestaltung des
    Dammtor-Geländes), masch.-schr. Mskr., laut frdl. Information von
    Karl Weber, Referatsleiter "Kunst im öffentlichen Raum" der Kultur-
    behörde Hamburg vom 14.5.1987; Bärbel Hedinger u.a.: Ein Krieger-
    denkmal in Hamburg. Hamburg, 1979; vgl. Lurz, Kriegerdenkmäler,
    Band 6, S. 25, 73 ff.
265. Lurz, Kriegerdenkmäler, Band 6, S. 100 ff.
266. Unterlagen zum Pressegespräch des Bundeskanzlers über die Kabi-
    nettsentscheidung "Neue Wache" vom 27.1.1993, laut frdl. Hinweis
    von Dr. Volkhard Laitenberger, Leiter des Kulturreferates im Bundes-
    kanzleramt.

267. Werkinterpretation von Dr. Gudrun Fritsch, Käthe-Kollwitz-Museum, Berlin.

268. Jutta Bohnke-Kollwitz (Hrsg.): Käthe Kollwitz - die Tagebücher. Berlin, 1990
Vgl. Hans Kollwitz (Hrsg.): "Ich sah die Welt mit liebevollen Blicken" - Käthe Kollwitz, ein Leben in Selbstzeugnissen. Wiesbaden, 1979; vgl. Ilse Kleberger: "Eine Gabe ist eine Aufgabe", Käthe Kollwitz. Berlin, 1980.

269. S. Anmerkung Nr. 267

270. Reinhart Kosseleck: Bilderverbot, welches Totengedenken? In: Frankfurter Allgemeine Zeitung. Nr. 83 vom 8.4.1993, S. 33; - vgl. Friedrich Diekmann und Andreas Rossmann: Heldenbilder, Opfergedenken, Bilderverbot, Denkverbot, SPD-Segen: Neue Wache zum Ersten. Der Kanzler und die Kollwitz, SPD-Sorgen: Neue Wache zum Zweiten. In: Frankfurter Allgemeine Zeitung. Nr. 149 vom 1.7.1993, S. 33.

271. Bach, Sinngebung.

Bildquellennachweis

Stadt Frankfurt/Institut für Stadtgeschichte (Nr. 1 Foto Hermann Nöller; Nr. 47)

Deutsches Historisches Museum Berlin (Nr.7)

Stadtarchiv Detmold (Nr. 14 - D 75 Nr. 2611; Nr. 17 - D 75 Nr. 2160)

Ullstein Bilderdienst Berlin (Nr. 16)

Stadtarchiv Dortmund (Nr. 20 - Bestellnummer 502/02; Nr. 21 - Bestellnummer 502; Nr. 67 - Bestellnummer 502)

Stadtplanungsamt Dortmund/Untere Denkmalsbehörde (Nr. 76)

Stadtarchiv Münster (Nr. 3; Nr. 12; Nr. 23; Nr. 52; Nr. 83)

Bayerisches Hauptstaatsarchiv München (Nr. 37; Nr. 43)

Stadt Wetter/Ruhr (Nr. 53 - Foto Hans Dieter Steinberg)

Bundesarchiv (Nr. 33; Nr. 64; Nr. 65; Nr. 66)

Kreismuseum Paderborn (Nr. 71)

Käthe-Kollwitz-Museum, Berlin (Nr. 90)

Arnold Vogt, Leipzig (Nr. 19; Nr. 34; Nr. 54; Nr. 55; Nr. 58; Nr. 69; Nr 70; Nr. 73)

Landesbildstelle Westfalen / Josef Klemm (Nr. 2; Nr. 8; Nr. 13; Nr. 15; Nr. 18; Nr. 25; Nr. 26; Nr. 27; Nr. 35; Nr. 36; Nr. 44; Nr. 45; Nr. 46; Nr. 48; Nr. 49; Nr. 50; Nr. 51; Nr. 57; Nr. 59; Nr. 60; Nr. 61; Nr. 62; Nr. 77; Nr. 80; Nr. 81; Nr. 82; Nr. 84; Nr. 85/1-5; Nr. 86; Nr. 87;) Franz Schmidt (Nr. 5)

Jürgen Meister, Freckenhorst (Nr. 22; Nr. 23; Nr. 72; Nr. 73; Nr. 75)

Dr. Martin Bach, Lippstadt - Bad Waldliesborn (Nr. 6; Nr. 38; Nr. 68)

Martin Saal, Kiel (Nr. 30)

EKA, Bonn (Nr. 10; Nr. 11; Nr. 32; Nr. 39; Nr. 40-42; Nr. 56; Nr. 74; Nr. 78; Nr. 88)

Katholische Kirchengemeinde St. Georg, Ulm (Nr. 31)

Ev.-luth. Kirchengemeinde Wilhelmshaven (Nr. 28; Nr. 79)

Wolfgang Lämpe, Hamburg (Nr. 89)

Geheimes Staatsarchiv Preußischer Kulturbesitz Berlin (Nr. 4; Nr. 9)

Bildarchiv Preußischer Kulturbesitz Berlin (Nr. 63)

Sammlungen Wehrgeschichtliches Museum Rastatt (Nr. 24)